코어마인드

코어 마인드

초판 1쇄 발행 2023년 8월 15일
초판 3쇄 발행 2023년 9월 8일

지은이 지나영
펴낸이 이승현

기획팀 오유미

펴낸곳 ㈜위즈덤하우스 **출판등록** 2000년 5월 23일 제13-1071호
주소 서울특별시 마포구 양화로 19 합정오피스빌딩 17층
전화 02) 2179-5600 **홈페이지** www.wisdomhouse.co.kr

ⓒ 지나영, 2023

ISBN 979-11-6812-690-9 03180

내 마음대로 살 수 있는 내면의 힘

CORE MIND

코어마인드

| 지나영 지음 |

위즈덤하우스

나답게 살기 위해 필요한 것은
단단한 내면의 힘

22년 전, 저는 아는 사람 하나 없는 미국 보스턴으로 무작정 날아왔습니다. 계획에 없던 일련의 기회들을 만나 한국이 아닌 미국에서 정신과 수련을 하게 되었어요. 그 후 지금껏 미국에서 의사이자 교수로 수많은 환자를 보며 나름 좋은 의사라고 자부하며 살아왔습니다.

그럼에도 제 자신의 병과 고된 전투를 치른 후에야 비로소 인간이 경험하는 고통의 깊이를 제대로 이해할 수 있었음을 고백합니다. 병 때문에 겪었던, 의사에서 환자로의 180도 역할 변화는 저의 정체성 자체를 뒤흔들었습니다. 난치병이라는 정글을 맨손으로 헤쳐나가는 듯한 막막함과 무기력도 경험했습니다. 겨우 좀 나았나 하는 찰나 다시 무시무시한 아픔과 고통이 찾아올 때면 공든 탑이 무너지는 허무함과 괴로움도 견뎌야 했습니다.

앞만 보며 바쁘게 달려오던 제 삶이 한순간 멈추면서 강제이지만 성찰의 시간이 주어졌고, 그 과정에서 그간 해온 어떤 연구나 수련보다 더 많은 것을 배웠습니다. 여러분에게 소개할 호흡법과 명상법은 그때 배운 것으로, 저에겐 그 무엇보다 큰 축복입니다. 발병한 지 6년 가까이 지난 지금은 다행히 많이 회복했습니다. 게다가 큰 어려움을 겪은 후 오히려 성장하는 외상 후 성장(post-traumatic growth)을 체험할 수 있었던 것은 참으로 감사한 일입니다.

친정에 머물며 치료를 받은 덕분에 17년간 떠나 있던 고국을 밖이 아닌 안에서 바라볼 기회를 얻었습니다. 안타깝게도 한국 사회에는 우울, 불안, 자살, 자해, 낮은 자존감, 관계의 문제 같은 여러 어려움이 널리 퍼져 있었습니다. 이런 암울한 생각들이 학령 전 아이부터 청소년, 청년, 중년, 장년, 노년에 이르기까지 속속들이 침투해 있음을 알게 되었습니다. 의학과 과학기술이 눈부시게 발달한 21세기인데, 마음의 고통은 전 세기보다 더 커진 것 같았습니다.

우리가 겪는 많은 마음고생의 근원을 찾아가 보면 흔히 나와 타인 그리고 세상에 대한 부정적 시각이 자리 잡고 있습니다. '나는 못난 사람이야', '타인은 이겨야 할 경쟁 상대일 뿐이야', '세상은 피 터지는 전쟁터 같은 곳이야' 같은 어두운 믿음들 말이죠. 우리 안에 있는 이런 뿌리 깊은 믿음을 심리학에서는 핵심 신념(core beliefs)이라고 합니다. 그러니 이런 핵심 신념을 건강하게 개선한다면 상당량의 마음고생을 덜 수 있지요. 즉 내 '마음의 중심'이 건강해지면 심리적 어려움을 좀 더 쉽게 헤쳐나갈 수 있습니다. 이 마음의 중심을 '코어 마인드'라고 하겠습니다. 몸을 건

강하게 다지려면 허리, 복부와 등 근육 같은 '코어 바디'가 단단
해야 하듯 인생의 어려움과 굴곡을 잘 이겨내고 제대로 살아가려
면 내 마음 중심에 있는 '코어 마인드'가 단단해야 합니다.

저는 교수이자 임상의 교육자(clinician-educator)입니다. 사람
들에게 도움이 되는 내용을 어떻게 하면 쉽게 전달할 수 있을지
궁리하는 것이 제 본업이죠. 그러다 보니 마음고생으로 힘들어하
는 많은 분들에게 코어 마인드를 단단하게 훈련할 수 있는 방법
을 쉽게 알려주고 싶었습니다(물론 심각한 우울이나 불안 증상으로 고
생하시는 분은 전문가에게 진단과 치료를 받으시기 바랍니다).

이 책은 이런 의도에서 만들어진 저의 여러 강의를 체계적으
로 정리한 교과서와도 같습니다. 책을 읽을 때는 다 알 것 같고 당
장 실행할 수 있을 것 같지만 막상 책을 덮고 나면 기억에 잘 남
지 않고 실천에 옮기기 힘든 경우도 있습니다. 저는 읽고 그때뿐
인 것이 아니라 실전에 닥쳤을 때 배운 것이 바로 떠오를 수 있도
록 책을 엮었습니다. 많은 예시를 실었고 기억하기 쉬운 요법 이
름을 붙였습니다. 늘 곁에 두고 필요할 때마다 펼쳐보며 여러분
의 코어 마인드 훈련을 돕는 책이 되기를 바랍니다.

더 어려운 심화 학습 내용도 알면 좋겠지만, 이 책에 실린 코어
마인드 훈련법만 잘 숙지해도 큰 도움이 될 것입니다. 살면서 겪
게 되는 마음고생에 대해 더 잘 이해하게 되고, 갖가지 어려움도
현명하게 대처할 수 있으리라 믿습니다. 이 책을 읽는 모든 분들

이 스스로 만족스러운 삶을 살고, 평안한 마음과 행복한 마음을
누리길 진심으로 바랍니다.

감사합니다.

미국 메릴랜드 주에서

지나영

Contents

Part 1

마음이 흐르는 대로 삶을 디자인하라

Part 2 ───────────────────────────────

나는 있는 그대로 가치 있고 아름다운 사람이다

마음이 흐르는 대로 삶을 디자인하라

Part
1

인간의 마음고생은
어디에서 오는가

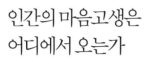

: 생존을 위해서 생겨난 스트레스 반응

저는 한국에서 나고 자랐으며 미국에서 산 지는 이제 23년째입니다. 미국과 한국 둘 다 물질적으로는 세계 최상위권으로 발전한 나라죠. 국내 총생산(GDP) 수치로 보면 미국은 세계 1위, 한국은 세계 10위입니다(국제통화기금, 2021). 21세기 중반으로 치닫고 있는 지금, 적어도 '잘사는' 나라의 국민들은 근심과 걱정이 적은 평온한 삶을 유지할 때가 되었다고 생각합니다. 그럼에도 여전히 우리 사회에 힘든 마음으로 하루하루를 살아가는 사람이 넘쳐나는 이유는 무엇일까요?

많은 사람이 긍정적인 마음자세와 평정심을 유지하려 애쓰지만 그리 쉽지 않습니다. 화가 욱하고 치솟으면 그동안 다짐했던 것은 싹 다 잊어버리기 일쑤입니다. 또 일이 뜻대로 풀리지 않는 날은 불안감이 엄습하기도 합니다. 온갖 염려와 걱정이 마음을 뒤덮으면서 근심이 쌓여갑니다. 어떻게 하면 이러한 분노, 불안, 걱정, 근심, 불만, 짜증, 무력감 같은 부정적 감정을 잘 다스려 마음고생을 덜 수 있을까요? 인간 심리의 기본 원리들을 알아두면 해결 방법에 더 가까이 갈 수 있습니다.

위험에 대처하기 위한 필수 반응

우리 뇌는 어떤 상황이나 외부 자극에 직면하면 자동적으로 생각이 떠오릅니다. 이러한 생각은 우리가 인식하기도 전에 일어날 수 있으며, 대체로 긍정적이기보다 부정적인 성향을 가지고 있습니다. 심리학에서는 이를 자동적 부정 사고(automatic negative thoughts)라고 합니다. 부정적인 사고가 자동으로 먼저 떠오르는 이유는 인간의 유전자에 새겨진 생존 본능과도 관련이 있습니다. 인간도 일개 동물에 불과했던 과거로 거슬러 올라가 볼까요?

원시인들이 동굴에 살았던 시대 말이죠. 그때는 자신이 처한 상황을 낙관적으로 해석하는 것보다 부정적으로 받아들여 경계를 강화한 경우, 살아남을 확률이 더 높았을 겁니다. 동굴 밖에서 알 수 없는 소리가 나는데도 '바람 소리겠지'라며 태평하게 있다가는 맹수에게 잡아먹혔을지도 모르니까요. 반면 자동으로 '큰일 났다. 까딱하다가는 죽겠다!'라고 생각하며 벌떡 일어나 경계 태세를 갖추고 주위를 살폈다면 살아남았겠죠. 이렇게 예전에는 생존에 유익했던 자동적 부정 사고가 생명의 위협을 걱정해야 할 상황이 거의 없는 현대인들에게 여전히 남아 있는 것입니다.

　우리 뇌가 위협(threats)을 감지했을 때 몸에서 일어나는 일련의 반응을 스트레스 반응(stress response)이라고 합니다. 닥친 위험에 효과적으로 대처하기 위한 생존 반응이라 할 수 있습니다. 우리 뇌에서 스트레스 반응에 직접적으로 관여하는 부분은 변연계(limbic system)로 뇌의 겉 부분에 있는 대뇌피질 아래쪽에 위치합니다. 변연계에는 편도체(amygdala), 시상하부(hypothalamus), 해마(hippocampus)처럼 감정과 자율신경계 조절, 기억에 중요한 역할을 하는 구조들이 모여 있습니다. 이들은 다소 복잡하게 스트레스 반응에 관여하는데, 여기서는 간단하게 설명해볼게요.

　위협을 느끼면 편도체가 활성화되고, 이로 인해 일련의 스트레스 반응이 시작됩니다. 스트레스 호르몬인 코르티솔(cortisol)과 아드레날린 분비가 일어납니다. 시상하부는 자율신경계의 사령부라 할 수 있는데, 여기에 위험 상황이 전달되면 위협에 대처하라는 신호를 전신에 보냅니다. 즉 자율신경계에서 교감신경은 항진시키고 부교감신경은 저하시켜 일련의 신체적인 변화를 일으키는 겁니다.

　교감신경 항진으로 인한 이런 신체 반응을 '투쟁-도피 반응(fight or flight response)'이라고 합니다. 맹수가 나타났으니 싸우거나 도망가야 한다는 거죠. 이런 긴급한 상황에서 교감신경을 통해 동공은 확장되고, 심장이 강하게 빨리 뛰면서 혈압과 맥박이 증가하며, 호흡이 가빠집니다. 몸에 피와 산소를 더 많이 공급하기 위해서죠.

이때 피와 산소가 가장 우선으로 많이 가야 할 곳은 어디일까요? 빨리 강하게 뛰어야 하는 심장과 싸우거나 도망갈 때 쓸 팔다리에 있는 대근육들입니다. 반면에 긴급 상황에 필요하지 않은 장기나 구조에는 피와 산소가 덜 가게 되어 그 기능이 떨어집니다. 장 운동과 고위 사고를 담당하는 대뇌피질의 기능이 저하됩니다. 면역기능도 일단 멈춥니다. 지금 죽느냐 사느냐 하는 상황인데 장 운동, 면역기능이 문제인가요?

만약 이렇게 긴박한 준비를 하다가 동굴 밖에서 난 소리가 바람에 낙엽이 움직이는 소리라는 걸 알게 되면 어떻게 될까요? 이를 판단하는 일은 주로 전전두피질(prefrontal cortex)이 담당합니다. 시각, 청각, 촉각 등의 감각과 신체 반응을 모니터링하면서 여러 정황을 살펴 안전하다는 판단이 서면 변연계에 있는 편도체와 시상하부에 '위협이 없으며 안전하다'는 신호를 보냅니다.

그럼 아까와는 반대 반응이 일어납니다. 코르티솔과 아드레날린 분비가 줄어들고, 교감신경은 저하되며, 부교감신경이 항진됩니다. 교감신경 항진 반응을 '투쟁-도피 반응'이라고 한다면 부교감신경 항진 반응은 '휴식-소화 반응(rest and digest response)'이라고 합니다. 이제 안전하니 푹 쉬고 장 운동 같은 것을 하면서 다시 회복하라는 신호를 보내는 거죠.

교감 신경   부교감 신경

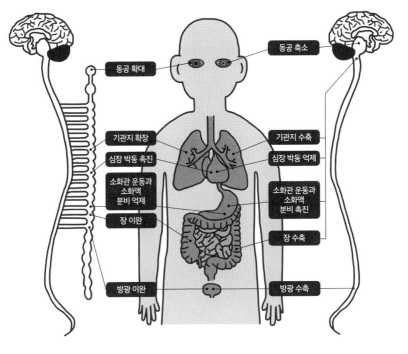

동공 축소

동공 확대

기관지 확장
심장 박동 촉진
소화관 운동과 소화액 분비 억제
장 이완
방광 이완

기관지 수축
심장 박동 억제
소화관 운동과 소화액 분비 촉진
장 수축
방광 수축

이제는 불필요해진 스트레스 반응

스트레스 반응이 이런 식으로 생존에 꼭 필요한 현상이었기 때문에 인간의 유전자 안에 잘 보존되어 대대손손 이어져 내려온 거죠. 그런데 현대 사회는 밖에서 무슨 소리가 난다고 해도 맹수에게 잡아먹힐 확률은 거의 없습니다. 그럼에도 우리의 뇌와 몸은 그것을 구별하지 못합니다. 세상이 바뀌는 속도만큼 우리 뇌와 몸이 빨리 진화하지 못했기 때문입니다.

또 하나 흥미로운 것은 맹수에게 잡아먹힐까 봐 걱정하는 '두려움'과 '불안'이라는 감정만 스트레스 반응을 일으키는 것이 아니라는 점입니다. 화, 갈등, 심리적 압박 같은 감정도 스트레스 반응, 즉 투쟁-도피 반응을 일으킵니다. 어찌 보면 선사시대에는 이웃 간의 갈등이 피를 보는 싸움으로 이어질 수도 있었을 겁니다. 혹은 자신에게 맡겨진 역할을 다하지 못할 경우 외면당하거나 버려지는 위태로운 상황에 처할 수도 있었을 테죠. 여러 부정적 감정이 생존의 위협과 직결되었기에, 그런 감정이 생기면 전투태세를 갖추는 반응이 자동으로 일어나 자신을 보호했을 거라 생각됩니다.

이런 이점이 그대로 전수되어 현대인들도 불안이나 분노 등의 부정적 감정을 느끼면, 즉각 투쟁-도피 반응이 일어나는 것입니다. 화가 나거나 불안할 때 고위 뇌를 사용해 합리적인 판단을 내리는 데 어려움을 겪거나 장이 불편해지는 경험을 해보셨을 거예요. 그런데 이런 급박한 전투태세의 스트레스 반응이 오래 진행된다고 상상해보세요. 피로가 점점 쌓여 결국에는 기진맥진하고 맙니다. 장기간 스트레스에 노출되면 각종 면역계의 문제도 생깁니다. 실제로 스트레스가 '만병의 근원'이 되는 거지요.

이처럼 현대 사회를 사는 데 큰 도움이 되지 않으며, 스트레스 반응을 일으키는 자동적 부정 사고에 사로잡히지 않으려면 어떻게 해야 할까요?

세상은 내 마음속에서 만들어진다

: 정신과 의사들의 영업 비밀, 인지행동치료

자율신경 기능은 이름처럼 '자율적'으로 이루어져서 의식적으로 제어하기 거의 불가능합니다. 맥박, 혈압, 장 운동 같은 것을 우리 마음대로 할 수가 없는 거죠. 그런데 화가 나거나 불안할 때 일어나는 교감신경 항진 반응을 의식적으로 조절할 수 있는 두 가지 방법이 있습니다. 하나는 호흡을 조절하는 것입니다. 호흡이 미치는 영향과 구체적인 호흡법에 대해서는 뒤에서 자세히 설명하겠습니다. 다른 하나는 생각의 전환으로 자동적 부정 사고를 수정하는 것입니다. 상황이 달라지지 않는데 생각이 바뀐다고 뭐가 달라지는지 묻는 분도 계실 겁니다. 하지만 생각의 힘은 우리가 생각하는 것보다 훨씬 강합니다. 정신과 의사가 환자를 치료할 때 가장 중점을 두는 것도 부정적인 생각을 좀 더 중립적인 생각, 긍정적인 생각으로 바꾸는 것입니다.

뇌에서 감정(feelings)을 주로 주관하는 부위가 바로 편도체입니다. 그런데 이미 생성된 감정 자체는 임의로 조절하기 어렵습니다. 감정은 자동으로 일어나기 때문입니다. 슬퍼서 울고 싶은 사람에게 슬퍼하지 말라고 한들 슬픔이 가시지 않는 것처럼요. 하지만 감정을 일으키는 생각(thoughts)은 조절할 수 있습니다. 예를 들어 자신을 정성껏 키워주신 할머니가 돌아가셔서 슬플 때 슬픈 감정을 없애기는 어렵습니다. 그렇지만 할머니와 보냈던 아름다운 시간을 추억하면 슬픈 마음이 조금 가십니다. 그리고 따뜻하게 품어주셨던 할머니를 회상하며 사랑의 감정을 느낄 수 있죠.

생각의 과정 없이 감정이 바로 나온다고 느끼는 분도 있는데, 사실은 매우 찰나의 순간에 뇌가 무언가를 생각하고 그 생각에서 감정이 나옵니다. 앞서 살펴보았듯 '동굴 밖에 맹수가 있나?'라는 생각에서 두려움과 불안이라는 감정이 나오는 것과 같습니다. 이렇게 주로 생각을 바꿔 감정과 행동에 긍정적인 변화를 주는 치료 방법을 인지행동치료(CBT, cognitive behavioral therapy)라고 합니다. 바로 여기에 심리 상담사들과 정신과 의사들의 주요 영업 비밀이 숨어 있습니다.

생각의 차이가 불러오는 변화

정신과를 찾아오는 분들이 보통 문제로 제시하는 것이 '감정

(feeling)'과 행동(behavior)'입니다. 그런데 감정과 행동의 뿌리에
는 '생각'이 있게 마련입니다. 우리가 어떤 생각을 하는지에 따라
'감정'이 달라집니다. 이것은 뇌의 즉각적인 반응입니다. '감사
하다'고 생각하면 뇌에 세로토닌과 도파민이 증가하면서 기분이
바로 좋아집니다. 반면 우울한 생각을 하면 그런 것들이 반감되
면서 기분이 가라앉습니다. 그리고 이러한 기분과 감정은 행동에
큰 영향을 미칩니다. 그 행동에 따라 생각이 다시 영향을 받게 됩
니다. 이렇게 '생각 → 감정 → 행동 → 생각'으로 순환됩니다. 각
각의 사이에서 상호작용도 있고요. 이것이 바로 애론 벡(Aaron T.
Beck) 박사님이 연구하고 정리한 인지 모델(cognitive model)입니

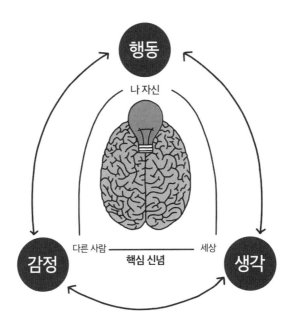

다. 이 인지 모델에 기반한 치료를 인지행동치료라고 합니다.

많은 사람이 자동적 부정 사고에서 오는 힘든 감정으로 심한 마음고생을 하고 있으며 실제 생활에도 어려움을 겪고 있습니다. 이 부정적 생각을 건강한 생각으로 바꿀 수 있다면 마음고생을 덜 수 있지 않을까요? 이처럼 좀 더 중립적이고 긍정적인 생각을 '대체 사고(alternative thoughts)'라 합니다.

이제부터 자동 사고가 아닌 대체 사고로 자기 생각이나 세상을 보는 시야를 바꿀 수 있는 방법을 많이 알려드리려 합니다. 생각을 바꾸면 감정이 바뀌고, 감정이 바뀌면 행동이 바뀔 수 있습니다. 행동 하나하나가 모여 결국 인생의 여정이 되는 것이니 이렇게 연습하고 노력하다 보면 여러분의 인생도 더 건강한 방향으로 향할 것입니다.

여기서 인지행동치료의 예를 하나 살펴봅시다. 저에게 우울증 증상으로 치료를 받으러 온 한 청년이 있었습니다. 그가 호소한 어려움 중 하나는 관심 있는 여성이 생겼을 때 데이트하는 것이 힘들다는 것이었어요. 그 청년의 마음속으로 한번 들어가 보죠.

< 시나리오 A : 치료 전 >

- 생각 : 데이트할 때 보면 여자들은 나를 좋아하지 않아. 나는 매력적인 남자가 아니니까.
- 감정 : 불안, 걱정, 부끄러움.

- 행동 : 자신 있게 데이트 신청을 하지 못함. 데이트하러 가도 표정이 어둡고 긴장 상태임. 행동이 부자연스럽고 어색함.

이런 경험을 자주 해서 힘들어하던 청년은 저와 인지행동치료를 시작했습니다. 치료를 하면서 그에게 '사람들은 나를 좋아하지 않는다', '나는 괜찮은 사람이 아니다'라는 깊은 믿음이 있음을 알게 되었어요. 그는 치료를 받으면서 좀 더 중립적이고 긍정적인 대체 사고를 배우고 연습했습니다. 그런 과정에서 서서히 변화가 일어나기 시작했습니다. 변화한 그의 마음속을 다시 한번 들여다보죠.

< 시나리오 B : 치료 후 >
- 생각 : 나는 이 정도면 괜찮은 사람이야. 물론 나를 좋아하지 않는 사람도 있겠지만, 분명 나를 좋아하는 사람도 있을 거야.
- 감정 : 기대, 설렘, 희망적임.
- 행동 : 관심 있는 여성에게 데이트 신청을 함. 데이트에서 즐거운 대화를 나누고 재미있는 시간을 보냄. 헤어질 때 애프터 신청을 함.

이렇게 정리하고 보니 어떤 생각을 하느냐에 따라 감정과 행동이 달라진다는 말이 좀 더 쉽게 이해되지 않나요? 그렇다면 왜 어떤 사람은 처음부터 긍정적인 생각을 하고 어떤 사람은 부정적인 생각으로 가득 차 있는 걸까요?

당신의 핵심 신념은 안녕한가요?

인지 모델에 따르면 사람에게는 핵심 신념(core beliefs)이라는 것이 있습니다. 핵심 신념은 자신(self)과 다른 사람(others), 세상(the world)에 대한 것들로 구성됩니다. 나는 어떤 사람이고, 다른 사람은 어떠하며, 세상은 어떠하리라는 뿌리 깊은 신념입니다. 아래 렉토 박사님(Mary F. Recto)의 핵심 신념 목록(the core beliefs inventory)에 나오는 '나'에 대한 항목들을 한번 살펴보세요. 이 문장들은 건강한 핵심 신념을 표현하고 있습니다.

1. 나는 가치 있는 사람이다.
2. 나는 유능하다.
3. 나는 독립적이다.
4. 내가 스스로 결정할 수 있다.
5. 나의 생각과 감정은 중요하다.
6. 나는 사랑과 존중을 받아 마땅한 사람이다.
7. 나는 좋은 사람이다.
8. 나는 성공을 이룰 자격이 있다.
9. 나는 행복할 자격이 충분히 있다.
10. 나는 인생에서 좋은 것들을 얻을 만한 사람이다.

11. 나는 건강할 자격이 충분히 있다.

12. 나는 재정적 안정을 이루기에 충분한 사람이다.

13. 나는 삶에서 만족감을 느낄 자격이 충분히 있다.

14. 나는 삶의 목적감을 느낄 자격이 충분히 있다.

15. 나는 소속감을 느낄 자격이 충분히 있다.*

이처럼 우리에게는 나, 다른 사람, 세상에 대한 핵심 신념이 뿌리 깊이 새겨져 있습니다. 어떤 사람이 '나는 참 못난 사람이야. 누가 날 좋아하겠어?', '세상에 믿을 놈 하나도 없어. 늘 조심해야해', '이 세상 참 살기 힘들다. 안 좋은 일투성이고 희망이 없어'라는 핵심 신념을 갖고 있다고 해봅시다. 그렇다면 그 사람은 어떤 상황을 중립적으로 또는 긍정적으로 보기 어렵습니다. 그보다 부정적으로 사고하고, 부정적인 감정에 휩싸이며, 부정적인 행동으로 반응하기 쉽습니다. 그러다 보면 인간관계의 어려움 등 살아가면서 여러 가지 문제에 부딪힐 수 있습니다.

아까 그 청년 이야기를 다시 해보죠. 그 청년이 시나리오 A를 수정하지 않았다면, 이후에도 계속 데이트를 제대로 하지 못했을 가능성이 높습니다. 당연히 두 번째 만남을 갖기도 어려웠겠죠. 그러면 그는 '역시 내 생각이 맞았어. 아무도 나를 좋아하지 않아'라는 자신의 생각을 더 확신하게 됩니다.

---

* Recto, M, F, (2010), Core Beliefs and Psychopathology : The Core Beliefs Inventory and Clinical Practice, Springer Science & Business Media,

반면 시나리오 B처럼 생각을 수정했다면 데이트가 즐겁게 진행되었을 가능성이 높겠죠. 두 번째 데이트 약속도 얻어낼 수 있었을 테고요. 그러면 '역시 내 생각이 맞군. 나는 참 괜찮은 사람이야. 나를 좋아하는 사람도 많아'라고 믿게 되겠죠.

어찌 보면 이는 자신이 생각하는 대로 결과가 나오게 된다는 자기충족적 예언(self-fulfilling prophesy)을 설명해주는 예이기도 합니다. '자동차의 왕'이라 불리는 미국 자동차회사 포드의 창업자 헨리 포드(Henry Ford)가 한 말과 같은 맥락입니다.

"당신이 할 수 있다고 생각하든 할 수 없다고 생각하든 당신이 옳다(Whether you think you can or you think you can't, you are right)."

결국 자신이 생각한 대로 결과가 나오기 때문에 자기 생각은 언제나 옳다는 뜻입니다. 이처럼 같은 상황에 처했지만 다른 생각을 하는 것은 그 사람의 핵심 신념에 기인한 경우가 많습니다. 앞 청년의 예에서 '나는 사랑받지 못하는 사람이야'라는 핵심 신념을 가진 사람이라면 시나리오 A가 나오기 쉽습니다. 반면 '나는 사랑받는 사람이야'라는 핵심 신념을 가진 사람은 시나리오 B로 가기 쉬운 거죠. 인지행동치료는 건강하지 않은 핵심 신념을 좀 더 건강하게 수정해 감정과 행동에 긍정적인 변화를 일으키는 것을 목표로 합니다.

우리는 보고 듣고 만지고 냄새 맡고 맛보는 등의 감각과 행위를 통해 상황에 대한 정보를 수집하고, 뇌는 그러한 정보를 토대로 현실이 어떠하다고 인식합니다. 그런데 앞서 살펴본 것처럼 사람의 뇌는 정보를 똑같이 해석하지 않습니다. 그러니 똑같은 일이 일어난다 해도 내가 인지하는 현실과 다른 사람이 인지하는 현실은 다를 수밖에 없죠.

이렇게 보면 모든 사람에게 동일하고 절대적인 현실이 있다고 말하기는 어렵습니다. 사람마다 인지하는 현실이 다르니까요. 또 절대적인 현실이라는 게 존재하지 않으니, 누가 인지하는 현실이 더 맞거나 더 낫다고 말하기도 어렵습니다.

다만 핵심 신념이 긍정적인 사람은 똑같이 힘든 일을 겪더라도 중립적, 긍정적으로 상황을 이해하려 노력합니다. 예를 들어 다른 사람에게 배반을 당했을 때도 '이번에는 안 좋은 사람을 만났지만 그래도 세상에는 괜찮은 사람이 더 많아'라고 생각합니다. 이와 달리 핵심 신념이 부정적인 사람의 경우 '그러면 그렇지. 그럴 줄 알았어. 역시 세상에는 믿을 놈 하나도 없어'라며 결국 자기의 부정적 신념을 강화합니다.

그렇다면 상황을 긍정적으로 해석할 줄 아는 사람과 늘 부정적으로 바라보는 사람 중 어떤 사람에게 긍정적인 일이 더 많이 생길까요? 앞서 예로 든 청년처럼 부정적인 생각을 많이 하다 보면 연쇄적으로 부정적인 결과를 초래하는 일을 더 많이 겪게 됩니다. "말이 씨가 된다"는 격언처럼 생각이 씨가 되는 거죠.

이러한 악순환의 고리를 끊기 위해서는 부정적인 핵심 신념을 수정하고 보다 긍정적이고 중립적인 대체 사고를 장착하는 것이 좋습니다. 어차피 내가 처한 현실은 내가 인지하고 생각하는 데서 나오고, 우리에게는 그 생각을 바꿀 힘이 있습니다.

모두가 초대받은 파티에 당신만 초대받지 못해 서운한 마음이 든다면 '나를 싫어해서 초대하지 않은 건가'라고 생각하기보다 '내가 모르는 다른 사정이 있을 거야'라고 생각해보세요. '나는 사랑받을 만한 사람이고 괜찮은 사람이야'라고 믿으면서요.

핵심 신념이 하루아침에 바뀌지는 않습니다. 하지만 꾸준히 연습하고 노력하면 바뀔 수 있습니다. 이렇게 한 사람 한 사람이 나, 다른 사람, 세상을 좀 더 긍정적으로 본다면 우리 사회 전체가 더 건강하고 화목해질 거예요.

사고 오류 발견에서 시작되는 사고의 전환

인지행동치료는 보통 치료자가 매뉴얼을 따라가면서 치료를 진행합니다. 대부분의 매뉴얼은 12주 정도의 과정인데, 실제 임상에서는 이보다 길어지는 경우도 많습니다. 여러 가지 종류의 매뉴얼이 있지만, 모든 매뉴얼에 항상 포함되는 것이 사고 오류 (thinking errors)를 배우는 과정입니다.

사고 오류란 인지적 왜곡(cognitive distortions)으로 인해 부정확하고 비합리적이며 부정적이고 잘못된 생각을 유발하는 것을 말합니다. 사고 오류를 배우는 것은 자동적 부정 사고를 알아차리는 과정이라고도 볼 수 있습니다. 사고 오류에는 여러 가지가 있는데, 우리가 흔히 범하는 사고 오류 몇 가지를 살펴볼게요.

1. 흑백논리(all-or-nothing thinking) : 성공 아니면 실패, 완전히 좋음 아니면 완전히 나쁨 등 중간 부분이 없다고 생각한다.
① 시험에서 몇 개 틀렸을 뿐인데, 다 맞은 게 아니면 망했다고 생각한다.
② 다이어트를 하다 한 번 과식했을 뿐인데, 지금까지 한 다이어트는 다 소용없다고 생각한다.
③ 발표에서 조금이라도 실수가 있거나 완벽하지 않으면 망했다고 생각한다.

2. 과잉일반화(overgeneralization) : 어떤 일이 일어났을 때 그런 일이 항상 일어날 거라고 생각한다.
① 데이트에 한 번 실패한 후로 '나는 데이트를 못하는 사람이야'라고 생각한다.
② 면접에 몇 번 떨어졌는데, 절대 직장을 구하지 못할 거라고 생각한다.
③ 생일 파티에 한 번 초대를 못 받았을 뿐인데, 앞으로는 아무도 나를 파티에 초대하지 않을 거라고 생각한다.

3. 파국화(catastrophizing) : 예상되는 결과 중 최악의 경우가 일어

날 거라고 생각한다.

① 면접에서 질문에 제대로 답변을 하지 못해 바로 불합격될 거라고 생각한다.

② 직장에서 실수를 했는데, 해고될 거라고 생각한다.

③ 사업이 망해서 빚을 금방 갚지 못할 상황이 되었는데, 이제 홈리스가 될 거라고 생각한다.

4. 개인화(personalization) : 모든 상황이 나와 관련되어 있다고 생각한다.

① 자녀의 시험 성적이 좋지 않은 건 나를 닮아서 공부를 못하기 때문이라고 자책한다.

② 모임이 취소될 경우, 내가 모임에 나가겠다고 해서 취소되었다고 생각한다.

③ 소셜 미디어에 '좋아요'가 없을 경우, 사람들이 나에게 화난 일이 있어서 그런 거라고 생각한다.

5. 독심술(mind reading) : 남의 생각을 안다고 생각한다.

① 나를 못 봐서 인사를 안 한 것인데, 내가 싫어서 인사를 안 했다고 생각한다.

② 미팅에서 내 이야기에 별 반응이 없을 경우, 다른 사람들이 '나를 바보 같다'고 여기기 때문에 그렇다고 생각한다.

③ 친구가 문자에 바로 반응하지 않으면, 내가 싫어져서 그랬을

거라고 생각한다.

인지행동치료 과정에서는 자신의 부정적인 생각에 영향을 준 사고 오류를 찾아보고 이를 수정한 후 좀 더 합리적인 사고를 하는 훈련을 합니다. 그리고 집에 가서 혼자서도 연습할 수 있도록 숙제도 내줍니다. 여러분도 자신의 생각에 이런 오류가 있는지 한번 점검해보세요. 그러다 보면 자신이 자주 일으키는 사고 오류를 알게 되고, 이렇게 알아차리는 것에서 변화가 시작됩니다. 꾸준히 연습하다 보면 부정적인 사고를 긍정적인 사고로 수정할 수 있습니다.

CORE MIND ☙ TRAINING PRACTICE

사고 오류는 특정 상황을 해석하고 이해하는 과정에서 생기는 실수나 왜곡된 사고 패턴을 말합니다. 이러한 사고 오류는 불안과 스트레스를 높이고 과도한 우려를 초래할 수 있습니다. 때문에 사고 오류에 대한 인식은 이러한 부정적인 사고 패턴을 파악하고 수정하는 데 도움을 줍니다. 또한 정신적인 안정에 도움을 주고 긍정적인 변화를 가져올 수 있습니다.

1. 이번 주에 부정적인 감정을 일으킨 상황이 있었나요? 어떤 일이었나요?

2. 어떤 자동적 부정 사고가 있었는지 적어보세요.

3. 어떤 사고 오류가 있었는지 살펴보세요.

4. 대체 사고에는 어떤 것이 있을까요?

무기력에 잠식되어
웅크리고만 있다면

: 낮은 담이 넘사벽으로 보이는 이유

한국에서는 근래에 '무기력'이라는 말이 화두가 된 것 같습니다. 청소년, 청년, 중년, 노년 가릴 것 없이 피곤하고 의욕이 없다고 호소하는 사람이 많습니다. 여러분, 무기력에 관해서 미국의 심리학자 마틴 셀리그먼(Martin Seligman) 박사가 진행한 동물 실험 이야기를 들어보셨나요? 개를 한 마리씩 실험 상자에 넣은 후 가벼운 전기 충격을 주고 어떻게 반응하는지 관찰한 실험입니다.

통제할 수 없는 경험의 반복

우선 개들을 세 그룹으로 나누고 각기 다른 실험 상자에 넣습니다. 첫 번째 그룹은 전기 충격이 있을 때 개가 상자 안에 있는 버튼을 누르면 충격이 멈추게 설계된 상자에 넣었습니다. 개가 충격을 피하려고 이리저리 움직이며 애쓰다가 우연히 버튼을 누르면 충격이 멈춘다는 것을 알아내게 되는 것이죠. 두 번째 그룹의 개는 버튼을 눌러도 전기 충격이 멈추지 않게 설계된 상자에 넣었습니다. 이 그룹의 개는 아무리 노력해도 전기 충격을 멈출 방법을 찾지 못합니다. 그런데 개들이 받는 전기 충격의 양을 맞추기 위해 첫 번째 그룹의 개가 버튼을 누르면 두 번째 그룹의 개에게도 전기 충격이 멈추도록 연동해놓았습니다. 세 번째 그룹의 개에게는 비교 그룹으로 충격이 전혀 없는 편안한 환경을 제공했습니다.

이 실험 후 개들을 새로운 상자로 옮겨 다시 실험했습니다. 새 상자는 가운데 설치된 낮은 담을 경계로 한쪽은 전기 충격이 있고, 다른 한쪽은 전기 충격이 없었습니다. 각 그룹별로 개를 한 마리씩 전기 충격이 있는 쪽에 놓았습니다.

이때 각 그룹의 개들은 어떻게 행동했을까요? 첫 번째와 세 번째 그룹의 개들은 얼른 낮은 담을 넘어 충격이 없는 안전한 곳으로 피했습니다. 하지만 놀랍게도 두 번째 그룹의 개들은 충격을 견디며 가만히 웅크리고 있었습니다.

왜 이런 일이 일어난 것일까요? 첫 번째 그룹의 개는 충격을 피하는 방법이 있다는 것을 배웠기 때문에 담을 넘는 새로운 방법을 찾아낸 거죠. 세 번째 그룹의 개는 안전한 환경에서 지내왔기에 본능적으로 불편한 환경을 피해 담을 넘어갈 수 있었습니다.

하지만 두 번째 그룹의 개는 자신이 아무리 노력해도 고통을 피할 방법이 없다는 것을 이미 학습했습니다. 따라서 외부(첫 번째 그룹의 상자 속 버튼)에 의해 통제되는 환경을 스스로 바꿀 수 없으며, 자신은 '무기력'할 뿐이라고 학습한 것이죠.

셀리그먼 박사는 이를 학습된 무기력(learned helplessness)이라 명명했습니다. 이렇듯 부정적인 경험이나 트라우마가 계속되는 상황에서 자신이 스스로 통제할 방법이 없으면 학습된 무기력이 생깁니다. 첫 번째 그룹과 두 번째 그룹에 주어진 트라우마는 같았지만(충격량) 첫 번째 그룹의 개에게는 환경을 제어할 자율성이 주어졌기 때문에 무기력해지지 않았던 것입니다.

위 실험과 비슷한 실제 상황이 있습니다. 서커스나 관광지 같은 곳에서 일하는 코끼리의 경우가 그렇죠. 그 거대하고 힘센 동물이 땅에 박힌 작은 나무 말뚝에 묶여 한 발자국도 자유롭게 나아가지 못한다고 합니다. 말뚝에 묶이면 아무리 발버둥을 쳐도 벗어날 수 없다는 사실이 아기 코끼리였을 때부터 뇌리에 깊이 박혔기 때문입니다. 그렇게 학습된 무기력 때문에 성체가 되어 힘이 세져도 막대기를 뽑고 벗어날 시도를 아예 하지 않습니다.

학습된 무기력 극복을 위한 작은 시도

우리 주변에도 이처럼 학습된 무기력에 빠진 사람이 꽤 있습니다. 자신이 할 수 있는 것은 아무것도 없다고 믿는 이들 말입니다.

여러분도 '나는 아무것도 할 수 없다'는 생각이 든다면 혹시 그것이 학습된 무기력에 의해 일어난 생각은 아닌지 점검해볼 필요가 있습니다.

이처럼 거리를 두고 좀 더 객관적으로 자신의 생각을 검토하고 판단하는 능력을 메타인지(metacognition)라고 합니다. 스스로 자신의 생각을 점검해보고 '할 수 있는 일이 아무것도 없다'가 아니라 '할 수 있는 일이 뭔가 있다'는 것을 깨닫는 것이 문제해결의 열쇠입니다. 작은 담을 넘어가면 된다는 것을 알게 될 테니까요.

짙은 안개 속에 있는 것처럼 앞이 잘 보이지 않아 아무것도 하지 못한다면, 조금만 힘을 내 일어나서 걸어보세요. 원하는 것이 너무 멀리 있어 손에 잡히지 않는다면, 지금 손에 닿는 작은 과제부터 실천해봅니다. 밀린 설거지를 하고, 이불을 개고, 10분간 산책을 하고, 책 한 페이지를 읽어보는 등 첫 한 걸음을 떼어보는 겁니다. 그러면 다음 징검다리가 보일 것이고, 또 힘을 내면 그다음 징검다리가 보일 거예요.

그러다 넘어진다 해도 괜찮다고 자신에게 말해주면서 다시 일어나 꾸준히 가다 보면 앞을 가렸던 안개도 걷힐 겁니다. 도달한 곳이 생각하던 것과 조금 다른 곳이라 해도 노력한 과정과 거기서 일군 결과는 뿌듯할 거라 믿습니다. 하루하루를 열심히 채우며 가고자 하는 방향으로 조금씩 가다 보면 어느새 자신의 길이 열리는 게 인생입니다.

나치 수용소에서 죽음의 고비를 넘기고 살아남은 유대인 정신과 의사 빅터 프랭클(Viktor Frankl) 박사는 이렇게 말했습니다.

"삶의 문제를 능동적으로 해결하려는 사람은 마치 일력을 하나씩 뜯어 그 뒤에 짧은 일기를 적어 모아놓는 사람과 같다. 후에 풍요로운 순간들과 충실하게 살아온 순간들을 돌아보며 뿌듯함과 기쁨을 만끽할 수 있을 것이다."

삶에서 부딪힌 문제가 너무 크게 느껴져 가만히 웅크리고 있다면 이제는 능동적으로 한번 달려들어보세요. '넘사벽' 같았던 담이 생각보다 낮을 수도 있으니까요. 그러다 보면 언젠가는 힘들었던 순간들에 맞서 충실히 살아온 나 자신에 대해 뿌듯함과 기쁨을 느끼게 되리라 믿어요.

해야만 하는 일에
끌려가듯 살고 있다면

: 우연이 아닌 선택이 인생을 결정한다, I choose to~

살다 보면 하기 싫어도 해야만 하는 일들이 있습니다. 일, 공부, 살림, 육아 같은 것들이죠. 어떤 일을 '할 수 없이', '억지로' 계속해야 할 때는 기쁨이나 만족을 느끼기 어렵습니다. 게다가 단번에 해치울 수 있는 일이 아니라 오랜 시간 지속해야 하는 상황이라면 심신이 지치게 마련이죠. 확 때려치우고 싶고, 그냥 포기하고 싶지만 함부로 그럴 수도 없습니다. 그래서 오늘도 억지로 몸을 일으켜 출근을 하고, 학교에 가고, 아이를 깨워 밥을 먹입니다. 그리고 마음속으로 '아, 내게도 선택권이라는 게 있으면 좋겠다!'라고 외칩니다.

시댁과의 갈등으로 힘들어하는 어떤 분이 "저는 행복할 옵션이 하나도 없어요"라고 말씀하시는 걸 듣고 마음이 무척 아팠습니다. 어떻게 해서든 그 상황에서 벗어나려고 애쓰지만, 이도 저도 할 수 없을 때 우리는 무력감에 빠지고 불행하다고 느낍니다. 하지만 조금만 생각을 바꿔보면 상황을 바라보는 시선과 마음가짐이 달라질 수 있습니다.

우리에게는 항상 선택권이 있다

가장 먼저 드리고 싶은 말씀은 어떤 상황에 있든 '우리에게는 항상 선택권이 있다(We always have a choice)'는 사실입니다. 앞서 소개한 빅터 프랭클 박사는 "어떤 상황에 있든 그것을 어떤 태도로 받아들이는가는 나 자신의 선택이다"라고 말했습니다. 그 어떤 자유도 주어지지 않은 채 늘 죽음이 도사리던 유대인 수용소에서도 자신에게 선택지가 있다고 말한 것입니다.

언제든 우리에게는 어떤 일을 하지 않을 선택지가 있습니다. 그 일을 하지 않는다고 해서 감옥에 가는 것도 아니고, 누군가 내 목에 칼을 들이대 억지로 그 일을 시키는 것도 아니니까요. 여러분은 어쩔 수 없이 그 일을 '하기로' 선택하는 대신 '하지 않기로' 선택할 수도 있습니다. 그 결과를 스스로 감당하고 책임지는 선택 말이죠. 상황에 떠밀려 어떤 일을 '할 수밖에 없다'고 하는 경우도, 엄밀히 말하면 그 일을 하지 않았을 때의 결과가 더 좋지 않거나 감당하기 어려우니(또는 싫으니) 그 일을 '하기로 선택'한 것이죠.

육아 스트레스로 우울증을 겪고 있는 애나 씨(사례에 나오는 이름은 모두 가명입니다)의 사례를 살펴보겠습니다. 회사에 다니던 그녀는 아이를 낳으면서 직장을 그만두고 육아를 도맡았습니다. 시부모님은 장사를 하고 계셔서 도와줄 상황이 못 되었고, 친정 부모님은 먼 지역에 살고 계셨습니다. 그렇다고 아이를 돌봐줄 도우미를 고용하자니 경제적으로 부담이 되었습니다. 남편 또한 회사에서의 불이익이 염려되어 육아휴직을 쓸 수 없는 상황이었습니다.

자신 외에는 아이를 돌볼 사람이 없었던 애나 씨는 하는 수 없이 전업주부의 길을 가게 되었습니다. 그런데 아이를 돌보는 일이 생각보다 너무 힘들었습니다. 게다가 '나'라는 존재는 점점 희미해지고 혼자서 모든 것을 감당해야 하는 현실이 억울하게 느껴졌습니다.

여기서 한 가지 함께 생각해보고 싶은 것이 있습니다. 정말 애나 씨에게는 선택권이 없었을까요? 그렇지 않습니다. 금전적으로 부담이 되더라도 커리어를 우선으로 생각해 다른 부분에서 허리띠를 졸라매고 도우미를 고용(옵션 1)할 수 있었습니다. 혹은 좀 이르기는 하지만 아이를 어린이집에 보내는 방법(옵션 2)도 있었을 겁니다. 여러 불이익을 감수하고 남편이 육아휴직을 쓰는 방법(옵션 3)도 있었겠죠. 또 꼭 필요하다면 친정 부모님과 합가해 육아 도움을 받는 방법(옵션 4)도 있었을 겁니다.

이렇듯 선택의 여지가 없어 보였지만, 실은 애나 씨에게도 선택할 수 있는 여러 옵션이 존재했습니다. 다만 그것들이 모두 쉽지 않은 선택이고, 그보다는 차라리 자신이 육아를 감당하는 것이 낫다고 판단해 그렇게 '선택'한 것이죠. 물론 그것이 애나 씨가 바라는 옵션(직장에 계속 다니고 육아는 다른 사람이 도와주었으면 좋겠다)은 아니었을지 모릅니다. 하지만 애나 씨의 판단과 결정이 들어간 선택이었다는 것에는 변함이 없습니다.

'I choose to~', 선택의 주체는 나 자신

지금 나를 힘들게 하는 그 일도 억지로 하는 것이 아니라 내가 선택한 것이라고 생각하면 마음자세가 달라집니다. 같은 일이라도 '해야만 하기 때문에 하는 일'과 '내가 하기로 선택해서 하는 일'에서 느끼는 괴로움, 그리고 이를 견뎌내는 힘의 크기는 다르기 때문입니다. 그 일에서 성취를 이루었을 때의 기쁨과 만족감도 다를 겁니다. 인간은 자신이 능동적으로 결정한 일에 더 적극적으로 임하고, 더 강한 인내심을 발휘하며, 또한 더 큰 보람을 느낍니다.

육아로 힘든 상황 속에서 애나 씨처럼 '나에게 아무런 선택권이 없다'고 생각하는 것은 스스로를 더 우울하게 만듭니다. 그럴 때는 선택의 주체가 나 자신이라는 점을 기억해야 합니다. 원치 않았지만 어쩔 수 없이 육아를 하는 것이 아니라 여러 선택지를 검토했으나 자신이 아이를 돌보는 것이 가장 좋은 선택이라고 판단했기 때문에 육아에 전념하기로 결정했다고 생각하는 겁니다. 그러면 같은 상황이라도 임하는 마음자세가 달라집니다.

인생이 막막하게 느껴질 때는 나에게 선택권이 있다는 것을 떠올려보세요. '나의 판단에 따라, 힘들더라도 이 길을 가기로 내가 선택한 것'이라고 말입니다. 그래서 결과도 내가 감당하겠다고 선언해보는 겁니다. 이렇게 'I have to(해야만 한다)~'가 아니라 'I choose to(내가 하기로 선택한다)~'의 마음자세를 가지면 인생의 방향키를 내가 쥐고 주도적으로 살아갈 수 있습니다.

스스로 뿌듯할 수 있는 삶을 선택하라

우리는 무언가를 선택할 때 대개 '모 아니면 도'처럼 둘 중 하나를 선택해야 한다고 생각합니다. 또는 그런지 아닌지 중대한 결정을 내려야만 한다고 생각합니다. 이혼을 해야 하나 말아야 하나, 회사를 그만둬야 하나 계속 다녀야 하나, 시부모님을 모셔야 하나 말아야 하나…. 그런데 그렇게 생각하면 답이 잘 나오지 않을 때가 많습니다.

저에게 처음 병이 찾아왔을 때 이야기를 해볼게요. 계속 병에 시달리며 고통스럽게 살고 싶지 않았기 때문에 병을 고치기 위해 엄청나게 노력했습니다. '낫는다'를 선택(I choose to get better)하고 싶었죠. 하지만 많은 노력에도 불구하고 몇 달이 지나도록 병세는 호전되지 않았습니다. 저의 선택과는 무관하게 완치가 어려운 만성질환이라는 받아들이기 힘든 현실과 마주해야 했습니다.

그렇다면 당시 저에게는 아무런 선택지가 없었을까요? 아닙니다. 치료가 어렵다는 상황을 일단 받아들이고, 거기서부터 작은 것이라도 내가 할 수 있는 것들을 찾기 시작했습니다. 당시 제가 할 수 있는 일은 잠시 책을 읽는 정도였습니다. 오래 앉아 있기만 해도 심한 어지러움과 메스꺼움, 두통이 찾아왔어요. 그래서 인터넷을 샅샅이 뒤진 후 누워서 노트북을 쓸 수 있는 받침대를 구했습니다. 제 첫 책《마음이 흐르는 대로》의 초고는 당시 병상에 누운 채로 틈틈이 쓴 것입니다.

병실 유튜버로 알려진 클레어 와인랜드(Claire Wineland)는 유전질환인 낭포성섬유증을 갖고 태어났습니다. 평생 입원과 퇴원을 반복하며 투병하다가 21세에 세상을 떠났습니다. 그런 그녀의 인생을 두고 혹자는 태어나지 않는 게 더 나았을 삶이라 생각할지도 모릅니다. 그러나 그녀는 이렇게 말했습니다.

"인생의 의미는 그저 건강하고 행복한 삶을 사는 데 있는 것이 아니라, 내가 뿌듯할 수 있는 삶을 사는 데 있다(Life is not just about being happy or healthy. It's about living a life you are proud of)."

그녀는 수많은 사람들에게 인생의 자긍심을 일깨워주고 세상을 떠났습니다. 그녀의 메시지는 난치병이라는 절망에 빠져 있던 저에게도 큰 힘이 되었고, 어떤 상황에서든 내가 뿌듯할 수 있는

'선택'을 하면 인생을 잘 사는 것이라는 깨우침을 주었습니다.

살다 보면 끝이 보이지 않는 터널 속에 갇혀 있는 듯 느껴질 때가 있습니다. 막막하기만 한 현실에 자존감은 바닥을 치고 무기력과 비관적인 생각에 사로잡힙니다. 어떻게든 벗어나려고 발버둥을 쳐보지만 달라지는 것은 없습니다. 세상에는 제 병처럼 노력만으로 해결할 수 없는 문제도 많습니다. 이럴 때는 해결되지 않을 일에 집착하면서 에너지를 쏟고 진을 빼는 것이 도움이 되지 않습니다. 그보다는 일단 상황을 받아들인 다음 부정하기보다 긍정하는 마음을 갖는 것이 더 낫습니다.

여기서 긍정의 마음은 '나는 다 나을 수 있어'라는 생각이 아닙니다. 긍정은 한자로 '옳이 여길 긍(肯)', '정할 정(定)' 자를 씁니다. 나에게 주어진 상황을 '그렇다'고 인정하는 겁니다. 그런 다음 지금 여기서 '내가 무얼 하면 뿌듯할 수 있을까(What can I do to be proud of myself)?'를 궁리해야 합니다. 작은 것이라도 찾아서 해보는 거예요. 5분간 명상을 해도 좋고, 책상 정리를 해도 좋습니다. 유익한 유튜브 채널을 찾아 시청하거나 짧은 일기를 써도 됩니다. 그리고 어려운 상황에서도 힘을 내서 그것을 해낸 자신을 칭찬해주세요. '너는 잘하고 있어(You're doing good)!'라고 해주는 겁니다. 몸과 마음이 힘들 때는 손가락 하나 움직이는 것도 쉽지 않으므로 작은 일도 칭찬받아 마땅합니다.

지금 여러분에게 선택지가 전혀 없는 것이 아닙니다. 작은 일이라도 내가 하기로 선택하면 됩니다. 그렇게 생각을 바꾸고 주어진 상황 속에서 스스로 뿌듯한 일들을 찾아 하나둘씩 하다 보면 자기 자신과 세상을 보는 눈이 점점 따뜻해질 겁니다. 그런 자세로 살다 보면 새로운 기회도 더 잘 볼 수 있고, 기회가 왔을 때 더 쉽게 잡을 수 있겠죠.

정신과 의사이자 교수로 살던 제가 돌연 만성 난치병 환자가 되었을 때는 깊이 낙담했습니다. 하지만 지나고 보니 그로 인해 작가의 길을 걷게 되었고(이 책이 저의 네 번째 책입니다), 〈닥터지하고〉 유튜브 채널도 시작하게 되었습니다.

현재의 어려움이 끝나야만 더 좋은 삶을 살 수 있다고 여기며 오직 그때가 오기만을 기다리는 사람도 많습니다. 하지만 마냥 기다리기보다는 어떠한 상황에서든 나 자신이 뿌듯할 수 있는 선택을 하면서 지금 여기(here and now)에 집중하며 살아보면 어떨까요? 그러면 현재를 더 뜻깊게 살 수 있고 또다시 앞으로 나아갈 힘이 생길 거라 믿어요.

지혜로운 선택을 위한 소크라테스식 질문법

때로는 주어진 선택지 중에서 무엇이 나에게 더 나은 선택인지 도무지 알 수 없을 때가 있습니다. 이럴 때는 한번쯤 자신과 진지한 대화를 나눠볼 필요가 있습니다. 이때 사용할 수 있는 것이 고대 그리스 철학자 소크라테스가 제자를 가르치거나 변론가와 논

쟁할 때 썼던 소크라테스식 질문법(socratic questioning)입니다. 질문을 통해 내면의 생각을 끌어내고 그 생각이 타당한지 평가해서 보다 논리적인 생각을 하도록 유도하는 방법입니다. 요즘도 인지행동치료나 상담, 코칭 등에 많이 활용됩니다. 자신이 갖고 있는 생각의 의미나 중요성을 물어보는 것도 한 예입니다. 삶에 있어 중요한 결정이나 선택을 해야 할 때 자신에게 물어보면 진심으로 원하는 것이 무엇인지가 좀 더 선명해집니다.

예를 들어, 지금 직장이 너무 마음에 안 들고 힘든데도 계속 다니고 있는 상황이라면 다음과 같이 스스로 질문하고 답해볼 수 있습니다.

Q : 왜 가기 싫은 직장에 계속 다녀?

A : 직장이 없으면 돈을 못 벌잖아. 먹고는 살아야지.

Q : 돈이 없으면 어떻게 되는데? 왜 그게 너한테 중요한데?

A : 돈이 없으면 아무것도 못 하잖아. 옷도 못 사고 맛있는 것도 못 사 먹고.

Q : 옷 못 사고 맛있는 것 못 먹으면 어떻게 되는데? 왜 그게 중요한데?

A : 무시당하고 멸시당할 텐데. 쪽팔려서 어떻게 살아.

Q : 너에게 멸시당한다는 것은 어떤 의미야? 왜 그게 중요해?

A : 난 무시당하지 않고 인정받으며 살고 싶어.

Q : 인정받지 못하면 어때서? 그게 너에게 어떤 의미야?

A : 사람들이 날 좋아하지 않고, 나는 사랑받을 만한 자격이 없
　　다는 거잖아.

　자신의 대답에 '그러면 어떤데?', '왜 그게 중요한데?', '그게
너에게 어떤 의미인데?', '안 그러면 어떻게 되는데?'라고 연쇄적
으로 질문해봅니다. 이렇게 계속 깊이 파고들다 보면 가장 깊숙
한 내면의 마음이 드러나게 마련입니다. 결국 앞서 말한 인지 모
델의 핵심 신념에 다가가게 됩니다.

　안타깝게도 정신과 치료를 받으러 오는 분들 대부분이 '나는
사랑받지 못하는 사람이다', '나는 부족한 사람이다'라는 핵심
신념을 갖고 있습니다. 그러다 보니 '중요한 사람이 되고 싶고,
인정받고 싶고, 사랑받고 싶다'는 욕구가 저변에 강하게 자리 잡
게 됩니다. 미처 눈치채지 못하는 사이에 이러한 핵심 신념이 여
러 가지 선택을 하는 데 부정적인 영향을 주죠. 반면 내가 무슨 일
을 하든 '나는 있는 그대로 가치 있는 사람'이라는 핵심 신념을
가진 사람은 남의 시선이나 세상의 기준에 쉬이 휘둘리지 않으며
좀 더 소신 있게 자신의 길을 선택할 수 있습니다.
　앞으로 중요한 선택의 기로에 서서 어떤 길을 가야 할지 망설
여진다면 소크라테스식 질문 과정을 밟아보길 바랍니다. 혹시라
도 '나'라는 사람 자체는 가치가 없어서 또는 내가 가진 것과 이
룬 것이 곧 내 가치가 된다는 믿음 때문에 그 선택을 하려는 것인

가. 남들 눈에 더 멋지고 좋아 보일 것 같아서 또는 누군가에게 더 인정받고 사랑받고 싶어서 한 선택인가. 나는 존재만으로도 가치 있는 사람이고 사랑받을 만한 사람이라는 믿음이 있을 때도 같은 선택을 했을 것인가…. 이런 문답의 과정을 통해 내가 진정으로 걷고자 하는 길을 선택할 수 있기를 바랍니다. 그 길 끝에서는 내가 걸어온 길에 대해 뿌듯함이 가득하고 후회가 적을 것입니다.

CORE MIND ✿ TRAINING PRACTICE

삶에 있어 중요한 결정이나 선택을 해야 할 때, 현재 자신에게 닥친 가장 깊은 고민에 대해 알고 싶을 때 '소크라테스식 질문법'을 통해 답을 찾아보세요. 꼬리에 꼬리를 무는 질문을 통해 자신이 진심으로 원하는 것이 무엇인지 알게 될 것입니다. 이는 질문에 답을 하고 그 답에 대한 생각이 타당한지 다시 묻고 평가함으로써 논리적인 생각을 하도록 유도하는 방법입니다. 스스로에게 '그게 어떤 의미인데?', '왜 그게 중요한데?', '안 그러면 어떤데?'라고 물어보세요.

Q :

A :

Q :

A :

Q :

A :

아침마다 출근하기 싫은 당신을 위해

: 하기 싫은 일도 즐겁게 만드는 마법의 말, I get to~

아침에 일어나 출근하기가 죽기보다 싫었던 적이 있나요? 만일 어머니들이라면 '돌아서면 밥, 돌아서면 밥, 이놈의 밥 좀 안 하고 살았으면 좋겠다'라고 생각한 적도 있을 겁니다. 학생들은 학교 가기 싫다는 생각을 날마다 하기도 하죠. 하지만 여러분은 오늘도 출근을 하고, 식사 준비를 하고, 등교를 하기로 '선택'했을 겁니다. 공부, 시험 준비, 운동, 다이어트, 집안일, 육아 등 많은 일을 'have to'가 아니라 'choose to' 하고 있는 것이죠. 이제 어떤 일을 일단 하기로 선택했다면, 보다 즐겁고 기쁘게 할 수 있는 방법을 알려드리겠습니다. 'choose to'보다 한 단계 높은 비법입니다.

해야만 해 vs. 할 수 있는 게 어디야

저희 옆집 아주머니는 과체중에 건강 상태도 좋지 않아 주치의에게 운동을 꼭 해야 한다는 권고를 받았어요. 그래서 동네에서 걷기 운동을 매일 하십니다. 하루는 걷다가 다른 이웃을 마주쳤습니다. 그 이웃이 "또 걸으시네요"라고 인사를 건넸죠. 아주머니는 축 처진 목소리로 주치의가 걸으라고 했다며 "걸어야만 해요(I have to walk)"라고 대답했습니다.

그러자 이웃이 이렇게 말하는 겁니다.

"아니죠, 아주머니. 걸어야만 하는 게 아니라 걸을 수 있어 다행인 거죠(No, Ma'am. You don't HAVE to walk. You GET to walk)."

그 말을 듣고는 정신이 번쩍 들었다고 합니다. 만약 그 아주머니의 건강이 더 나빠지고 과체중 때문에 관절이 많이 상했다면 매일 걸을 수 있었을까요? 상태가 그리 심각하지 않아 걸을 수 있으니 다행인 것입니다.

영어 표현 'get to'에는 '~할 수 있는 기회가 주어졌다'는 뜻이 있습니다. 디즈니랜드에 가게 됐다는 말을 듣고 "디즈니랜드에 가야만 해(I have to go to Disneyland)"라고 말할 아이들이 있을까요? 아마 대부분은 "우와, 디즈니랜드 가게 됐어(I get to go to Disneyland)!"라며 환호성을 지를 겁니다. 이렇게 신나서 하는 표현이 바로 'I get to~'입니다. 운 좋게 그 일을 할 기회가 생겼다는 뜻입니다.

드디어 내가 일을 하러 갈 수 있게 됐구나!

돌이켜보면 저도 이런 경험을 한 적이 있습니다. 소아정신과 의사이자 교수로서 내 일을 좋아하고 보람 있게 일해왔다고 자부하지만, 일이 매일 즐겁고 신났던 것은 아닙니다. 제가 보는 환자 중에는 상태가 심해 치료가 잘 되지 않는 환자가 다수 있어서 진료가 힘에 겨울 때가 많았습니다. 게다가 남편 직장과 제 직장에서 비슷한 거리에 있는 곳을 찾아 이사를 하는 바람에 출퇴근길 운전에만 한 시간이 넘게 소요되었죠. 퇴근 후 집에 돌아오면 기진맥진해 계속 누워서 쉬어야만 했습니다. 아침에는 피로가 가시지 않은 채 일어나 무거운 몸을 이끌고 출근하는 날이 많았어요. '여기 일을 그만두고 좀 더 가까운 곳으로 옮겨야 할까?'라며 고민도 했습니다.

그러던 중 갑자기 몸이 아프기 시작한 거죠. 회오리바람같이 몰아닥친 여러 증상들로 두어 달 만에 잠시 앉아 있기도, 혼자 밥을 챙겨 먹기도 힘든 정도가 되었습니다. 결국 장기 병가를 내고 어머니의 간호를 받으러 한국으로 돌아가야 했습니다. 어머니가 밥을 차려주면 간신히 일어나 먹을 정도였습니다. 잠시 앉아 밥만 먹었을 뿐인데도 너무 어지러워져 곧 다시 누워야 했습니다. 어머니가 목욕도 시켜주고, 속옷과 양말까지 가져다 주어야 했습니다. 의사 노릇은커녕 사람 구실이나 하고 살 수 있을지 걱정되는, 내 삶에 돌연 먹구름이 덮친 상황이었지요.

정신과에서는 의사와 환자의 관계가 다른 과보다 대체로 더 돈독합니다. 환자들이 아무에게도 보이지 못할 속마음을 보여주는 상대가 정신과 의사니까요. 그러다 보니 제가 갑자기 병가를 내고 떠나왔을 때 당황했을 환자들이 눈에 아른거리더군요. 아이들을 물가에 놔두고 떠나온 엄마마냥 미안한 마음과 죄책감에 시달렸습니다. 그래서 아픈 와중에도 '빨리 미국에 돌아가서 내 환자들을 다시 봐야 한다'는 생각으로 회복에 집중했습니다. 당시 한겨울이었는데도 매일 아침 옷을 겹겹이 껴입고 이를 악물고 운동을 하러 나갔습니다. 1년 가까이 일을 쉬면서 어머니의 극진한 간호를 받았고 병원에서 집중치료도 받았습니다. 그러다 보니 쉽게 낫지는 않았지만 조금씩 증세가 호전되었습니다.

조금 나아졌다고 판단하자마자 저는 다시 일하러 나갈 결심을 했습니다. 제 담당 의사들은 아직 무리라고 했지만, 당시 저는 환자들과 동료들에 대한 책임감을 더 이상 외면하기 힘들었어요. 그리고 일을 못 하면 '나'라는 존재의 의미가 없어질 것만 같았습니다. 일단 1주일에 3일만 근무해보기로 하고 미국으로 돌아왔습니다.

그렇게 다시 출근하던 첫날은 운전할 힘이 없어 남편이 태워다 주었지요. 시내로 들어서는 고가도로에 오르자 볼티모어 스카이라인이 시야에 들어오기 시작했습니다. 늘 아무렇지 않게 보던 풍경이었는데, 그날은 눈물이 왈칵 쏟아졌습니다.

'내가 드디어 일을 하러 갈 수 있게 됐구나(Finally, I get to go to

work)!'

일하러 가면서 이렇게 감동이 차오른 것은 처음이었습니다. 전에는 '아, 오늘 또 일하러 가야만 하나(Do I have to go to work again today?). 오늘 하루 쉬었으면 좋겠다'는 생각도 많이 했었는데 말이죠. 'I have to'가 'I get to'로 바뀌면서 똑같은 길을 지나는 제 마음이 180도 바뀐 것입니다. 피하고 싶은 마음에서 감사한 마음으로요. 지금도 그 순간을 떠올리면 코끝이 찡합니다.

하기 싫은 일도 즐겁게 만드는 마법의 주문

결국 건강상의 이유로 케네디크리거인스티튜트에서 진료하는 것은 완전히 내려놓게 되었습니다. 이제는 존스홉킨스 의과대학 교수로서 수련생들에게 강의를 하고 가르치는 역할만 하고 있습니다.

저 자신에게 투자할 시간이 좀 더 생겨서 퍼스널 트레이닝을 받기 시작했어요. 트레이너들은 꼭 숨넘어가려 할 때쯤 '한 번 더' 하라고 하죠. 계단 오르기를 하는데 힘들어서 더는 못 할 것 같았어요. 바로 그 순간 트레이너가 한 번 더 오르라고 시키더군요. 그때 이웃에게 배운 마법의 주문을 외웠습니다. '한 번 더 해야만 해(I have to do one more time)' 대신 '한 번 더 하게 된 게 어디야(I get to do one more time)!'라고요.

제게는 계단을 오르기는커녕 제대로 서 있거나 잠시 걷는 것조

56

차 어려웠던 시절이 있었잖아요. 이제 계단을 한 번 더 오를 수 있다니 얼마나 감격적인가요! 살짝 입꼬리를 올려 미소를 머금고 'I get to do one more time!' 이라고 외치며 계단을 뛰어올랐습니다. 정말 마법이 일어나더군요. 그 마지막 한 번 더 계단을 오르는 것이 이전보다 덜 힘들고 즐거워졌습니다. 억지로 지었던 미소가 뿌듯함과 감사함에서 오는 진정한 미소로 바뀌었습니다.

지금 여러분이 해야 하는데 하고 싶지 않을 일을 마주하고 있다면, 이 마법의 주문을 꼭 써보세요. 일단 하기로 결정했다면 'I have to do it' 이라며 억지로 하지 말고 'I get to do it!' 이라고 주문을 외워보는 거예요. 입꼬리를 조금 올리고 미소 짓는 것도 잊지 마시고요. 마법처럼 스스륵 기분이 좋아지는 걸 경험해보세요.
  '에이, 마법의 말은 무슨… 그렇게 한다고 달라질 리가' 하는 분들도 있을 겁니다. 앞서 배운 정신과 의사들의 '영업 비밀' 기억하시나요? 생각을 어떻게 하느냐에 따라 감정과 행동이 바뀐다고 했죠. 인지행동치료의 효과는 많은 연구와 실험을 통해 입증되었습니다. 그러니 미소를 머금고 'I get to do it!' 이라고 마법의 주문을 외워보세요. '일하러 갈 수 있는 게 어디야!', '아이들 챙겨줄 수 있는 게 어디야!', '학교를 다닐 수 있는 게 어디야!' 라고 말입니다. 그리고 자신의 기분이 어떻게 달라지는지 관찰해보세요. 짜증 나고 억울했던 마음이 가라앉고, 감사하는 마음이 생겨나는 마법을 직접 체험하게 될 테니까요.

왜 사소한 결정조차
이렇게 어려울까

: 당신이 결정을 못 하는 두 가지 결정적 이유

얼마 전 한국에 갔더니 '결정장애'라는 말을 많이 쓰더라고요. 사실 정신과에 결정장애라는 진단명은 없습니다. 아마 '장애'라고 할 정도로 일상에서 어떤 결정을 하기가 힘들다는 뜻이 담긴 표현이겠죠.

우리의 일상은 선택과 결정의 연속이라고 해도 과언이 아닙니다. 출근할 때 지하철을 탈지 택시를 탈지, 점심으로 파스타를 먹을지 부대찌개를 먹을지, 퇴근 후 친구를 만날지 운동을 하러 갈지 등 아주 일상적이고 사소한 선택부터 결혼 상대를 정할 때나, 직장, 학교를 정할 때처럼 일이나 공부의 성패를 좌우하는 결정들까지. 어떤 때는 누가 '이게 더 나아'라며 대신 선택과 결정을 해주면 좋겠다는 생각마저 듭니다.

결정장애의 굴레에서 벗어나지 못하는 이유

얼마 전 제가 살고 있는 마을에 눈이 많이 내렸습니다. 외곽에 위치한 시골 마을이라 집들이 드문드문 있지요. 한국 같으면 아파트 한두 동 들어올 자리에 집 하나만 달랑 있습니다. 뒷마당에는 사슴, 토끼가 뛰어놀고 집 안에서 마당 너머로 들판과 숲이 보입니다. 그 풍경을 내다보고 있으면 마음이 평화로워집니다. 거기에 눈까지 내리면 그야말로 절경이 펼쳐지죠.

그런데 이렇게 아름다운 저희 집에는 공공 상하수도 시설이 없습니다. 넓은 땅에 자리 잡은 한 가구를 위해 공공 상하수도를 끌어오려면 너무 큰돈이 들기 때문입니다. 그래서 집주인이 직접 상하수도 시설을 설치해야 합니다.

저희 동네 정화조는 스물네 집이 공동으로 설치했고 물은 각자의 땅에서 우물을 끌어올려 씁니다. 상상이 잘 안 되죠? 우물에서 물을 직접 기르는 건 아닙니다. 우물에서 퍼올린 물이 수도꼭지를 틀면 나오는 거예요. 그런데 문제는 이 사설 상하수도 시설이 모두 전기로 가동된다는 점입니다. 그러니 정전이 되면 물도 안 나오고 화장실 물도 안 내려가는 거죠. 전기 발화가 안 돼서 가스레인지도 쓸 수 없습니다.

한국은 전선을 땅 밑으로 묻는 지중화 작업이 상당이 진행돼 전봇대가 점점 없어지는 추세인데, 저희 동네 같은 미국 시골에는 아직도 전봇대가 많습니다. 폭설이나 폭풍으로 전봇대가 무너지거나 나무가 쓰러지면서 전깃줄이 끊어지는 일이 잦아 쉽게 정전이 됩니다.

지난겨울에도 폭설로 전기가 끊겨서 상하수도 시설이 작동되지 않는 바람에 며칠 동안 빵과 과자만 먹으면서 연명했습니다. 난방도 안 되니 에베레스트 베이스캠프가 따로 없었습니다. 그렇게 며칠을 선사시대 사람처럼 살았어요. 뒷마당 너머의 멋진 풍경을 즐길 수 있는 아름다운 집이지만 상하수도나 전기가 끊어지는 골치 아픈 상황도 생기는 그런 집입니다.

그래서 비상전력 발전기를 설치해야 할지 고민 중인데, 설치하는 데 수천만 원이라는 비용이 든다고 합니다. 끊어진 전기가 복구되는 데 보통 반나절 정도 소요됩니다. 그냥 참고 내버려둬야 할지, 아니면 발전기를 설치하는 게 나을지 몇 달 동안 고민했지만, 아직까지도 답을 찾지 못했습니다.

대체 우리는 왜 이렇게 결정하는 게 어려울까요? 결정장애가 나타나는 원인은 크게 두 가지로 생각해볼 수 있습니다.

첫 번째는 자신에 대한 신뢰감이 부족한 경우입니다. 나의 선택에 대해 자신이 없는 것입니다. 내가 어떤 일을 잘해낼 수 있다는 자기효용감(self-efficacy)이 떨어지는 것이죠. 이렇게 해도 잘 안 될 것 같고 저렇게 해도 잘 안 될 것 같은 거예요. '지난번에 A를 선택했는데 안 좋았잖아. 이번에도 안 좋으면 어떡하지?' 하는 불안이 내면에 자리 잡고 있습니다. 살아오는 동안 자신의 결정이나 선택에 만족했던 경험이 적었을 가능성이 높습니다.

두 번째는 '욕심'입니다. 둘 중 하나를 선택한다는 것은 결국 다른 하나를 포기한다는 뜻입니다. 두 가지 다 놓을 수 없으면 결정을 할 수 없습니다. 완벽주의 성향을 가진 사람은 무언가를 포기하는 것을 어려워하기 때문에 이러한 양상이 나타날 수 있습니다.

예를 들어 짜장면 vs. 짬뽕, 둘 중 내가 더 먹고 싶은 것을 선택해야 하는 상황이라고 해보죠. 이때 짜장면을 선택한다는 건 짬뽕을 포기한다는 뜻입니다. 즉 결정한다는 것은 내가 좋아하는 것을 선택한다는 의미도 있지만, 다르게 생각하면 그 외의 것을 포기하는 것이기도 합니다. 결국 포기를 할 줄 알아야 선택도 할 수 있습니다. 경제학에서는 어떤 선택을 했을 때 포기해야 하는 것의 가치를 기회비용이라고 부릅니다. 내가 좋아하는 걸 선택하기만 하는 거라면 뭐 그리 결정이 어렵겠어요. 그 와중에 다른 것을 포기해야 하니 결정이 어려운 것입니다.

저희 같은 경우는 정전이 되면 자연인으로 살아야 하는 불편함도 싫지만, 수천만 원에 달하는 비용을 지불하기도 부담스러웠던 거죠. 다시 말해 발전기를 설치해 정전 시 편리하게 사용하고 싶은 마음과 동시에 큰돈을 쓰지 않고 아껴두고 싶은 마음도 함께 가지고 있는 것입니다.

어떤 선택이든 완전히 틀린 선택은 없다
좋은 선택을 할 수 있다는 자신감이 부족해서 결정을 하지 못하는 분들의 경우, 조금만 생각의 방향을 달리하면 결정장애에서 벗어날 수 있습니다. 학력고사 세대든 수능 세대든 우리는 모든 문제에는 정답이 있다고 배우며 자랐어요. 오지선다 문제라면 하나만 정답이고 나머지 네 개는 오답입니다. 다섯 개 중 하나의 정답을 택하지 않으면 틀린 답을 고를 확률이 80퍼센트인 거죠. 그러다 보니 '맞는 답을 잘 골라야 하는데… 틀리면 안 되는데…'라는 불안한 마음이 강합니다.

그런데 인생은 학력고사나 수능이 아닙니다. 여러분의 삶에는 하나의 정답만 존재하지 않습니다. 어떤 선택을 하든지 완전히 틀린 선택은 없는 거죠. 모든 선택에는 장단점이 있게 마련이니까요. 시골집을 선택하면 아름다운 자연을 볼 수 있고 상쾌한 공기를 마실 수 있다는 장점이 있지만, 정전이 되면 자연인으로 살아야 한다는 단점이 있습니다. 발전기를 설치하는 결정을 한다면 편리하다는 장점이 있지만, 경제적으로는 수천만 원을 지불해야 하는 단점이 있습니다. 온전히 장점만 있거나 단점만 있는 선택은 없습니다.

심리학에서든 교육학에서든 부모가 자녀에게 꼭 가르쳐야 하는 마음자세 중 공통적으로 강조하는 것이 있습니다. 바로 긍정적인 마음자세입니다. '내가 하는 일은 다 잘될 거야', '나에게는 좋은 일만 생길 거야', '나는 늘 행복할 거야'라는 것이 긍정적인 마음자세가 아닙니다. 긍정적인 마음자세란 모든 상황에는 좋은 점과 좋지 않은 점이 함께 있음을 알고, 어떤 것이든 주어진 상황을 잘 받아들이고 그 안에서 긍정적인 면을 볼 수 있는 자세입니다. 이를 동양의 성현들은 '새옹지마(塞翁之馬)'라고 했으며, 서양에서는 '동전의 양면(two sides of the same coin)'이라고 표현했습니다. 힘든 일을 겪어도 그 가운데 좋은 점이 있음을 알고 그것을 발견하는 사람이 긍정적인 사람입니다.

그리고 "모든 구름에는 은빛 안감이 있다(Every clouds has a silver lining)"라는 말도 있습니다. 시커먼 구름 뒤편에는 햇빛을 반사하며 반짝이는 면이 있듯, 아무리 나쁜 상황일지라도 좋은 면이 숨어 있다는 뜻입니다. 내 앞에 닥친 어려움 속에도 밝은 면이 있다는 것을 믿는 사람과 '이 시커먼 구름이 왜 나한테만 끼는 거야'라며 힘든 상황만 보는 사람은 결정 능력이 다를 수밖에 없습니다.

모든 상황에 동전의 양면처럼 긍정적인 면과 부정적인 면이 공존한다는 것을 아는 사람은 어떤 결정은 맞고 어떤 결정은 틀린 게 아니라는 것을 아는 사람입니다. 그러니 틀린 결정을 할까 봐 불안해하지 않고 자신 있게 결정을 합니다.

저는 20대 때 한국에서 정신과 레지던트 시험에 떨어졌습니다. 정말 눈물 나게 서러웠습니다. 그런데 그 일 때문에 미국으로 왔고 완전히 다른 세상을 살게 되었습니다. 40대 때는 큰 병이 찾아와 잘 일어나지도 못하고 거의 누워서 1년을 보내야 했습니다. 그런 상황에 긍정적인 면이 어디 있느냐고 하겠지요. 저는 이 어려움과 고통을 겪으면서 삶과 세상을 보는 시야가 넓어지는 경험을 했습니다. 이전의 '나'로 돌아가고 싶지 않을 정도로 그 일은 값진 경험이 되었습니다.

지금 여러분 앞에 놓인 여러 선택지 중에 정답이나 오답은 없습니다. 각각의 선택지마다 각기 다른 장단점이 있을 뿐입니다. 그러니 각각의 선택지가 가진 장단점을 자신이 중요하게 생각하는 기준과 우선순위로 판별하면 됩니다. 내가 무엇을 더 좋아하고 무엇에 더 끌리는지, 내가 원하는 것은 무엇인지, 무엇을 할 때 더 즐겁고 보람 있는지 말입니다.

이때 우리가 흔히 저지르는 실수가 자신이 아닌 다른 사람의 기준으로 선택지를 판별하는 것입니다. 결정의 순간에 '이렇게 하면 남들 눈에 어떻게 보일까', '이러면 부모님이 실망할 텐데'를 먼저 생각하는 사람이 많습니다. 그런데 그렇게 한 결정이 진정 자신의 결정이라고 할 수 있을까요? 그런 결정들로 이루어진 삶을 산다면 훗날 스스로 뿌듯할 수 있을까요?

어떤 것이 더 좋은 선택일지 미래를 꿰뚫어 볼 수 있는 사람은 아무도 없습니다. 어차피 인생에 오답은 없으니 내가 살아가고자 하는 방향대로 살면 그게 '내 정답'입니다. 그러니 조용히 자신의 마음에서 우러나오는 소리에 귀 기울여보세요. 타인에게 피해를 주지 않는 선에서 자신의 마음이 좀 더 끌리는 쪽으로 결정하면 그것이 바로 좋은 선택입니다.

좋은 것의 적은 더 좋은 것이다

욕심 때문에 어떤 것도 포기하지 못한 채 결정을 망설이고 있다면 스스로에게 '너 지금 욕심부리는 거야. 포기할 줄 아는 것도 능력이고, 그게 더 지혜로운 것일 수도 있어' 라고 말해주세요. 사실 짜장면과 짬뽕은 짬짜면이라도 있어서 괜찮지만, 대개는 양쪽을 다 취하려 욕심을 부리다가 하나도 제대로 하지 못하는 경우가 많습니다. 세상일에는 짬짜면이 잘 없답니다.

한 걸음 더 나아가 완벽주의 때문에 뭔가를 결정하는 것이 어려운 분들도 있습니다. 이들에게는 "좋은 것의 적은 더 좋은 것이다(The enemy of good is better)"라는 표현을 들려주고 싶습니다. 이미 좋은 것을 많이 가지고 있는데 다른 것이 더 좋아 보여서 만족을 느끼지 못하는 사람들이 있습니다. 더 좋은 무언가를 좇다 보면 지금 내 앞에 놓인 선택지들이 좋아 보일 리 없습니다. 그러다 보면 지금 가진 좋은 것마저 잃을 수 있습니다. 그러니 더 좋은 것이 좋은 것의 적이라는 거죠.

여기에 덧붙여서 완벽을 추구하느라 일을 끝맺지 못하는 이들에게는 "완성하는 것이 완벽한 것보다 낫다(Done is better than perfect)"는 말씀을 드리고 싶습니다.

의과대학에 다닐 때 교양으로 미술 수업을 들은 적이 있어요. 교수님께 제법 그림을 잘 그린다는 말씀을 들었지요. 그런데 작품을 완성해갈 즈음 자꾸 부족한 부분들이 보이는 겁니다. 그런 부분들을 계속 고치다 보니 처음에는 즐겁게 그리던 그림이 나

중에는 끝나지 않는 괴로운 일이 되어버리더군요. 여기 수정하고 저기 덧칠한다고 해서 그림이 더 좋아지는 것도 아닌데 말입니다. 완벽(perfect)하려고 계속하기보다 어느 선에서 붓을 내려놓고 '됐어, 이 정도면 충분해' 하고 그림을 마칠 수(done) 있어야 한다는 것을 배웠습니다.

모든 중요하고 어려운 결정에는 잘될 가능성과 잘못될 위험성이 공존합니다. 그리고 그중 몇 퍼센트가 가능성이고 몇 퍼센트가 위험성인지 판단하는 것은 불가능합니다. 그러니 장단점을 따지는 데 너무 많은 에너지와 시간을 소비하지 말고 마음 가는 일이 있으면 한번 시도해봅시다(Go for it)!

마음에 드는 것을 선택했다면 그 외에는 포기할 수 있는 용기를 가져보세요. 모든 결정에는 장단점이 있습니다. 그러니 무언가 결정한 뒤에는 먹구름이 끼더라도 긍정적인 마음으로 밝은 면을 찾아낼 줄 아는 마음자세가 중요합니다.

'아니, 요즘 시대에 상하수도와 전기가 끊어지다니 말이 돼?' 라고 불평하기보다 '우리 집은 뒷마당 경치가 무척 아름다워서 참 좋아'라고 생각하는 겁니다. 어떤 결정을 하든 결정한 후 장점에 집중하면 잘한 결정이고, 단점에 집중하면 잘못한 결정입니다. 이렇게 생각하면 좀 더 용기가 생기고 결정하지 못하고 머뭇거리는 시간도 줄어들 것입니다. 선택한 후에는 밝은 면을 찾아 장점에 초점을 맞추고 그 결정에 스스로 만족하면 되니까요.

'놓치는 것에 대한 두려움'에서
'놓치는 것에 대한 즐거움'으로

: 삶의 에센셜리즘과 JOMO

　여러분 중에 '나는 참 여유롭고 평온한 삶을 살고 있어'라고 생각하는 사람이 몇이나 될까요? 과거에 비하면 현대 사회에서는 어렵고 시간이 많이 드는 일의 상당 부분을 기계가 대신해주고 있습니다. 그런데도 우리의 삶이 그만큼 여유로워지지 않는 이유는 뭘까요? 오히려 마음은 점점 더 조급해지고 각박해지는 것 같습니다.

놓치는 것에 대한 두려움, FOMO

　여러분, 포모(FOMO)라는 말 들어보셨나요? 'fear of missing out'의 약자로 '놓치는 것에 대한 두려움'이라는 뜻입니다. 자신만 정보, 흐름을 놓치거나 경험, 기회에서 제외되고 뒤처지는 것 같은 불안을 느끼는 것을 말합니다. 포모를 가진 사람들은 일이 면 일, 레저면 레저 뭐든지 남이 하는 것이면 다 하려고 애씁니다. 일 하나를 마무리하기 전에 다른 일도 해야 할 것 같고, 그걸 하려 는 찰나 다른 행사에도 참여해야 할 것 같은 마음이 듭니다. 그러 다 보니 다람쥐 쳇바퀴 돌듯 정신없는 삶을 삽니다. 당연히 스트 레스가 많을 수밖에 없습니다.

포모가 아니더라도 대부분의 사람은 잠을 자는 일곱 시간 내지 여덟 시간을 제외한 나머지 열여섯 시간 정도를 쉴 새 없이 일하 고 달리며, 몸이 두 개라도 모자란 삶을 살아갑니다. 저도 그렇게 살았습니다. 열심히 공부해서 의과대학에 입학했고 대학 시절에 는 입시 준비를 할 때보다 더 열심히 공부했습니다. 의과대학 졸 업 후에는 잠도 제대로 못 자면서 수련했고 그렇게 교수가 되었 습니다. 그러고도 승진하랴, 강의하랴, 연구하랴, 환자 진료하랴 정신없이 살았습니다. 연애도 한번 제대로 못 해보고 만 40세가 되어서야 결혼을 했습니다.

신혼 생활에 막 적응하려는 찰나, 만 41세 생일 전날 제 인생을 생각지도 못한 방향으로 바꾸게 한 일이 생겼습니다. 갑자기 근 육통과 오한이 심하게 오길래 '어제 복싱 클래스에서 너무 격하 게 운동해서 몸살이 났나?'라고 생각했지요. 그런데 통증과 오한 은 시간이 지나도 가시지 않았습니다. 거기에다 어지럼증, 두통, 복통, 빈맥 등 원인을 알 수 없는 여러 가지 증상들이 더해졌어요.

그 증상들이 시작된 지 몇 달 만에 일어나 앉아 있는 것도 힘든 지경에 이르렀습니다. 우여곡절 끝에 6개월 만에 받은 진단명은 자율신경계 장애와 만성피로증후군이었습니다. 현대 의학으로는 아직 좋은 치료법이 없는 상황이라 여러모로 애를 썼지만 쉽게 호전되지 않았습니다. 결국 1년 가까이 교수 일, 의사 일을 완전히 내려놓을 수밖에 없었습니다. 병적 피로감에 시달리며 가물가물한 배터리를 가지고 사는 데 적응해야 했지요.

'100퍼센트 에너지가 있을 때도 할 일이 너무 많아 겨우 해냈는데, 이제 어떻게 살아야 하지?'

절망적인 마음이었습니다. 그러다 우연히 그렉 맥커운(Greg McKeown)의 《에센셜리즘(Essentialism)》을 만나게 되었습니다. 이 책은 10퍼센트밖에 남지 않은 저의 에너지를 어디에 쏟을 것인가 하는, 매우 어렵고도 중요한 결정을 하는 데 큰 도움을 주었습니다.

더 적지만 더 좋게

《에센셜리즘》에서 강조하는 것은 '더 적지만 더 좋게(less but better)'입니다. '더 적은 일을 하지만 더 잘하자(Do less but do it better)'라는 뜻이죠. '에센셜리즘'은 중요한 것들을 추려내 거기에 역량을 집중하는 삶의 방식을 말합니다.

"에센셜리스트는 남이 정해놓은 대로 살지 않고 자신이 디자

인한 대로 산다(The way of the Essentialist means living by design, not by default)."

당시 저에게는 눈이 번쩍 뜨이는 문장이었습니다. 지금껏 내가 해온 일들이 '디폴트(default)'값으로 설정되어 있어서 당연하게 한 일인지, 아니면 내가 진정으로 하고자 선택해서 한 일인지 돌아보게 되었습니다.

우리는 '남들도 다 그렇게 살아. 그러니 이렇게 저렇게 살아야 해'라면서 정해진 길을 따라 '디폴트'대로 사는 데 익숙합니다. 마음이 흐르는 대로, 자신이 '디자인'한 대로 살기란 쉽지 않습니다. 하지만 맥커운이 말했듯 삶의 우선순위를 내가 정하지 않으면 다른 사람들이 내 삶의 우선순위를 정하게 됩니다(If you don't prioritize your life, someone else will).

여러분이 하고 있는 많은 일을 떠올려보세요. 모두 중요하게 보일지도 모릅니다. 하지만 내 삶에 본질적으로 중요한 것인지 아닌지를 따져보면 사실 정말 중요한 것은 몇 개 되지 않습니다.

내게 중요하지 않은 건 내려놓는 용기

'에센셜리즘'은 어찌 보면 '삶의 미니멀리즘'이라 하겠습니다. 내 삶에 있어 가장 가치 있고 중요한 것이 무엇인지 구분해 선택하고 그 외의 것을 내려놓는 것이죠. 내려놓기 위해서는 용기가 필요합니다. 하던 대로 계속하는 것과 달리 새로운 패턴으로 행동하는 데는 강한 결단력이 필요합니다.

'결단'은 '결심할 결(決)'과 '끊을 단(斷)'이 합쳐진 말입니다. 또 '결정하다'라는 뜻의 영어 단어 'decide'에는 '잘라내다, 잘라 버리다'라는 의미가 담겨 있습니다. decide는 라틴어 'decaedere'에서 온 말인데 'off'라는 뜻의 de와 'cut'이라는 뜻의 caedere가 합쳐져 만들어졌습니다. 즉 하지 않을 것을 잘라 버린다(cut off)는 뜻이 있습니다. 결단을 할 때는 '~을 한다'라고 결정하는 것도 중요하지만 '~을 하지 않는다'라고 '잘라 버리는' 부분이 어쩌면 더 중요한지도 모릅니다.

맥커운 또한 'No'를 어려워하지 않고 자연스럽게 말하는 것을 배워야 한다고 강조합니다. 우리는 매 순간 '지금 여기서 나에게 가장 중요한 것은 무엇인가'라는 질문을 던져야 합니다. 그리고 가장 중요하게 생각하고 집중하고 있는 것 외에는 'No'라고 답하는 연습을 해야 합니다.

병 때문에 남은 에너지가 한정된 상황에서 많은 일을 포기해야 했을 때 이를 깨달을 수 있어 얼마나 다행이었는지 모릅니다. '하고 싶었지만 할 수 없었어'라고 생각하기보다 내가 능동적으로 결단해서 '하지 않기'로 선택했다고 생각하니 훨씬 덜 억울했습니다. 내 삶의 우선순위는 그 누구도 아닌 내가 정한다는 뿌듯함까지 느껴졌습니다.

혹시 여러분도 외부의 압력 때문에 또는 늘 그렇게 해온 관행(default)에 따라 이리저리 끌려다니는 것은 아닌지 점검해보기 바랍니다. 내게 무엇이 가장 중요한지 스스로 결정하고, 그 핵심적인 것에 여러분의 노력과 시간을 집중할 수 있도록 말입니다.

놓치는 것에 대한 즐거움, JOMO

본질적인 것에 집중하고 나머지는 내려놓는다면, 우리의 삶은 더 생산적일 뿐만 아니라 여유롭고 평온해질 겁니다. 이것저것 할 일이나 소유물을 계속 더하기보다 불필요한 것들을 잘라내고 비우는 훈련을 해보면 어떨까요?

아무리 좋은 컴퓨터라도 잡다한 것이 많이 저장되어 있고 여러 프로그램이 동시에 돌아가면 속도가 느려지고 에러도 많이 생깁니다. 우리의 정신도 마찬가지입니다. 유용하지 못한 생각으로 가득 차 있으면 중요한 생각을 제대로 하기 힘듭니다. 특히 부정적인 생각들을 걸러내는 것은 수월하게 사고하는 지름길입니다. 그러니 FOMO에서 JOMO(joy of missing out)로, '놓치는 것에 대한 두려움'에서 '놓치는 것에 대한 즐거움'으로 삶의 방향을 바꾸어보길 바랍니다.

누군가가 저에게 "아프기 전으로 시간을 되돌릴 수 있다면 다시 돌아가시겠어요?"라고 물은 적이 있습니다. 제 대답은 "No" 였습니다. 해당 영상이 유튜브에 올라오자 "그.짓.말."이라는 댓글이 달렸습니다. 그런데 거짓말이 아닙니다. 물론 처음에는 원망하는 마음이 컸고, 병이 내 인생을 송두리째 빼앗아간 것 같아 억울했습니다. 하지만 저는 지금이 참 좋습니다. 병으로 일을 쉰 덕분에 쳇바퀴처럼 돌던 제 인생을 되돌아볼 수 있었고, 삶에서 본질적인 것이 무엇인지 생각해볼 기회가 생겼으니까요. 회오리 바람에 휩쓸리듯 남들이 정해놓은 것, 해야만 하는 것들에 휘둘리며 살던 저에게 본질적인 것 외에는 'No'라고 말할 수 있는 용기가 생겼으니까요.

이제는 모임에 오라는 지인의 초대도, 연구를 같이 하자는 다른 교수의 제안도 우선순위에 들어 있지 않다면 죄책감 없이 "No"라고 답합니다. 맥커운의 제안대로 저의 기본 대답은 'No'이고, 진정으로 하고 싶은 일에만 특별히 'Yes'라고 하는 것을 연습하고 있습니다.

이렇게 내 삶의 디자이너가 된 느낌은 뿌듯하고 좀 더 평화롭습니다. 남에게 우리 삶의 우선순위를 정하게 하지 마세요. 그러기에는 우리의 에너지와 시간이 너무 귀하고 소중합니다. 여러분들도 용기를 내어 스스로 디자인한 삶을 살아가기를 권합니다. 그 과정에서 아쉬움과 두려움이 가득한 FOMO가 아닌 평안과 기쁨이 넘치는 JOMO를, 그리고 내려놓는 것에서 오는 자유를 찾기 바랍니다.

평생 쓸 수 있는
무적의 스트레스 관리법

: 네이비실도 배우는 효력 만점 호흡법

스트레스가 하나도 없는 상황을 0, 스트레스가 최고조에 달했을 때를 10이라고 하면 지금 여러분의 스트레스 지수는 얼마쯤 되나요? 스트레스 레벨이 0인 사람은 아마 없을 겁니다. 스트레스가 꼭 나쁜 것만도 아니고요. 적절한 스트레스는 살아가는 데 필요한 에너지를 주기도 합니다.

하지만 앞서 말했듯 과도하거나 장시간 지속되는 스트레스는 삶의 질을 떨어뜨리고 건강을 위협하기도 합니다. 그러므로 스트레스를 적절히 관리하는 기술이 필요합니다. 복잡다단한 현대 사회에서는 스트레스를 얼마나 잘 관리하느냐가 자신이 발휘할 수 있는 역량의 폭을 좌우한다고 해도 과언이 아닙니다.

삶의 질을 바꾸는 스트레스 관리법

저는 미국에 홀로 와서 힘든 의사 시험과 레지던트 수련 과정을 감당하면서도 스트레스 상황에 잘 대응하는 편이었습니다. 그런데 자율신경계 장애를 앓으면서 스트레스에 무척 민감한 사람이 되었습니다. 스트레스의 신체 반응을 조절하는 사령부가 자율신경계이다 보니 스트레스를 많이 받을수록 증상이 더 심해졌고, 스트레스에 매우 예민해졌어요. 그러다 보니 나를 괴롭게 하는 여러 증상을 조절하기 위해 스트레스 반응을 낮추는 방법을 배울 수밖에 없었습니다.

제가 겪은 증상들은 교감신경이 이유도 없이 비정상적으로 항진되는 데서 올 때가 많았습니다. 그럴 때면 마치 옆에서 폭탄이라도 터진 것 같은 긴장이 온몸에서 일어납니다. 심장이 뛰고, 가슴이 조이는 듯 호흡이 갑갑해지고, 위장관 운동이 느려지고, 각성이 높아져 수면이 어려워집니다. 이런 증상을 가라앉히기 위해 교감신경을 억제하고 부교감신경을 항진시키는 약도 여럿 먹었어요. 그 와중에 혈압은 비정상적으로 떨어져서 혈압을 올리는 약도 먹었습니다. 하지만 이미 자율신경이 많이 망가진 상태라 약을 써도 증상이 잘 조절되지 않았습니다.

그러던 중 제 주치의가 명상을 권유했고, 명상을 가르치는 심리학 박사님을 찾아가 호흡법을 배웠습니다. 시도 때도 없이 몸의 긴장도가 올라가곤 했는데 그때마다 심호흡을 하면 증상이 호전되는 걸 느낄 수 있었습니다. 약보다 더 빨리, 더 확연하게 효과가 느껴졌습니다. 마치 차분한 숨을 통해 정신을 못 차리고 있는 자율신경계에게 '지금 폭탄 터진 거 아니야'라는 신호를 보내기라도 한 것처럼 바로 반응이 나타났습니다.

이제부터 이렇게 제가 터득하고 익힌 스트레스 관리의 노하우를 여러분과 나누려고 합니다.

'숨'은 마음과 정신에 보내는 가장 강력한 신호

사람이 살아 있다고 할 때 가장 중요한 것은 무엇일까요? 심폐기능입니다. 심장이 뛰고 숨을 쉬어야 살아 있는 것입니다. 그런데 심폐 기능 중 '심'에 해당하는 심박동과 혈압은 자의적인 조절이 어렵지만 '폐'에 해당하는 숨쉬기는 조절할 수 있습니다.

'숨'이란 태어나며 '응애!' 하고 첫 숨을 내뱉을 때부터 말 그대로 숨을 거둘 때까지 살아 있는 한 우리와 함께합니다. 이토록 중요한 숨은 생명 유지뿐 아니라 스트레스 관리에서도 큰 역할을 합니다. 스트레스 관리의 기본이 바로 '심호흡'인지라, 많은 스트레스 관리법이 결국 숨을 고르게 해주는 방법이기도 합니다.

심호흡으로 숨을 고르면 전체적으로 몸이 이완되고 진정됩니다. 그러면 뇌는 편안해진 몸을 보고 '아, 이제 상황이 괜찮구나'라고 느낍니다. 결국 심호흡은 몸이 뇌에게 '지금 그만큼 긴장하고 스트레스받을 상황이 아니야'라고 말해주는 셈입니다. 그렇게 심호흡이 스트레스의 영향으로 흥분된 자율신경계의 교감신경을 진정시켜줍니다.

호흡법에는 여러 가지가 있고 하나의 방법만이 옳은 것은 아닙니다. 여기서는 초보자도 쉽게 할 수 있는 4-2-4 호흡법을 알려드릴 텐데요, 이 호흡법은 매우 쉬워서 어린이도 곧잘 따라 합니다. 그렇다고 그 효과를 얕잡아볼 일은 아닙니다. 이와 유사한 호흡법을 미국 해군 특수부대인 네이비실(Navy SEAL) 대원들도 배우거든요. 실(SEAL)은 바다, 하늘, 땅(sea, air, land)에서 온 이름으로 육해공 어떤 환경에서도 작전 수행이 가능하다는 자신감이 담긴 단어입니다. 생사가 걸린 긴박한 상황에서도 침착하게 맡은 일을 해내는 데 호흡법이 큰 역할을 한다고 합니다.

심호흡할 때 보통 깊이 들이쉬고 내쉬라고 하지요. 그것만큼 중요한 것이 천천히 호흡하는 것입니다. 숨을 들이쉴 때는 코로 들이쉬고, 내쉴 때는 '후~'하고 입으로 내쉽니다. 우선 이것부터 연습해보세요. 처음에는 호흡을 더 잘 느끼기 위해 손을 가슴에 얹고 해보세요. 가슴과 어깨를 활짝 펴고 흉곽 안에 있는 폐를 최대한 크게 팽창시킨다는 느낌으로 호흡합니다.

하나, 둘, 셋, 넷. 그렇게 넷까지 세는 동안 코로 들이쉬고, 다시 넷까지 세는 동안 입으로 내쉽니다. 차분하게 천천히 그리고 깊게 해보세요. 이렇게 들이쉬고 내쉬는 것이 조금 익숙해졌다면, 이제는 들숨과 날숨 사이에 2초 쉬어줍니다. 4초간 들이마시고, 2초간 숨을 멈추고, 다시 4초간 내쉽니다. 그래서 4-2-4 호흡이

77

라고 부릅니다. 날숨은 4초보다 더 길게 해도 좋습니다.

조금 어렵나요? 2초간 멈추는 것이 어려우면 처음에는 멈추지 말고 들숨과 날숨만 해도 됩니다. 이런 호흡을 평소에 안 하다가 스트레스 상황에서 갑자기 하려면 될 리가 없습니다. 그래서 호흡법은 평소 꾸준히 연습해서 자연스럽게 할 수 있어야 실전에 사용하기 쉽습니다.

이 호흡법이 익숙해지면 다음 단계로 넘어가도 좋습니다. '4-2-4'를 '4-7-8'로 바꾸어보세요. 4초간 들이쉬고, 7초간 멈춘 뒤 8초간 내쉬는 것입니다. 숨을 들이쉴 때 최대한 많이 들이쉬어야 7초간 쉬었다가 다시 내쉴 수 있습니다. 참고로, 다음 단계로 뒤에 나오는 복식 호흡을 연습하면 폐활량이 훨씬 커집니다.

네이비실 대원들은 이와 비슷한 4-4-4-4(box breathing) 호흡을 훈련합니다. 사각형을 그리면서 4초간 들이쉬고, 4초간 멈추고, 4초간 내쉬고 4초간 멈추는 것을 반복하는 것입니다. 그러면 총탄이 오가는 긴급한 상황에서도 자율신경계를 진정시킬 수 있고, 스트레스 반응도 낮추어줍니다. '위기 상황이 아니다'라는 신호에 따라 전두엽으로 더 많은 피와 산소가 공급되어 명석한 사고와 현명한 판단을 할 수 있습니다.

앞서 언급했던 스트레스 지수를 심호흡 전과 후에 한 번씩 측정해보세요. 평소에 연습해두면 스트레스 상황에서 이 호흡법을 1~5분만 해도 수치가 내려가는 걸 느낄 수 있습니다. 고른 숨이

야말로 몸이 마음과 정신에 줄 수 있는 가장 강력한 안정 신호랍니다. 여러분들도 중요한 미팅을 앞두고 긴장되거나 쌓인 일이 많아 가슴이 갑갑할 때 이 호흡법을 한번 해보세요. 제 경우 어려운 환자를 진료하거나 까다로운 보호자를 만나야 할 때면 4-2-4 호흡을 해줍니다. 병을 앓으면서 얻은 큰 수확 중 하나가 호흡법과 명상법을 배우게 된 것이죠.

화가 머리끝까지 치솟으면 순간적으로 호흡법이 생각나지 않을 수도 있습니다. 처음부터 100퍼센트 완벽하게 해낼 수는 없으니 목표를 너무 높게 잡지 마세요. 열 번 화낼 거 한 번 정도 덜 내면 된다는 마음으로 접근합니다. 그래야 포기하지 않고 오래 할 수 있습니다.

화가 나고 스트레스를 받으면 두통이 온다는 분들도 있습니다. 그럴 경우 들이마신 공기와 산소를 두통이 있는 머리 부위로 보낸다는 생각으로 숨을 크고 깊게 들이쉬세요. 두통이 조금 덜해지는 걸 느낄 수 있을 겁니다. 이처럼 통증을 느끼는 부위에 산소를 보낸다는 마음으로 호흡하면 통증이 완화되는 걸 느낄 수 있습니다. '숨이 살 길'이라는 생각으로 매일 틈날 때마다 꾸준히 해보시기 바랍니다.

내쉬는 숨에 긍정의 말 해주기

심호흡과 더불어 한 가지 더 해주면 좋은 것이 있습니다. 눈을 감고 충분히 이완된 상태로 숨을 내쉬는 동안 긍정의 말을 자신에게 해주는 겁니다. 스트레스를 받아 힘들 때 거기서 벗어날 수 있는 길은 결국 '긍정적인 사고'에 있습니다. 계속되는 투병 생활로 앞이 보이지 않을 때면 저는 숨을 내쉬면서 '나는 오늘 내가 할 수 있는 최선을 다했어. 잘했다(You are doing good)', '오늘보다 내일은 좀 더 나을 거야(It'll be better tomorrow)' 같은 긍정의 말을 스스로에게 해주었습니다. 그때는 포기하고 싶었던 하루하루를 이런 긍정의 마음으로 버텼습니다.

자기 자신에게 갑자기 그런 말을 하려니 머쓱하기도 하고 뭐라고 해야 할지 모르겠다고요? 걱정하지 마세요. 스스로에게 해줄 수 있는 긍정의 말 몇 가지를 소개해드릴게요.

- 걱정되는 일이 있을 때 : '괜찮아, 나는 충분히 잘하고 있어(I'm doing good).' '나는 이 상황을 다룰 수 있어(I can handle it).' '괜찮을 거야(It will be OK).'
- 인간관계에서 어려움을 겪고 있다면 : '나는 괜찮은 사람이야(I'm good enough).' '나는 사랑받을 만한 사람이야(I'm lovable).' '나는 가치 있는 사람이야(I'm worthy).'
- 골치 아프고 힘든 일이 있을 때 : '평화(Peace).' '이 또한 지나가리라(This too shall pass).'
- 어떤 일에 도전 중이라면 : '나는 능력 있는 사람이야(I'm capable).'

- 안 좋은 일만 생기는 것 같을 때 : 좋은 일을 찾아 감사하며 말한다. '나는 복이 많은 사람이야(I'm blessed).'

이 중 한두 가지를 골라 4-2-4 호흡을 하며 4초간 숨을 내쉴 때 자신에게 말해주세요. 마음속으로 해도 좋고, 혼자 있다면 소리 내서 말해도 좋습니다. 이런 긍정적인 말들을 자기 확언(self-affirmation), 긍정 확언(positive affirmation)이라고 합니다.

한국에서 레지던트 시험에 떨어지고 처음 미국에 왔을 때는 서툰 영어 때문에 하루하루가 어려움의 연속이었습니다. 하지만 '그래도 잘하고 있어', '이 정도면 정말 잘하는 거야'라며 저 자신에게 계속 얘기해주었습니다. 아팠을 때 많이 한 확언은 '평안하다'는 뜻의 'peace'인데요, 여러 증상으로 괴로울 때 평안을 바라는 마음을 담아 스스로에게 말했고 큰 도움이 되었습니다. 'I'm capable'도 좋습니다. 애를 써서 반드시 해내야만 한다는 느낌이 드는 'I can do it'과는 좀 다른 표현입니다. '나는 할 수 있는 사람이야. 나는 능력이 있는 사람이야'라는 문장처럼 내 안에 있는 잠재력과 자기 자신에 대한 신뢰를 담고 있습니다.

4-2-4 호흡법과 긍정의 자기 확언은 마인드 트레이닝의 첫 단추입니다. 꾸준히 연습해서 꼭 내 것으로 만들어보세요. 여러분이 어려울 때마다 큰 힘이 되어줄 것입니다.

4-2-4 호흡법
동영상 자료

숨 좀 충분히 쉬고 살자

: 본래의 몸으로 돌아오는 복식 호흡법

요즘 목, 어깨 등의 통증을 호소하는 분들이 많습니다. 이 부위에는 똑바로 몸을 펴고 서 있을 수 있도록 도와주는 근육들이 있습니다. 그런데 사람들의 자세가 구부정해지면서 통증을 유발할 뿐만 아니라 몸 안의 장기들이 위축되고 그에 따라 호흡도 점점 더 위축되고 있습니다. 들숨을 통해 우리 몸에 필요한 산소를 충분히 공급하고, 날숨을 통해 이산화탄소를 배출해야 하는데 그러지 못하고 있는 것입니다.

게다가 스트레스를 받을 때면 무의식적으로 잠시 숨을 참기도 합니다. 그러다 그 숨을 내보내기 위해 깊은 한숨을 쉬죠. 이처럼 많은 이들이 제대로 된 호흡법을 알지 못합니다. 따라서 균형 있게 호흡하는 법에 대해서 배워야 할 필요가 있습니다.

혹시 아기나 강아지, 고양이가 잠자는 걸 본 적이 있나요? 유심히 살펴보면 가슴이 아닌 배가 오르락내리락하는 걸 볼 수 있습니다. 동물과 사람이 태어났을 때는 자연스럽게 복식 호흡을 하는데 성장하면서 주로 폐로만 호흡하게 됩니다. 이제부터라도 크고 강한 근육인 횡격막을 사용하는 복식 호흡을 배워야 합니다. 그러면 폐의 하엽을 많이 사용하게 되어 폐활량이 더 커집니다. 앞서 배운 4-2-4 호흡법에 익숙해졌다면 이제 복식 호흡에도 도전해봅시다. 임상심리학자이자 바이오피드백 및 스트레스 질환 전문가인 제 친구 사라 디머스 박사(Sarah Dihmes)가 알려준 호흡법과 명상법을 소개할 테니 따라 해보세요.

조금씩 컵에 물을 채우듯 천천히 호흡하기

복식 호흡을 난생처음 할 경우 낯설고 조금 불편할 수 있습니다. 처음 연습할 때는 자신의 호흡에 대해 '잘했다, 못했다' 판단하지 마세요. 두발자전거를 처음 타던 때를 생각해봅시다. 처음엔 자꾸 넘어지고 서툴지만 자꾸 타다 보면 어느새 익숙해져서 잘 타게 됩니다. 누구나 처음에는 서툴 수밖에 없습니다. 그러니 자신에게 조금 관대해져야 합니다. '이만 하면 잘하고 있다'고 스스로를 칭찬하며 연습하기 바랍니다.

처음 시작할 때는 나 자신을 잘 관찰하는 것이 중요합니다. 누군가를 처음 만났을 때 천천히 탐색하며 서로를 알아가듯 내가 어떤 호흡을 하고 있는지 알아차려야 합니다. 그런 후 조금씩 더 알아가며 호흡과 관계를 맺어야 합니다.

또 한 가지 유의해야 할 것은 너무 애써서 크게 숨을 들이쉬거나 내쉬지 않아도 된다는 점입니다. 그렇게 애써 심호흡을 하다가 머리가 띵하거나 어지러우면 심호흡을 멈추고 15~20초 정도 평소 호흡으로 돌아가서 숨을 고릅니다.

컵에 수돗물을 채운다고 생각해보세요. 수도꼭지를 너무 빨리, 활짝 열면 컵이 금세 차서 물이 넘치겠죠? 우리가 하려는 호흡은 수도꼭지를 천천히 여는 것과 같습니다. 조금씩 컵에 물을 채우듯 그렇게 천천히 숨을 들이쉽니다. 내쉴 때도 컵의 물을 따라 버리는 것을 떠올려보세요. 한꺼번에 확 쏟아붓는 것이 아니라 천천히 따라내듯 조금씩 숨을 내쉽니다.

풍선의 공기가 부풀어 오르고 빠지듯 호흡하기

이제 본격적으로 복식 호흡을 연습해보겠습니다. 우선 편안한 자세로 앉습니다. 지금 이 순간의 감정과 호흡의 움직임을 온전히 느끼기 위해 한 손은 가슴에, 다른 손은 배에 얹습니다. 그 자세로 파도가 들어갔다 나왔다 하는 듯한 호흡의 움직임에 집중합니다. 코로 숨이 들어오고 나가는 것을 느껴보고, 숨을 쉴 때마다 가슴이 올라가고 내려가는 것도 느껴보세요.

이제 준비가 되었다면 눈을 감습니다. 자신의 배를 풍선이라 상상하고 풍선 안에 빛이 있다고 생각해보세요. 숨을 들이쉴 때마다 빛이 점점 커집니다. 숨을 내쉴 때마다 풍선의 공기가 빠지듯이 빛이 점점 작아집니다. 코로 숨을 천천히 깊게 들이쉬면서 폐의 가장 아래쪽과 배로 숨을 보내면, 점점 배가 부풀어 오릅니다. 그리고 입으로 숨을 내쉬면 부풀었던 배가 천천히 줄어듭니다. 내쉴 때는 배꼽을 척추 쪽으로 당기면서 숨을 밀어냅니다. 숨을 들이쉬면서 공기로 배를 채우고 내쉬면서 배 안의 모든 공기를 천천히 밖으로 내보냅니다.

제대로 복식 호흡을 하고 있다면 가슴 위의 손은 거의 움직이지 않고 배 위의 손만 움직일 겁니다. 이제 최대한 크게 숨을 들이마신 후 잠시 숨을 참아봅니다. 다시 숨을 내쉽니다. 숨을 들이쉴 때는 평화로운 상상을 하고, 내쉴 때는 긴장을 풀고 팔과 다리를 축 늘어뜨려도 좋습니다. 이것을 계속해서 반복하세요.

머릿속에 이런저런 생각이 찾아와도 괜찮습니다. 다시 호흡에 집중하면 됩니다. 집중해서 공기를 부드럽게 몸 안으로 들이마셔서 당기고 시원한 바람이 코로 들어오는 것을 느껴보세요. 호흡이 기도를 지나서 폐까지 깊숙이 전달되는 것을 느껴봅니다. 폐가 채워지고 배 속에 공기가 충분히 채워졌다가 천천히 빠져나가는 걸 경험해보세요.

조금 익숙해지면 숨을 부드럽게 연결해봅니다. 넷까지 숫자를 세면서 숨을 들이쉬고 다시 넷까지 세면서 숨을 내쉽니다. 몸의 긴장을 완전히 풀고 호흡에 집중합니다. 들이쉬고 하나, 둘, 셋,

넷. 잠시 참고. 내쉬고 하나, 둘, 셋, 넷. 잠시 참고. 이렇게 열 번을 반복합니다. 그런 다음 눈을 감은 채로 천천히 손가락과 발가락을 움직여보세요. 그리고 준비가 되면 눈을 뜹니다.

호흡은 자연스럽게 무의식적으로 우리와 함께 존재해왔습니다. 언제 어디서든 할 수 있는 이 복식 호흡법은 스트레스와 긴장으로 지친 여러분의 몸을 풀어줄 겁니다. 바쁜 일상에 쫓겨 몸이 지쳐갈 때 이 호흡법을 통해 자기 자신의 몸으로 돌아오세요. 몸과 마음의 평안을 가져다줄 수 있는 마법 같은 복식 호흡법은 언제든 여러분의 것이 될 수 있습니다.

복식 호흡법
동영상 자료

나는 있는 그대로 가치 있고 아름다운 사람이다

Part
2

나의 아름다움은
내가 보기 나름이다

: 내 뇌 속에 존재하는 색안경

신경성 식욕부진증이라고 들어보셨나요? 흔히 '거식증'이라고도 불립니다. 이는 살찌는 것에 대한 지나친 두려움 때문에 음식 섭취를 과도하게 제한하거나 극심한 운동, 이뇨제 같은 약물 사용 등으로 과도한 저체중을 초래하는 질환입니다. 의학적으로 보면 저체온, 저혈압, 탈수, 무월경 등의 문제뿐만 아니라 전해질 이상, 심전도 이상, 장기 손상 등으로 생명이 위태로운 상황까지 이를 수 있는 심각한 질환입니다.

제가 정신과 수련을 한 노스케롤라이나대학병원(UNC Hospitals)에는 이런 환자들을 집중치료하는 섭식장애 병동이 따로 있었습니다. 그러다 보니 입원을 요하는 중증의 환자들을 많이 치료했죠. 대부분 젊은 여성 또는 중년 여성이었는데, 중증 섭식장애 환자들은 그야말로 피골이 상접한 상태였어요. 하지만 그들은 하나같이 자신이 극심한 저체중이라는 것을 인지하지 못하고 있었습니다.

그들이 하는 "내 허벅지가 너무 굵어서 싫어요. 살이 더 빠졌으면 좋겠어요" 같은 말을 들으면 정말 귀를 의심하게 됩니다. 그런데 실제로 그들은 자신의 모습을 실제보다 훨씬 더 뚱뚱하다고 '인식하고' 있습니다. 그냥 그렇다고 느끼고 생각하는 게 아니라 진짜 그렇게 보이고 그렇다고 믿습니다.

나와 남에게 다른 기준을 적용하는 더블 스탠더드

신경성 식욕부진 환자가 자신의 체형을 어떻게 인식하는지에 대한 흥미로운 실험을 하나 소개해드릴게요. 환자 그룹과 정상인 대조군 그룹에게 자신의 신체에 다른 사람의 얼굴을 합성해 보여줄 때와 자신의 얼굴 그대로를 보여줄 때 반응의 차이를 측정한 실험입니다.

두 경우(다른 사람의 얼굴과 자신의 얼굴) 각각 체지방이 있는 정도와 매력의 정도를 책정해보라고 했습니다. 나와 남에게 다른 기준을 적용하는지 더블 스탠더드(double standard)를 확인해본 것입니다. 실험 결과, 환자군에서 자신의 신체에 자신의 얼굴이 있는 경우에 다른 사람의 얼굴이 합성된 경우보다 체지방이 더 많고, 덜 매력적이라고 평가했습니다. 즉 더블 스탠더드가 대조군에 비해 더 현저하게 나타난 것입니다.*

우리가 어떤 현상을 인식한다는 건 어떤 것일까요? 시각, 청각 등의 감각기관에서 오는 신호를 뇌가 해석한 것을 인식하는 것입니다. 이런 해석 과정에는 자신의 경험에서 온 여러 정보와 믿음들이 큰 영향을 줍니다. 마치 색안경을 쓰고 세상을 보는 것처럼 말이죠.

특히 자신에 대해 해석할 때는 더 진한 색안경을 쓰게 됩니다. 나 자신을 객관적이고 중립적으로 보기 어렵다는 것은 쉽게 이해되시죠? 이처럼 신경성 식욕부진 환자들은 '나는 군더더기 살이 많은 매력 없는 사람이야'라는 깊은 믿음을 갖고 있습니다. 그런 이유로 자신의 모습을 왜곡해서 보는 것입니다.

이렇게 우리는 주관적일 수밖에 없는 뇌의 해석 과정을 거치기 때문에 현실을 있는 그대로 보기 어렵습니다. 앞서 말한 것처럼 절대적인 현실이란 없는 것과 마찬가지입니다. 어차피 절대적인 현실이 없다면 괴상하게 보이는 색안경보다 장밋빛 색안경을 쓰고 나를 보는 게 좋지 않을까요? '난 참 매력적인 사람이야. 난 사랑받을 만한 사람이야. 난 참 괜찮은 사람이야'라고 생각하는 색안경 말이죠. 그런데 이게 마음처럼 잘 되지 않습니다.

* Voges, M. M., Giabbiconi, C. M., Schöne, B., Braks, K., Huber, T. J., Waldorf, M., Hartmann, A. S., & Vocks, S. (2018). Double standards in body evaluation? How identifying with a body stimulus influences ratings in women with anorexia nervosa and bulimia nervosa. The International journal of eating disorders, 51(11), 1223~1232.

우리 사회에는 오히려 '나는 못난 사람이다'라고 생각하며 살아가는 사람들이 더 많은 것 같습니다. 한국에서는 '외모지상주의'라는 말을 흔히 쓰더라고요. 한국에서 BTS 공연이 방송되었을 때 이를 본 어느 고등학생의 평가를 듣고 깜짝 놀랐습니다. BTS 멤버들은 '잘생기지 않아서' 한국에서는 외국에서만큼 인기 있지 않다고 하더군요. 일차적으로 가수는 음악으로 평가받아야 하는데 외모를 먼저 평가한 데에 놀랐습니다. 그다음으로는 그 아름다운 청년들이 연예인들 중에서 그리 '잘생긴' 편이 아니라는 말에 놀랐죠. 도대체 우리 청소년과 청년들의 '잘생김'과 '예쁨'의 기준은 어디에 있는지 가늠이 안 되더군요.

또 한번은 유튜브 방송에서 한 남자가 내뱉은 말에 놀랐습니다. 그는 자신의 배우자로 "머리 나쁜 여자는 받아들일 수 있지만 못생긴 여자는 못 받아들이겠다"라고 하더군요. 그 말을 듣고 충격에 입이 다물어지지 않았습니다. 게다가 그 영상에 댓글로 맞장구를 치는 분들이 많았습니다. 사람에 대해 외모를 기준으로 이토록 가차 없이 평가하는 것이 별일 아닌 게 되어버린 듯합니다.

더욱이 외모에는 얼굴의 예쁨이나 잘생김뿐 아니라 머리와 얼굴의 크기가 작고 팔다리가 길어야 하는 등 전체적인 비율도 포함됩니다. 의학적으로 저체중 정도는 되어야 보기 좋다고 하는 혹독한 체중 기준도 포함되고요. "최고의 성형은 다이어트다", "못생긴 여자는 용서해도 뚱뚱한 여자는 용서가 안 된다"라는 말도 자주 듣습니다.

이런 문화에서 나고 자란 경우에는 그 잣대가 자연스럽게 내재화됩니다. 그래서 다른 사람뿐만 아니라 자신도 그런 가혹한 잣대로 평가하고 비판하게 되는 거죠.

내가 믿는 것을 통해 해석되는 세상

저도 이런 문화를 가진 곳에서 나고 자라 25년 동안 살다가 미국에 왔으니 제 안에도 이런 기준이 남아 있었나 봅니다. 또 제 아버지는 언니와 제가 어릴 때 못생겼다는 말씀을 자주 하셨죠. 그래서 저는 항상 제가 못생겼다고 믿고 살았습니다.

제가 30대 중반쯤 됐을 때가 아마 제일 날씬했던 시절인 것 같아요. 미국에서 가장 작은 사이즈의 옷이 제겐 크던 시절이었죠. 한국에서는 늘 통통한 축에 들었기에 저는 스스로 날씬하다는 생각을 해본 적이 없었습니다. 굵은 팔뚝이 보기 싫어 민소매는 잘 입지 않았어요. 그뿐인가요. 허벅지는 왜 그리 넓적하고 걸을 때마다 쓸리며, 똥배는 왜 앉을 때마다 접히는지 말이죠.

어느 날 친구들과 만나서 맥주를 마시고 놀다가 화장실에 갔습니다. 그런데 저 옆쪽에서 원피스를 입고 걸어오는 날씬한 여자가 보이더라고요. 속으로 '저 여자 엄청 날씬하고 예쁘네'라며 살짝 부러워지려던 찰나, 좀 더 가까이 가서 보니 그 여자는 거울 속에 비친 저였습니다! 화들짝 놀랐죠. 앞의 실험에서 본 내용을 제가 직접 겪은 것입니다.

이후로 저는 섭식장애를 더 잘 이해하게 되었을 뿐만 아니라, 우리가 자신을 볼 때 끼고 있는 색안경도 제대로 인식하게 되었습니다. 그런데 아는 것과 믿는 것은 또 다른 것 같아요. 그 일이 있은 후에도 '그렇지 참, 나는 날씬하고 매력적인 사람이지'라는 쪽으로 생각이 확 바뀌지는 않더군요. 사실 제 외모가 나름 괜찮다고 생각하게 된 것은 그로부터도 수년 후였습니다.

어느 날 "축하합니다. 〈볼티모어〉 매거진 올해의 톱 싱글즈 후보에 오르셨습니다!"라는 메일이 와 있었어요. 스팸메일이겠거니 생각했는데, 저 모르게 친구가 저를 추천했던 것이었어요. 그래서 사진 몇 장과 함께 질문에 답을 해서 보냈더니, 그해 톱 싱글즈에 덜컥 뽑힌 게 아닙니까! 수백 명이 지원해서 여자 10명, 남자 10명 뽑은 거라고 하더라고요. 지금도 믿기 어려운 사실이지만 덕분에 잡지에 크게 사진이 실리는 특별한 경험도 했습니다.

존스홉킨스 교수들에게도 소문이 나서 나름 '놀림+쪽팔림'도 좀 겪었습니다. 이런 일이 생기자 저도 생각이 조금 바뀌더군요. 스스로 매력적인 여자라고 생각해본 적 없던 저도 '아, 내가 그럭저럭 매력적인가 보다'라는 생각이 들었죠. 잡지에 나온 걸 보고서야 '나도 괜찮구나'라고 받아들이게 되었습니다.

여러분도 자신이 못난 사람이라고 믿고 있나요? 너무 걱정하지 마세요. 이제는 그 오래된 색안경을 바로잡을 수 있답니다. 내가 내 부모가 되어 다시 잘 이야기해주면 됩니다. 거울을 보고 나에 대한 사랑을 가득 담아 자기 이름을 부르며 이렇게 말해보세요. '○○야, 넌 참 괜찮은 사람이야.' '○○야, 넌 매력적인 사람이야.' '○○야, 넌 사랑스러운 사람이야.' 그럼 점점 더 자신이 그렇게 보이기 시작할 거예요. 세상은 내가 믿는 것을 통해 해석되는 법이니까요.

사람은 누구나 더 예뻐 보이고 싶고 더 잘나 보이고 싶은 욕구가 있습니다. 그러나 살아가면서 그것보다 더 오래가고 더 소중한 가치가 있음을 배우게 되지요. 결혼하고 나서 치료가 쉽지 않은 만성질환까지 얻게 된 저는 체중도 10킬로그램 정도 늘었고, 피곤에 절어 있다 보니 옷은 늘 가장 편한 트레이닝복만 입는 사람이 되었습니다.

제가 톱 싱글즈에 뽑힌 해에 저를 만난 남편은 지금의 저를 보고 많이 아쉬워합니다. 사실 저뿐 아니라 50대 중반이 된 남편도 나날이 쇠약해져가고 있습니다. 그렇지만 우리는 서로를 있는 모습 그대로 사랑하기로 했습니다. 서로를 진심으로 위해주고 존중해주고 좋아해주는 마음이 있으면, 망가져(?)가는 외적인 모습도 아름답고 귀엽게 보이더라고요.

우리말 학자 중에는 '아름답다'의 어원이 '자기가 가진 것답다', '나답다'라고 추정하는 분들도 있습니다. 결국 모든 사람은 나다울 때 가장 아름답다는 것을 뜻하는 실로 아름다운 뜻이 담긴 말입니다. 그렇기에 내가 나답게 살면서 나를 아름다운 사람이라고 생각한다면, 누가 뭐라 한들 내가 생각한 것이 나에게는 현실이 됩니다. '제 눈에 안경'이라는 표현처럼 실제로 나한테 잘 맞고, 내 눈에 예뻐 보이면 그만입니다. 여러분도 이제 남이 정해 준 외모의 잣대로 자신을 평가하며 자학하지 마세요. 그보다는 장밋빛 색안경을 끼고 있는 그대로의 자신을 사랑스럽게 바라보길 바랍니다.

강함은 다름에서 나온다

: 다르게 살 권리, 올림픽 요법

2022년 베이징에서 열린 동계올림픽 기억하시나요? 얼음판 위에 보석을 흩뿌리는 듯한 아름다운 연기를 펼친 피겨스케이팅 차준환 선수도 멋있었고, 압도적인 실력 차이로 금메달을 따낸 쇼트트랙 황대헌 선수도 참으로 대단했습니다. 만약 여러분이 국가대표로 올림픽에 출전한다면 어떤 종목의 선수가 되고 싶나요? 피겨, 양궁, 수영, 태권도, 마라톤, 스키점프, 배구, 탁구, 배드민턴, 사격, 펜싱, 승마, 체조…. 워낙 종목이 많고 사람들마다 좋아하는 스포츠가 다르니 다양한 답이 나오지 않을까 싶습니다.

여기서 저는 엉뚱한 상상을 해보았습니다. 대한민국 사람들이 좋아하고 잘하는 종목 하나를 정해서 전 국민이 그것만 한다면 어떻게 될까요? 만약 그 종목이 피겨스케이팅이라면 우리나라는 분명 피겨스케이팅 강국이 될 것입니다. 김연아 선수 같은 사람은 국민적인 영웅이 되겠죠. 그런데 배구 여제 김연경 선수 같은 사람은 어떻게 될까요? 김연경 선수가 그 큰 체격으로 피겨스케이팅을 하는 상상만 해도 좀 난감하죠? 여하튼 모두가 한 종목만 해야 한다면 그 종목 강국은 될지언정 절대 올림픽 강국이 될 수는 없을 겁니다. 제가 이런 말도 안 되는 가정을 이야기한 이유는 '다양성'이라는 주제를 생각해보기 위해서입니다.

나무를 못 타 괴로운 물고기

"강함은 비슷함에서 나오는 것이 아니라 다름에서 나온다 (Strength lies in differences, not in similarities)."

《성공하는 사람들의 7가지 습관(The Seven Habits of Highly Effective People)》을 쓴 미국의 리더십 전문가 스티븐 코비 (Stephen Covey)가 한 말입니다. 비슷한 생각과 재능을 가진 사람들로 이루어진 조직보다 다양한 생각과 재능을 가진 사람들이 모인 조직이 더 강하다는 뜻입니다. 사실 다양한 구성원이 있는 조직이 문제해결력이 높고, 보다 혁신적인 아이디어나 상품을 개발할 가능성이 높다는 것은 비교적 잘 알려져 있습니다.* 스티븐 코비의 이 말은 늦은 나이에 결혼해 낯선 환경에 적응하는 데 어려움을 겪던 저에게도 큰 깨우침을 주었습니다.

---

*Rock, D, & Grant, H. (2016). Why diverse teams are smarter, Harvard Business Review.

저와 남편은 성격이나 성향에서 극과 극인 면이 많아서 신혼 시기에 갈등이 잦았어요. 그렇지만 그러한 다름 덕분에 부부 공동체로 살아갈 때 더 강한 팀이 될 수 있다는 걸 깨달았습니다. 저는 여러 가지 일에 겁 없이 도전하는 편인 반면 남편은 매사 신중하게 고민하고 따지는 편입니다. 남편은 제 덕분에 새로운 일을 좀더 쉽게 시작할 수 있고, 저는 남편 덕분에 큰 실수를 면할 수 있지요. 이렇게 생각하고부터는 성격 차이에서 오는 갈등을 긍정적으로 보게 되었습니다.

우리는 모두 세상에 하나뿐인 보석 같은 사람입니다. 수많은 보석 중에 똑같은 보석이 없듯, 우리도 한 사람 한 사람이 다 다르죠. 그런데 그것을 무시한 채 하나의 잣대로 사람을 평가하고 그 기준에 맞출 것을 요구한다면 어떻게 될까요? 마치 각기 다른 종의 동물들에게 획일적으로 나무 타기를 시키는 것처럼 말입니다.

옛날 옛적 동물의 세계에서 주요 에너지원이 야자수 열매인 때가 있었답니다. 그때는 나무 타기를 잘해서 높이 올라가 야자를 많이 따는 동물이 가장 인정을 받았지요. 그래서 모든 동물이 새끼 때부터 죽어라 하고 나무 타기 연습만 했습니다. 나무를 원래 잘 타는 원숭이는 쉽게 야자 따기에 성공했어요. 하지만 물고기는 기를 쓰고 연습해도 숨이 차고 괴롭기만 할 뿐 나무 밑동을 벗어나기가 어려웠습니다.

그런데 어느 날부터 갑작스러운 기후 변화로 야자수가 줄어들기 시작했습니다. 땅이 물에 잠기면서 이제는 대부분의 먹잇감을 물에서 얻어야 하는 상황이 되었습니다. 그런데도 부모들은 여전히 모든 새끼에게 나무 타기만 시킵니다. 정작 살길은 물에 있는데 말이죠. 세상은 변했는데 과거의 기준을 들이밀며 거기에 맞추라고 합니다. 어쩌면 이것이 지금 우리 사회의 모습인지도 모릅니다.

이런 상황에서 여러분이 물고기라면 어떤 마음이 들 것 같나요? '아, 뭐야? 왜 나에게 나무 타기를 시켜?', '나는 물에 가면 잘 살 수 있는데 말야'라고 생각한다면 그나마 다행입니다. 그런데 오랜 관습에 젖어 살아가다 보면 점차 그 모순을 알아채지 못합니다. '나는 왜 이렇게 나무를 못 타지?'라며 오히려 자책합니다. '원숭이는 저렇게 잘 올라가는데 나는 그것도 못하고 바보인가 봐'라면서요. 천하의 김연경 선수라 해도 올림픽에 출전하려면 피겨스케이팅을 해야 한다는 말을 들으며 자랐다면 어땠을까요? '나는 왜 피겨스케이팅을 이렇게 못하지? 저주받은 몸인가 봐'라며 자신을 탓했을지 모릅니다.

물고기인데 혹독한 나무 타기 훈련을 받으며 자란 아이가 어른이 되면 어떤 생각을 할까요? 자신의 인생이 그토록 괴롭고 힘들었는데 자신을 닮은 물고기를 이 세상에 또 낳고 싶을까요? 저는 대한민국의 출산율이 낮은 이유 중 하나가 바로 이 점이라고 생각합니다. 다양성을 존중하지 않고 획일적으로 살기를 강요하기 때문에 대다수가 스스로를 패배자로 인식하게 된 것입니다.

반면에 나무 타는 데 재능이 있는 원숭이는 자신이 굉장히 잘난 줄 압니다. 우리 사회에서는 학교 공부가 나무 타기와 같은 것이 아닐까요? 마침 본인이 공부에 재능이 있어 좀 더 잘하는 것일 뿐인데 스스로 자신을 대단한 사람이라 여기며 사회도 인정하고 받들어줍니다. 그러다 보니 좋은 대학을 나오거나 학력이 높은 사람들이 부적절한 우월감을 느끼곤 합니다.

이렇듯 획일적인 기준이 적용되는 사회에서는 우열이 생기게 마련입니다. 우등생과 열등생처럼 말이죠. 사람이 가축도 아닌데 우리 사회는 성적으로, 출신 대학으로, 직장으로 등급을 매기고 우열을 가립니다. 꽤 우수하다고 생각되는 사람들조차 자신보다 더 잘하는 사람과 자신을 비교하며 열등감을 느낍니다. 결국 다양성을 존중하지 않으면, 대다수에게 인위적으로 열등감을 심어주는 한탄스러운 결과를 낳게 됩니다. 이처럼 다양성이 죽은 곳에는 열등감이 자랍니다.

우리는 각자의 올림픽 종목에서 뛸 뿐

밤하늘의 수많은 별 중에 같은 별이 없듯이 사람도 모두 각기 다른 존재입니다. 외모는 물론이고 성격과 특성, 취향, 재능, 강점과 약점도 제각각 다릅니다. 이렇게 다양한 사람들이 함께 살다 보니 필연적으로 생기는 것이 '갈등'입니다. 회사에 다닐 때도 일 자체보다는 다른 사람과의 관계에서 생기는 갈등 때문에 힘든 경우가 더 많습니다. 또 그런 갈등을 잘 해결할 수 없어 정신과를 찾는 경우도 흔합니다. 타인과의 갈등 때문에 괴로워하고 있다면 각자 타고난 특성이 있고 이해하기 힘들 만큼 서로 다른 존재라는 것을 일단 받아들여보세요. 갈등을 좀 더 긍정적으로 받아들일 수 있는 첫걸음이 될 거예요.

부부 관계도 마찬가지입니다. 오죽하면 화성에서 온 남자, 금성에서 온 여자라고 했을까요. 저는 부부 사이에 갈등이 생길 때 혼성 복식 경기를 떠올립니다. 탁구나 테니스 같은 혼성 복식 종목 선수인데, 두 사람의 포지션이 같고 잘하는 것과 못하는 것도 같으면 어떻게 될까요? 말 그대로 '폭망'하지 않겠어요? 서로의 다름을 인정하고 내가 잘하고 못하는 것이 있듯, 상대방도 잘하고 못하는 것이 있음을 받아들이면 마음이 편해집니다. 그러고 나면 서로의 장점은 북돋워주고 부족함은 보완해주는 상호 협력적 관계로 나아갈 수 있습니다.

상대가 이해할 수 없는 말이나 생각을 한다면 '올림픽'을 떠올리기 바랍니다. 누가 맞고 틀린 것이 아니라 서로 종목이 다를 뿐인 거죠. 모두가 같은 종목을 해서는 올림픽 강국이 될 수 없는 것처럼, 저마다의 다양성을 인정하고 존중할 때 우리 사회는 더 강해질 수 있습니다. 저는 이것을 '올림픽 요법'이라고 부릅니다. 우리는 각자 다른 종목으로 올림픽에 출전한 겁니다.

우리는 서로 '다르다'가 기본값입니다. 김연아 선수가 김연경 선수한테 훈련 방법을 가지고 이래라저래라 할 수 없는 것처럼 서로의 다름을 틀림으로 보고 바꾸려 하면 안 됩니다. 있는 그대로 인정하고 보듬어 안아주는 것이 바로 갈등을 조화와 협력으로 승화시키는 방법입니다.

역사학자 에벌린 베아트리체 홀(Evelyn Beatrice Hall)은 프랑스 계몽주의 작가 볼테르(Voltaire)가 자신과 관점이 다른 사람들에게 보인 관용적 자세를 다음과 같이 기술했습니다.

"당신의 의견에는 동의하지 않지만 당신의 표현할 권리는 내가 죽을 때까지 옹호할 것이다."

우리는 모두 다른 생각과 의견을 갖고 다르게 살 권리가 있으며, 그 권리는 서로 끝까지 지켜줘야 합니다. 내가 이 세상 하나뿐인 존재라는 자부심을 갖는 동시에 타인도 단 하나뿐인 존재임을 존중해줘야 합니다. 그럴 수 있다면 우리 모두 나답게 살면서 서로 이해하고 수용해줄 수 있습니다. 그러면 참으로 평화롭고 화목한 사회가 되지 않을까요?

CORE MIND ✿ TRAINING PRACTICE

각자가 자신의 정체성과 고유한 능력을 발휘할 수 있을 때 그 사회는 큰 힘을 얻습니다. 각기 다른 경험, 배경, 관점, 능력을 가진 사람들이 다양한 아이디어, 창의성, 혁신성을 발휘함으로써 사회와 조직은 더 크게 성장할 수 있습니다. 온전히 나로서 나답게 살아가기 위해 자신만의 특성을 찾아봅시다.

1. 자신이 체험한 것 중 다른 이들과 차별화된 경험은 무엇인가요?

2. 현재 속한 그룹에서 자신의 강점을 최대한 발휘할 수 있는
   부분을 선택한다면?

3. 자신의 단점, 핸디캡을 함부로 재단하지 말고 하나의 특성으로
   바라본다면 그것을 잠재력으로 성장시킬 수 있습니다.
   자신의 약점이나 단점 중 특성으로 활용할 만한 것을 찾아보세요.
   지금 답하기 어려우면 이 책을 다 읽고 다시 돌아와서 답해보세요.

벽돌을 쌓을까,
성전을 지을까

: 내 삶의 원동력, 내적 동기 vs. 외적 동기

'나는 왜 이 세상에 태어났을까(What am I here for)?'

이 질문을 스스로에게 해본 적이 있나요? 이 질문의 의미는 '내가 이 세상에 존재하는 이유는 도대체 무엇일까'입니다. 남편에게 이 질문을 던졌더니 한번도 생각해본 적이 없다고 했습니다. 이번 기회에 한번 생각해보라고 했죠. 그랬더니 별 특별한 이유 없이 '그냥', '우연히' 이 세상에 온 것 같다고 하더군요.

이 질문에 대한 여러분의 답은 무엇인가요? 상당히 철학적인 질문이라고 여겨질지도 모르지만, 이번 기회에 저와 함께 생각해보았으면 합니다.

태어난 지 4년 만에 출생신고를 한 딸

먼저 제 출생의 비밀을 알려드리겠습니다. 저는 1976년 대구에서 봉제공장 재단사로 일하던 아버지, 공장 일과 노점상을 하던 어머니 사이에서 둘째 딸로 태어났습니다. 제 위로 두 살 터울의 언니가 있어요. 남아 선호 사상이 유달리 강했던 아버지는 둘째가 생기자 당연히 아들일 거라 믿으셨답니다.

그러다가 병원에서 갓 태어난 둘째가 딸이라는 걸 확인하고는 너무 상심하고 화가 난 나머지 병원비도 계산하지 않고 그 길로 나가 버리셨습니다. 근무하던 공장에 둘째도 딸이라는 말을 하기가 창피해서 출근도 하지 않으셨답니다. 병원을 찾아왔던 고모가 수중의 돈을 끌어 모아 병원비를 냈고, 산모와 갓난아기를 딱하게 여긴 병원에서 모자란 병원비를 해결해주었다고 합니다.

성인이 된 후 지금의 가족관계증명서인 호적 등본을 발급받은 적이 있었어요. 제 이름이 호적에 등록된 연도를 살펴보니 1980년이었습니다. 태어난 지 4년이 지나서야 출생신고가 되었다는 것을 그때 처음 알았습니다. 출생 연도도 1976년이 아닌 1975년으로 잘못 기록되어 있었습니다. 예전에는 영아 사망률이 높아서 1년 정도는 기다렸다가 출생신고를 하는 일이 있었다지만, 저는 어째서 4년이나 출생신고가 되지 않았던 걸까요? 정확한 이유는 알 수 없지만 제가 세상에 태어나지 않았으면 했던 존재, 원치 않았던 존재였던 것만은 사실이었습니다.

어떤가요? 제 이야기를 들으니 어떻게 이렇게 불운한 출생이 있을까 하는 생각이 들지 않나요? 하지만 당사자인 저는 제가 우연히 또는 불운으로 이 세상에 태어났다고 생각하지 않습니다. 사람은 모두 이 세상에 태어난 고유한 자신만의 목적(purpose)이 있다고 생각합니다. 달갑지 않은 둘째 딸로 태어나 환영받지 못했지만, 제 삶의 의미는 그와 무관하다는 것을 저는 잘 압니다. 저는 제가 이 세상에 태어난 어떤 목적이 있고 제 삶의 고유한 의미가 있다고 믿습니다.

삶의 방향과 목적을 좌우하는 질문

저와 달리 제 남편처럼 자신이 별 뜻 없이 '그냥' 또는 '우연히' 태어났다고 생각하는 사람도 많을 겁니다. 사실 무엇이 맞는지는 알 수 없습니다. 하지만 어떤 태도로 살아갈지는 스스로 선택할 수 있습니다.

서로 다른 선택을 한 두 사람을 떠올려보세요. 한 사람은 '나는 우연히 (또는 불운으로) 이 세상에 왔어. 그러니 대충 살 거야'라고 생각합니다. 다른 한 사람은 '내가 이 세상에 태어난 이유가 분명히 있을 거야. 난 그 이유와 의미를 찾으며 살아가겠어'라고 생각합니다. 긴 인생을 사는 동안 이 두 사람은 자신의 삶을 어떻게 펼쳐나갈까요? 상당히 다른 인생을 살게 될 것 같지 않나요?

그렇다면 여러분은 어떤 선택을 하시겠습니까? 이왕 내게 주어진 생이라면, 귀한 목적을 갖고 이 세상에 태어났다고 생각하는 것이 낫지 않을까요? 그럼에도 자신이 태어난 특별한 이유가 없다고 생각하는 분은 내 자녀가 어떤 생각을 갖고 살면 좋을지 한번 떠올려보세요. 자녀가 "어쩌다 보니 이 세상에 태어났고 그러니 그냥 별생각 없이 살래요"라고 말하길 바라나요? 아니면 "잘은 모르지만 내가 이 세상에 온 이유가 있을 것 같아요. 그걸 찾아보면서 살래요"라고 말하길 바라나요?

사실 제가 앞서 던진 질문 '나는 왜 이 세상에 태어났을까'는 삶의 의미(meaning)를 묻는 질문입니다. 이 질문이 중요한 이유는 '의미'가 어떻게 살아갈지, 삶의 방향과 목적을 좌우하기 때문입니다. 여러분이 생각하는 삶의 의미(이유)에 따라서 마음이 움직이고 행동도 이뤄지게 마련이니까요. 사이먼 시넥(Simon Sinek)의 책 제목인《스타트 위드 와이(Start with Why)》처럼 삶도 '왜'라는 질문에서 출발합니다.

상품처럼 사람의 등급을 나누다

앞서 소개한 '올림픽 요법'에서 다양성을 존중하지 않고 획일적인 기준으로 우열을 가르는 것이 얼마나 안타까운 일인지 살펴봤습니다. 그런데 내가 왜 이 세상에 왔는지 묻는 것이 중요한 이유도 이와 관련이 있습니다. 내 삶의 고유한 의미를 생각하지 않고 그냥 살다 보면, 타인과의 경쟁에서 이기는 것 혹은 뒤처지지 않는 것이 내 삶의 목적인 양 착각하게 됩니다. 중고등학생은 시험 성적 잘 받고 등수 올려서 좀 더 좋은 대학에 가는 것, 대학생은 학점 잘 받고 스펙 쌓아서 좀 더 좋은 직장에 취직하는 것, 직장인은 더 빨리 승진하고 더 높은 연봉을 받는 것이 삶의 목적이라고 생각할 수 있습니다.

마치 컨베이어 벨트 위에 놓인 상품들이 등급별로 나누어지듯 사람을 거기에 올려놓고 우열을 가린다고 상상해보세요. 우리가, 그리고 우리 아이들이 거기에 올려진 채 우열이 가려질 판결을 기다리고 있다면요? '저를 내버리지 마세요. 저 최선을 다해 열심히 하고 있어요'라며 낙오되지 않으려고 애쓰고 있다면요. 우리와 우리 아이들의 삶의 목적이 '어떻게든 살아남아 낙오자가 되지 않는 것'이라면 너무 혹독하고 참담하지 않나요?

남들보다 우월해야 한다는 생각이 동기로 작용해 성취도가 높아질 수는 있습니다. 특히 단기적으로는 더 잘 사는 것처럼 보일 수도 있겠죠. 하지만 긴 인생 여정을 생각해봅시다. 남과의 경쟁에서 이기는 것을 목적으로 살아간다면 그것이 정말 잘 사는 것일까요? 여러분은 하나뿐인 인생을 그런 목적으로 살고 싶나요? 여러분의 자녀들이 그런 삶을 살기를 원하나요?

최고가 될 것인가, 의미를 찾아갈 것인가

자신도 저명한 의사이면서 역시나 의사 아들을 둔 한 아버지의 이야기입니다. 그 아버지는 늘 아들에게 "세계 최고의 무대에서 최고가 돼라"라고 하셨답니다. 아들에게 노벨의학상 수상자의 저서를 읽어주며 "몇십 년이 걸리든 너도 노벨상에 도전해야 한다"라고 하셨다고 하네요. 저는 이 이야기를 듣고 정신과 의사로서 가슴이 철렁했습니다. 의사에게 경쟁에서 최고가 되고 권위가 있는 큰 상을 받기 위해 노력하라는 가르침을 준 것에 대한 우려 때문이었어요.

의사가 되고 싶다며 저에게 조언을 구하러 오는 여러 학생에게 저는 왜 의사가 되려고 하는지 묻곤 합니다. 그 이유가 권위 있고 수익도 높은 안정된 직업이기 때문인 듯 보이면 "학생이 어른이 될 때면 그런 기준에 더 잘 맞는 직업이 수두룩할 거예요. 그러니 다시 잘 생각해보세요"라고 권유합니다. 반면에 고통받는 환자들을 도와주고 싶어서 의사가 되려는 학생에게는 "아픈 사람을 대한다는 것은 늘 힘들지만 그만큼 보람 있는 일도 흔치 않지요"라고 말해줍니다.

앞서 언급한 아들 의사가 노벨상에 가까워졌는지 궁금해 알아보았습니다. 그가 사실과 다른 내용을 제시해 투자자들에게서 거액을 수령한 것 때문에 수사를 받고 있다는 기사들이 검색되더군요. 외람된 생각일지 모르지만 그의 아버지가 "노벨상에 도전해라" 대신 "난치병 환자들의 고통을 덜어주는 일에 전념해라"라고 말씀하셨다면 어땠을까요? 결과와 성취, 최고의 상이 아닌 일의 '의미'에 집중하라는 조언을 해주었다면요.

여러분이 환자라면 노벨상을 받고자 끊임없이 노력하는 의사와 환자의 고통을 덜어주고자 최선을 다하는 의사 중 어느 의사를 선택하실 건가요? 다들 후자라고 하시더군요. 왜 그럴까요? 환자의 입장에서는 노벨상 여부가 중요한 것이 아니고 나를 위해 열심을 다하는 의사가 가장 좋은 의사이기 때문입니다. 왠지 노벨상을 받는 것을 최상의 목표로 하는 의사는 나라는 일개 환자에게는 큰 관심이 없을 것 같기도 합니다. 물론 환자를 직접 치료하는 것보다 연구를 더 많이 하는 의사도 있습니다. 그런 의사들도 노벨상을 받겠다는 생각이 궁극의 목표는 아닐 겁니다. 그보다는 의학적 궁금증이나 문제점을 해결하겠다, 나아가 인간의 고통을 덜겠다는 목적이 더 의미 있을 겁니다.

단순히 최고가 되는 것, 인정받는 것을 목표로 하다 보면 일의 진정한 의미를 간과할 수 있습니다. 나아가 수단과 방법을 가리지 않고 목표를 달성하고자 하는 폐해를 낳을 수도 있습니다.

경쟁에서 이겨 최고가 되는 것이 목표인 사람이 가진 또 다른 맹점은 남들과 협력하기 어렵다는 점입니다. 자신보다 더 뛰어나거나 앞서가는 사람을 경계하고 견제하기 때문이죠. 그런데 격변하는 미래 사회에서는 해결해야 할 문제들이 더 복잡해지고 혼자 이룰 수 있는 일은 점차 줄어들 겁니다.

제가 몸 담고 있는 의학 분야만 해도 여러 대학과 실험실이 공동으로 진행하는 연구가 많습니다. '우리 연구실에서 최초로 발견했다' 같은 것을 자랑으로 삼던 날들은 지나간 거죠. 다른 사람을 이기고 나만 최고가 되겠다는 목표는 더 이상 통하지 않는 세상이 되었습니다. 이제는 타인과 함께 협력하는 사람이 더 멀리 가는 시대입니다.

내적 동기가 가진 거대한 힘

우리가 어떤 일을 하는 데 원동력이 되는 동기에는 여러 가지가 있습니다. 이를 크게 외적 동기(extrinsic motivation)와 내적 동기(intrinsic motivation)로 분류할 수 있어요. 외적 동기는 쉽게 말하면 등수, 상, 벌금, 월급, 승진처럼 행위와 직접적인 연관성은 없으나 외부에서 주어지는 동기입니다. 반면에 내적 동기는 흥미, 재미, 보람처럼 그 행위 자체에서 나오는 동기입니다.

요즘 아이들에게 책을 읽는 습관을 들이고 싶은 부모님들이 많습니다. 책을 몇 권 읽으면 돈을 주거나 다른 보상을 제시하는 경우도 꽤 보입니다. 이와 관련해 다음과 같은 연구가 있었어요. 만 9~10세인 초등학교 3, 4학년 아이들을 세 그룹으로 나누어 동기의 효과와 역할을 살펴본 연구입니다.

첫 번째 그룹은 아이 스스로 재미있는 책을 골라 읽게 하고 책을 읽는 것에 대해 부모가 많은 관심을 보여주었습니다. 두 번째 그룹은 읽은 책의 권수에 따라 부모가 보상을 주었습니다. 세 번째 그룹은 특별한 지시를 하지 않았습니다. 1년에 걸쳐 아이들을 살펴본 결과 첫 번째 그룹이 다른 그룹보다 책을 더 많이 읽었고 학습 능력이 더 향상되었으며 독서를 더 즐겁게 여겼습니다. 자신의 흥미에 따라 자율적으로 읽는 내적 동기에 부모의 관심이 더해지자 다른 외적 보상보다 더 큰 동기부여가 된 것입니다.*

이 밖에 여러 다른 실험에서도 내적 동기가 외적 동기보다 더 강력한 원동력이 된다는 것은 이미 잘 알려진 사실입니다. 그럼에도 우리 사회에서는 외적 동기가 가장 우선시되어 돌아가는 듯합니다. 대부분의 사람이 아주 어린 시절부터 높은 등수, 대학 간판 등의 중요성을 날마다 듣고 자라며 어른이 되어서도 월급, 승진 등의 보상을 받기 위해서 일합니다. 성과가 낮을 때 오는 불이익을 피하기 위해 열심히 살고, 잘못했을 때 받는 벌을 피하기 위해 바르게 사는 것이죠.

최근에 한국 청소년을 대상으로 한 학교폭력과 성폭력 예방 교육 프로그램을 살펴본 적이 있습니다. 인간 존엄성과 서로에 대한 존중이라는 가치를 바탕으로 내적 동기를 강조한 교육은 보기 드물었습니다. 그보다 '이러저러한 잘못을 저지르면 대학 입시에 부정적으로 작용하고, 벌금이나 수감 등의 처벌을 받을 수 있다'는 식으로 외적 동기를 강조하는 내용이 많았습니다. 외국

* Gottfried, A. E., Fleming, J. S., & Gottfried, A. W. (1994). Role of parental motivational practices in children's academic intrinsic motivation and achievement. Journal of Educational Psychology, 86(1), 104~113.

학교에서 교육을 받다가 한국에 돌아온 초등학생이 한국에서는 '벌을 피하려면 바르게 행동하라고 가르치는 것 같다'라는 평가를 할 정도입니다.

사회 전반적인 문화와 교육 풍토가 이렇다 보니 내적 동기가 어떤 것인지, 어떻게 해야 내적 동기가 생기는지 생소하고 어려운 것도 당연합니다.

세 명의 벽돌공 이야기를 들어보셨나요? 여러 가지 버전이 있는데 그중 하나를 소개합니다. 1666년에 일어난 대화재 때문에 영국 런던 시내의 많은 건물이 잿더미가 되었습니다. 당시 가장 중요하게 여겨졌던 세인트 폴 대성당도 불에 타버렸지요. 그 후 시민들은 성당을 재건축하는 데 총력을 다했습니다.

하루는 새 성당을 설계한 유명 건축가가 열심히 벽돌을 쌓고 있는 세 명의 벽돌공을 보고 각각의 사람에게 다가가 물었습니다. "지금 어떤 일을 하고 있나요?"

첫 번째 사람은 "저는 벽돌공이에요. 식구들을 먹여 살려야 해서 열심히 벽돌을 쌓고 있어요"라고 대답했습니다. 두 번째 사람은 "저는 집 짓는 사람인데요, 여기에 벽을 멋있게 세우는 일을 하고 있어요"라고 말했습니다. 세 번째 사람은 "저는 하나님을 모실 귀한 성전을 짓는 일을 하고 있어요"라며 자신감과 뿌듯함에 가득 차 대답했습니다. 그 건축가는 세 번째 벽돌공을 리더로 삼았다고 합니다. 자신이 하는 일의 깊은 의미를 아는 사람이 더 열정적으로 일하고 성취도도 높으며 리더십도 있다고 판단했기 때문입니다.

내적 동기는 그 행위 자체에서 오는 의미, 호기심, 성취감, 책임 완수, 뿌듯함, 보람 같은 것입니다. 이러한 내적 동기는 주도적이고 능동적으로 그 일을 하고자 하는 의지를 일으킵니다. 인간에게는 이러한 내적 동기가 외적 동기보다 더 강한 힘을 발휘하며 더 오래갑니다. 그럼 외적 동기만 지속적으로 강조하는 사회에서는 어떤 일이 일어날까요?

외적 동기만 강조했을 때 일어나는 폐해

앞서 보았듯, 외적 동기는 행위 자체와는 근본적인 연관 없이 외부에서 주어지는 상벌 등에서 오는 동기입니다. 그러니 외부 상황에 영향을 많이 받을 수밖에 없지요. 내가 목표로 하던 상이 없어질 수도 있고 그것을 다른 이가 먼저 성취할 수도 있습니다. 외적 동기는 내적 동기보다 지속성도 떨어집니다. 대부분의 직장인이 월급이라는 보상을 받기 위해 일한다지만, 같은 월급을 계속 받으면 즐겁기는커녕 원망이 생깁니다. 월급 인상을 자주 해주어도 만족스러울까 말까 하지요.

승진한 경험이 있으신가요? 그 기쁨이 얼마나 지속되던가요? 3개월 아니 3주쯤 가던가요? 그럼 승진하기 위해 몇 년을 열심히 일했는데 승진이 되지 않았다면요? 그 후에도 그만큼 열심히 일하고 싶을까요? 이렇듯 외적 동기는 지속적으로 효과를 발휘하는 동기가 되기 어렵습니다. 많은 사람이 승진이나 보너스 같은 보상을 받으면 행복할 것 같아 열심히 일하지만, 사실 그 보상이 우리를 진정으로 행복하게 하지는 못합니다.

명상과 마음 근력 향상 훈련, 소통 능력, 회복탄력성 등을 연구하는 연세대 김주환 교수님의 책《내면소통》에 이런 내용이 나옵니다. 조건이 있는 행복은 행복이 아니고, 오직 무조건적인 행복(unconditional happiness)만이 진짜 행복이라는 것입니다.

'○○만 있으면 행복할 텐데'라고 생각하는 경우에는 결국 그 ○○가 불행의 씨앗이 된다고 합니다. 집만 사면, 교수만 되면, 백억만 있으면 행복할 거라고 믿는다면 그것을 성취하지 못할 경우 불행해지는 것은 당연합니다. 원하던 것을 성취해도 행복은 잠깐이고 곧 그것이 없어질까 봐 두려워진다면 이 역시 불행의 씨앗이 된다는 것이죠. 이렇듯 무엇을 획득하면 행복해질 거라고 믿어서 행동하는 외적 동기는 우리에게 궁극적인 행복감을 가져다주지 못합니다.

게다가 외적 동기 대부분은 경쟁을 유발합니다. 모든 사람에게 상이 주어지는 경우는 거의 없으니까요. 늘 경쟁에서 이기면서 평생을 살아야 한다고 생각해보세요. 큰 부담에 숨이 턱턱 막히지 않나요? 이런 식이면 사는 것이 힘겹고 지칠 수밖에 없습니다. 오히려 내 페이스대로 조금씩 성장하는 삶, 그것이 진정으로 잘 사는 것이라고 생각하면 마음이 훨씬 평안합니다.

"우리는 이기기 위해 세상에 온 것이 아니라 성장하기 위해 온 것입니다(We are not here to win. We are here to grow)."

조앤 치티스터(Joan Chittister) 수녀님이 하신 이 말씀을 마음에 담고 '무한 경쟁 사회'라 불리는 현대 사회에서 삶의 의미를 다시금 생각해보면 좋겠습니다.

네가 보았던 것보다 더 좋은 세상으로 만들고 떠나라

인간에게 큰 내적 동기로 작용하는 것은 '의미'라고 했습니다. 우리에게 가장 중요한 '의미'에는 사랑, 소속감, 자기 실현, 가치 실현, 기여(contribution, service) 등이 있습니다. 그중에서도 기여는 인간이 발현할 수 있는 가장 숭고한 의미를 지닌 것이라 하겠습니다.

"세상을 네가 보았던 것보다 더 좋은 곳으로 만들고 떠나라 (Leave the world a better place than you found it)."

자주 쓰이는 격언이기도 하지만 세계적인 기업 애플이 처음 시작했을 때의 비전을 인도해낸 원칙이기도 합니다. 그런데 세상을 더 좋은 곳으로 만드는 일을 엄청나게 훌륭하고 유명한 회사나 사람만 할 수 있는 것은 아닙니다. 내가 지금 어떤 일을 하고 있든 간에 바로 그곳에서 할 수 있는 일을 열심히 함으로써 세상에 조금이라도 좋은 영향을 끼치면 되기 때문입니다.

미국 흑인 인권 운동가 마틴 루터 킹 박사는 흑인 고등학교에서 연설을 한 적이 있습니다. 당시 암울한 미래를 염려하는 학생들에게 이런 말을 남겼습니다.

"여러분이 거리 청소부가 되는 소명을 받았다면 미켈란젤로가 그림을 그리듯, 베토벤이 작곡을 하듯, 메트로폴리탄 오페라 앞에서 레온타인 프라이스가 노래하듯, 셰익스피어가 시를 쓰듯 열심히 거리를 청소하세요. 거리가 너무나 깨끗해서 하늘과 땅의 모든 주역이 잠시 멈춰서 '이곳에는 자신의 일을 잘해낸 훌륭한 청소부가 있었군'이라고 할 정도로 말입니다."

이처럼 예술가는 감동을 주는 예술 작품을 남김으로써, 식당 주인은 건강하고 맛있는 음식을 제공함으로써, 청소부는 쾌적한 환경을 만듦으로써 이 세상을 더 좋은 곳으로 만들 수 있습니다.

앞서 말씀드렸듯 저는 '안 태어났어야 할 딸'로 태어나 4년 동안 호적에도 올라가지 못했습니다. 하지만 저는 저에게 주어진 것이 굉장히 많다고 생각합니다. 이 세상에 나와 한번 사는 동안 어떻게 하면 세상을 더 좋은 곳으로 만들지 스스로에게 끊임없이 묻습니다. 20년 넘게 의사라는 소명을 받아서 열심히 환자를 치료해왔고 젊은 의사들을 가르쳤습니다. 이제는 작가와 강사라는 소명까지 받았습니다. 그리고 지금까지 저에게 주어진 것들을 더 많은 사람과 나누려 노력하고 있습니다.

이렇게 세상을 좀 더 나은 곳으로 만드는 데 열심을 다해 기여한다면 제 삶은 저의 출생과 상관없이 아름다운 삶, 보람 있는 삶,

그리고 의미 있는 삶이 되지 않을까요? 그러다가 마침내 세상을 떠날 때는 '내 인생 참 잘 살았노라'라고 당당히 말할 수 있기를 바랍니다.

삶의 의미는 어떻게 찾을 수 있을까

앞서 본 것처럼 '기여'라는 가치는 삶의 의미를 찾는 데 매우 중요합니다. 그런데 나에게 주어진 것으로 다른 사람들의 삶을 좋게 만들라고 하면 이타성을 강요하는 것처럼 들리기도 합니다. 남 좋은 일만 시키는 격으로 말이죠. 하지만 꼭 그렇지만은 않습니다. 우리가 살아가기 위해 필요한 직업이나 업을 생각해보세요. 다른 이의 필요와 욕구를 충족해주는 일을 하고 보수를 받는 것이 직업이라 할 수 있습니다.

그런 일을 찾는 데는 크게 두 가지 길이 있어요. 다른 이가 가진 문제를 해결해주거나 다른 이에게 가치(값어치)를 주는 것입니다. 저는 의사로서 병이라는 문제를 해결해주기도 하고 또 건강이라는 큰 값어치를 제공해주기도 하지요. 그러니까 내가 가진 재능으로 다른 사람의 문제를 해결해주고, 어떤 가치를 제공할 수 있을까를 궁리하면 됩니다. 그러면 의미 있고 보람 있는, 즉 내적 동기를 듬뿍 담은 직업이 나올 수 있으며 그것이 내 소명(calling)이 될 수도 있습니다. 나아가 사회에 기여할 수도 있습니다. 보편적으로 더 크게 기여할수록 더 큰 보상을 받습니다. 그러니 기여가 그저 남을 위하는 일만은 아닙니다.

그럼에도 아직 자기 삶의 의미를 잘 못 찾겠다고요? 그럼 자신을 제대로 알아가는 것이 먼저입니다. 나의 재능, 장단점, 강약점, 호불호(好不好)를 잘 살펴보는 거예요. 이런 과정은 자기성찰의 과정이라 할 수 있습니다. 자기성찰을 하려면 주위를 조용히 하고 자신에게 집중할 필요가 있는데, 호흡과 명상이 많은 도움이 됩니다. 녹지를 걷는 것도 마음을 평온하게 하는 데 좋습니다. 조용히 자신의 장단점과 재능에 대해 생각해봅니다. 좋아하는 것과 싫어하는 것, 잘하는 것과 못하는 것을 종이에 적어보아도 좋아요. 글쓰기도 자기 생각을 정리하고 표현하는 좋은 방법입니다. 주위 사람들에게 내가 잘하는 것이 무엇인지 물어보는 것도 괜찮습니다.

그럼에도 자신의 재능을 잘 모르겠다면, 먼저 자신이 궁금해하는 일 혹은 재미있어하는 일에서 시작해보기를 권합니다. 거기서 재능이 나타나기도 하니까요. 흥미에서 재능으로 발전하며 확장되는 거죠.

관심 있는 것이 있으면 여행 등을 통해 많이 경험해보고 책이나 잡지, 온라인 강의 등을 통해 배워보세요. 그리고 미래에는 지금 일반적으로 생각하는 재능 외에도 더 가치를 인정받는 것들이 생길 것임을 잊지 마세요. 예를 들어 엔터테인먼트를 위한 콘텐츠 제작이나 음악, 미술, 춤 같은 예술, 그리고 창의적이고 독특한 재능이 더 높은 가치를 창출할 거라 예상됩니다. 그러니 흔히

들 생각하는 재능이 나에게 없다고 실망할 필요 없습니다. 나에게 주어진 나만의 것으로 세상을 좀 더 나은 곳으로 만들 기회는 앞으로 더 많을 테니까요.

《목적이 이끄는 삶(The Purpose Driven Life)》이라는 책을 쓴 릭 워렌(Rick Warren) 목사는 이렇게 묻습니다.

"나는 이 세상에 왜 왔을까요? 자신에게 주어진 것으로 당신은 무엇을 하고 있습니까(What am I here for? What are you doing with what you've been given)?"

아마 저보다 좋은 환경에서 태어난 분이 더 많을 것입니다. 대부분 태어나서 환영받았을 테고 호적에도 금방 올라갔을 테니까요. 자신에게는 '안 좋은 것'만 주어져서 기여할 것이 없다고 생각하는 분이 있나요? 여기서 '자신에게 주어진 것'은 '좋은 것'만을 의미하지 않습니다. 저에게 주어진 것에는 환영받지 못한 출생, 레지던트 낙방, ADHD, 난임, 만성질환 등이 포함되어 있습니다. 대부분의 사람이 '안 좋은 것'이라고 분류하는 것들이죠. 그런데 저는 이 모두가 저에게 주어진 것, 즉 선물(what you've been given=gift)이라고 생각합니다. 그리고 실제로 이런 점들이 저를 더 성장하게 했고, 타인에게 더 많이 공감할 수 있게 해주었습니다.

지금부터 '나에게 주어진 것으로 나의 자리에서 무엇을 할지'는 자신의 몫이고 자신의 선택입니다. 이 질문을 계속 되새기면서 살아가는 사람은 삶의 의미를 찾을 수 있을 거라 믿습니다. 많은 일상적인 일들과 하기 싫던 일들이 그 의미를 알고 나면 다르게 보이기 시작할 거예요. 그리고 성전을 짓는 벽돌공처럼 자신감과 뿌듯함을 느끼며 자신의 삶을 살아갈 수 있을 것입니다.

그러다 보면 내가 이 세상에 어쩌다가 우연히 또는 불운으로 태어난 것이 아니라 '아, 내가 이 세상에서 이런 의미 있는 삶을 살려고 태어난 거구나' 하는 나만의 답을 얻게 되지 않을까요? 그것이 사랑이건, 소속감이건, 가치 실현이건, 기여이건 간에 나만의 의미를 찾으며 산다면 아주 잘 사는 삶이 아닐까 싶습니다.

CORE MIND ✿ TRAINING PRACTICE

삶의 의미와 목적을 좌우하는 질문들에 대해 한번 생각해봅시다. 정답은 없지만 각자
어떻게 생각할지는 선택할 수 있습니다. 내 삶의 원동력이 되는 지속적인 동기를 찾
아봅시다. 자신이 바라는 것과 추구하는 가치를 생각하며 다음 질문에 답해봅시다.

1. 여러분은 왜 이 세상에 태어났을까요(What am I here for)?

2. 나에게 주어진 것(재능, 경험, 상처 등)에는 어떤 것들이 있나요?

3. 이것으로 나는 어떤 것을 할 수 있을까요(What are you doing with
   what you've been given)?

상처로부터
자유로워지고 싶다면

: 상처를 선물로 바꾸는 법, 쌀가마니 요법

세상을 살면서 크든 작든 남에게 한 번도 상처를 준 적이 없다고 장담할 수 있는 사람이 있을까요? 자신의 의도와는 상관없이 우리는 누군가에게 상처를 주고, 또 누군가로부터 상처를 받으며 살아갑니다. 심지어 부모도 자식에게 상처를 줍니다. 사랑하지 않아서가 아니라 부모도 사람이기 때문에 그렇습니다.

상처의 크기와 빈도, 상처받은 기간의 차이는 있을지 몰라도 상처가 없는 사람은 없습니다. 그러니 상처가 있다고 해서 자신이 문제가 있다거나 부족한 사람이라고 여길 필요는 없습니다. 그럼에도 우리 주변에는 과거의 아픈 기억과 거기서 파생된 두려움 때문에 불행한 삶을 살아가는 사람이 많습니다. 반면에 자신에게 상처가 있음을 아예 인식하지 못한 채 늘 인간관계에 힘들어하는 사람도 있습니다. 그렇다면 상처는 도대체 우리에게 어떤 영향을 미칠까요?

성장 과정에서 상처 입은 자존감

인간은 어느 정도의 건강한 자기애(healthy narcissism)를 갖고 태어납니다. 어린아이들에게는 흔히 '나는 참 괜찮은 사람이야', '나는 뭐든지 할 수 있어'라는 자세가 보입니다. 이런 타고난 자신감과 높은 자존감은 성장 과정에서 돌이 정을 맞듯 이런저런 부정적인 피드백을 받으며 깎여나갑니다. '너는 부족한 점이 많아', '너는 못하는 것이 더 많아' 같은 현실적인 메시지를 지속적으로 받으면서 말이죠. 그러다 보니 나이가 들수록 '나는 참 괜찮은 사람이야'라고 생각하는 사람이 점점 줄어듭니다.

성장 과정에서 받은 이 같은 부정적인 피드백이 상처로 남는 경우도 꽤 많습니다. 과거의 상처를 잘 처리하거나 극복하지 못할 경우 살면서 지속적인 걸림돌이 될 수 있습니다. 상처로 인해 자신에 대한 핵심 신념이 부정적으로 자리 잡으면서 세상을 보는 시각을 흐리게 하는 색안경이 될 수 있으니까요.

안타깝게도 상처받은 사람이 누군가에게 그 비슷한 상처를 다시 주기도 합니다. 어린 시절 부모에게 받은 상처를 자기 자식에게 그대로 물려주는 것처럼요. 그런 악순환을 막기 위해서는 자신이 갖고 있는 상처를 모른 척하기보다 오히려 제대로 살펴보고 정리할 필요가 있습니다.

내 배에 쌓인 쌀가마니를 알아차리고 끌어올리기

우리는 인생이라는 바다를 항해하는 내 배의 캡틴, 즉 선장입니다. 그런데 이 배를 제대로 운행하는 게 쉽지만은 않습니다. 거센 풍랑을 만나기도 하고 뜻밖의 암초에 걸려 위기를 겪기도 합니다. 더 큰 위기가 내부에서도 찾아옵니다. 살면서 받았던 상처들, 거부당하고 무시당하며 조종당했던 기억들이 짐이 되어 배 안에 켜켜이 쌓입니다. 저는 그 짐들을 '쌀가마니'라고 부릅니다.

특히 어린 시절 부모에게 받은 상처 때문에 힘들어하는 분들이 많습니다. 부모는 자식이 잘되기를 바라며 '배고플 때 먹어라' 하며 준 것이지만 정작 당사자에게는 쓸모없을 뿐만 아니라 오히려 짐만 되는 썩은 쌀가마니인 것이죠. 거기에 학교에서, 사회에서 받은 쌀가마니들이 더해집니다. 지도도 보고 나침반도 보며 내 인생을 잘 항해하려 하지만 배가 무거워서 이리 가지도 저리 가지도 못합니다. 자칫 잘못하면 방향을 돌리려다 중심을 잡지 못해 배가 뒤집힐 것만 같습니다.

여러분은 첩첩이 쌓여 있는 이 썩은 쌀가마니를 어떻게 하고 싶나요? 생각해보기 쉽게 보기를 드리겠습니다.

1. 생각날 때마다 조금씩 꺼내서 곱씹는다.

2. 잘 보관했다가 자식에게 물려준다.

3. 준 사람에게 되돌려준다.

4. 냄새 안 나게 더 깊은 창고에 숨겨둔다.

5. 바다에 던져버린다.

3번을 선택하고 싶은 사람도 꽤 있을 겁니다. 그러면 속이 시원할 것 같지만 현실은 그렇지 못합니다. 아마 여러분에게 상처를 준 사람도 그 쌀가마니를 누군가에게 받았을 겁니다. 자기 부모나 선생님, 직장 상사에게 받은 상처를 여러분에게 다시 던져준 것일 수도 있어요. 그러니 여러분이 되돌려준다고 한들 다른 사람에게 또 가거나 아니면 서로 계속 주고받는 악순환이 될 뿐입니다. 아무리 생각해도 가장 좋은 답은 5번 '바다에 던져버린다'입니다.

이를 위해서 해야 할 첫 번째 단계는 내 배에 썩은 쌀가마니가 있음을 알아차리는 것입니다. 많은 이들이 저 깊숙한 곳에 넣어두고 상처 따위는 없다고 생각하며 살지요. 하지만 별것 아닌 말 한마디에 상처받고 자존감은 쉽게 바닥을 칩니다. 이런 패턴을 깨기 위해서는 일단 나에게는 상처가 있고, 그 상처가 나를 힘들게 하고 있음을 바로 보고 인정해야 합니다. 그래야 다음 단계로 나아갈 수 있습니다.

인정한 후에 해야 할 일은 내 마음을 표현하는 것입니다. 쌀가마니를 메고 갑판 위로 올라와야 합니다. 그런 후엔 내가 상처를 받았다고, 내 마음이 아팠다고 표현해야 합니다. 느낄 수 없는 것

127

은 치료할 수도 없다고 합니다(You can't heal what you can't feel). 그러니 일단 느끼고 표현해야 합니다.

"예전에 아버지가 공부를 못한다고 쥐어박고 때렸을 때 정말 무서웠어요. 화도 났고 원망스러웠죠. 그것이 상처가 되었어요."

"남편이라는 사람이 아내한테 어떻게 그렇게 심한 말을 할 수 있어? 내 마음이 정말 많이 아팠어."

이렇게 자신이 느낀 감정을 구체적으로 표현해야 합니다.

내게 상처를 주었던 사람이 이미 세상을 떠나 만날 수 없거나 워낙 과거사라 다시 끄집어내기가 어려울 수도 있습니다. 또는 이를 받아줄 만한 상대가 아니어서 표현했다가 내가 더 상처받을 수도 있습니다. 그럴 때는 혼자라도 표현해야 합니다. 이것은 반복적으로 하는 것은 아니기에 보기 1번의 '생각날 때마다 곱씹기'와는 다릅니다. 따로 날을 잡아서 해도 좋고 산책하면서 해도 좋고 혼자 방에서 해도 됩니다. 자신의 아픔을 인정하고 충분히 표현해주세요. 글로 표현해도 됩니다. 내게 쌀가마니가 있다는 걸 알아차리고 상처받은 감정을 인정하고 표현하는 것, 이것이 1단계입니다.

쌀가마니를 바다로 떠나보내기

자신의 배에 썩은 쌀가마니가 있음을 알아차리고 이제 창고에서 꺼내 갑판으로 다 올렸나요? '당신이 준 상처 때문에 지금까지도 이렇게 힘들다'라고 표현했고, '어떻게 나한테 이럴 수 있느냐'라며 원망도 했다면 그다음엔 무엇을 해야 할까요? 이제는 용기를 내어 쌀가마니를 바다로 떠나보내야 합니다.

이것은 상대를 용서하라는 이야기와는 조금 다릅니다. 용서할 수 있다면 더 좋지만, '네 죄를 내가 사하노라' 같은 용서는 할 수 없다고 말하는 사람이 더 많습니다. 그것은 신의 영역 같기도 합니다. 그보다 내 인생에 짐만 되는 쌀가마니를 '떠나보낸다'고 생각하면 훨씬 쉽습니다. 쌀가마니를 계속 끌어안고 있어봐야 내 배만 무겁고, 자칫 잘못하면 내 자식에게 그걸 고스란히 물려줄 수도 있습니다. 또 다른 관계에도 문제가 생길 수 있지요. 그러니 악취가 나는 썩은 쌀가마니를 이제는 바다에 던져버리세요. 그래야 내 배가 잘 갈 수 있습니다. 그러고 나면 나도 모르게 마음이 한결 가벼워지는 걸 느낄 수 있을 겁니다.

쌀가마니를 던져버릴 때 감사할 거리를 함께 찾아보는 것도 좋습니다. 결과적으로는 상처가 되었지만 상대의 의도 자체는 나를 위한 것일 수 있습니다. 그러니 그 마음 자체에 대해서는 감사할 수 있겠죠. 특히 상처를 준 사람이 가족인 경우 그 사람이 나를 위해 한 것이 있다면 그것에 감사하고, 나에게 주었던 상처는 하나씩 바다로 떠나보냅니다. 예를 들어 아버지에게 큰 상처를 받았지만 다른 한편으로 끈기와 성실함을 물려받았다면 그 점은 감사하게 여길 수 있습니다. '아버지에게 받은 쌀가마니 중 몇 톨은 참 괜찮았어요. 감사합니다. 하지만 나머지 썩은 쌀가마니는 더 이상 필요 없어요. 이제는 떠나보냅니다' 하는 마음으로 보내는 겁니다.

감옥은 밖에 있는 것이 아니라 내 안에 있다

이제 배가 좀 가벼워졌나요? 그렇다면 내가 어디로 항해하고 싶은지, 무엇을 원하며 무엇을 하고 싶은지를 찾아야 할 차례입니다. 쌀가마니의 무게에 짓눌려 앞으로 나가지도 뒤로 물러나지도 못한 채 바다 위를 표류하는 삶을 살고 있다면, 이제 내가 가고 싶은 길을 찾아가야 합니다.

상대를 노려보며 '나한테 그렇게 상처를 주더니 잘되나 보자' 하는 것은 내 인생 항해에 아무런 도움이 되지 않습니다. 그저 내가 가야 할 길에만 집중하세요. '어떻게 복수하지?' 또는 '저 사람과 어떻게 하면 마주치지 않을 수 있을까'라고 생각하는 건 내 배의 선장 자리를 그 사람에게 내주는 것이나 마찬가지입니다. '나는 내 길을 잘 갈 테니 당신도 당신 길을 잘 가세요(I wish you well)' 하면 됩니다. 혹시 지금도 지속적으로 상처를 주는 사람이 있나요? 그 사람을 어떻게 대해야 할지는 뒤에 나올 '선거 요법'에서 자세히 설명하겠습니다. 그 전에 간단히 말하자면 내 삶에서 멀리하는 것이 답입니다.

홀로코스트의 유대인 생존자이면서 상처받은 사람들을 돕는 치료사가 된 심리학자가 있습니다. 바로 에디트 에바 에거(Edith Eva Eger) 박사입니다. 그는 자신에게 상처준 사람을 '용서'하라고 말하지 않습니다. 다만 상처를 '놓아보내고(release)', '자유로워지라(be free)'고 얘기합니다. 그는 열일곱 살에 영문도 모른 채 아우슈비츠 수용소로 끌려갔고 그곳에서 부모와 언니를 잃었습니다. 발레 유망주였던 그는 '죽음의 사자'라고 불리던 나치 장교 앞에서 발레 춤을 추기도 하며 기적적으로 살아남았습니다.

이후 미국으로 건너갔고, 수용소에서 멀어졌지만 여전히 과거의 기억에 매여 살았습니다. 과거의 상처는 미움, 원망과 더불어 '내가 그때 다른 행동을 했더라면 부모님이 살아 있지 않을까'라는 죄책감까지 불러일으켰습니다. 여러 가지 부정적 감정들이 그를 괴롭혔습니다. 에거 박사는 "감옥은 밖에 있는 것이 아니라 내 안에 있다"며 수용소라는 감옥에서 벗어났지만 "내 안의 감옥에서 옥살이를 하고 있었다"라고 고백했습니다.

에거 박사가 쓴 두 권의 책 제목이 《선물(The Gift)》과 《마음 감옥에서 탈출했습니다(The Choice)》입니다. 그는 아우슈비츠 수용소에서 받은 고통과 상처를 '선물'이라고 표현합니다. 그 상처 때문에 세상을 보는 시야가 달라졌고 삶의 의미와 목적을 찾았으며, 자신처럼 상처받은 사람들을 치유하는 치료자가 될 수 있었기 때문입니다. 우리 모두가 상처를 선물이라고 할 정도의 경지에 이를 수는 없습니다. 하지만 적어도 내가 받았던 상처들이 감옥이 되어 나의 인생을 힘들게 하거나 다른 관계에 해가 되도록 놔두지는 말아야 합니다. 에거 박사가 했던 말 중 여러분에게 들려드리고 싶은 말이 있습니다.

"당신은 과거를 바꿀 수 없고, 과거에 일어난 일을 바꿀 수 없습니다. 하지만 거기서 자유로워지는 것을 선택할 수는 있습니다(You can't change the past. You can't change what happened. But you can choose to be free)."

과거의 상처와 내 안의 감옥에서 자유로워질지 말지는 우리의 '선택'이라는 것입니다. 책의 원제 'The Choice'는 이 선택을 말하기도 합니다.

긴 인생 항해를 하는 동안 여러분의 배에 썩은 쌀가마니를 계속 놔두고 곱씹으면서 또 다른 사람에게 던져주겠습니까? 아니면 갑판으로 끌어올려 바다로 떠나보내겠습니까? 선택은 여러분의 몫입니다. 그러니 용기를 내어 도전해보세요. 눈을 감고 내 배 안의 깊숙한 창고를 열어보세요. 이제는 그 썩은 냄새가 나는 쌀가마니를 끌어올려서 바다에 던져버리고 자유로워지는 선택을 하는 겁니다. 그러고는 선장의 자리에 서서 배의 키를 다시 잡아보세요. 가벼워진 배로 바다를 항해하며 내가 가고 싶은 곳을 바라봅니다. 멀리서 들리는 갈매기 소리, 볼을 스치는 시원한 바람, 상쾌한 바다 냄새, 얼굴에 닿는 따뜻한 햇살을 느껴보세요. 이제 내가 가고 싶은 곳을 향해 좀 더 가벼운 항해를 시작해보세요. '내 안의 감옥'에서 벗어난 사람만이 경험할 수 있는 홀가분한 자유를 느낄 수 있을 겁니다.

CORE MIND ✿ TRAINING PRACTICE

여러분 안에 첩첩이 쌓여 있는 썩은 쌀가마니를 떠나보내는 연습을 해봅니다. 이때 필요한 것은 용기입니다. 기꺼이 용기를 내어 내 인생에 짐만 되는 쌀가마니를 떠나보냅니다.

1. 내 마음에 가장 큰 짐이 되는 상처는 무엇입니까?

2. 마음 아팠던 경험을 적어보세요.

3. 아래 영상을 들으면서 쌀가마니를 바다로 떠나보내는 연습을 해보세요.

쌀가마니 요법
동영상 자료

피하고 싶은 순간을 여유롭게 마주하는 힘

: 불편함을 다루는 고수의 능력, 뜨거운 감자 요법

직장인 우진 씨는 타인의 기분을 지나치게 살피는 성격 때문에 좀처럼 자신의 의견을 말하지 못합니다. 언뜻 보면 타인을 배려해서 그런 것처럼 보이지만, 실은 자기 의견을 냈을 때 불편해지는 상황이 싫어 회피하는 겁니다. 이러한 행동 패턴은 그가 자기 생각과 의견을 억누르는 결과를 가져왔습니다. 얼마 전 팀 내에서 업무분장을 했는데 우진 씨의 업무량이 더 늘어났습니다. 안 그래도 거절하지 못해서 다른 사람 업무까지 떠안는 일이 많았는데 말이죠. 이런 상황을 개선하려면 그는 어떻게 해야 할까요?

살다 보면 나의 권리를 주장하거나 타인의 무례한 행동을 저지하는 등 불편한 상황에서 자신의 의견을 말해야 할 때가 있습니다. 그런데 이 불편한 순간을 피하려고 꼭 필요한 말조차 하지 못한다면 어떻게 될까요? 당장 눈에 보이는 갈등은 없을지 모르지만 그 대가는 큽니다. 근본적인 문제는 해결되지 않은 채 내가 겪는 어려움은 더 깊어질 테니까요. 또 하나의 큰 문제는 동등해야할 나와 상대방 사이에 관계의 균형이 깨질 수 있다는 점입니다.

불편한 순간을 피하려고만 한다면 아무 위험도 없는 범위 안에서 살아야 합니다. 그런 환경은 거의 없을 뿐 아니라 있다 해도 아주 좁은 세상일 수밖에 없습니다. 그렇게 삶의 범위를 제한하며 산다면 삶에 대한 만족도나 행복도가 낮아지게 마련입니다.

불편한 상황과 감정을 제대로 다루는 법

소아정신과 수련의 시절에 배운 자녀 양육의 큰 원칙이 하나 있습니다. 아이가 만족(gratification)과 좌절(frustration)을 둘 다 경험하면서 그 사이에서 균형을 이루도록 하라는 것입니다. 좌절만으로 가득 찬 인생이 없듯 모든 것이 만족스럽기만 한 인생도 없습니다. 그래서 좌절을 견뎌내고 또 그것을 딛고 일어나는 것은 누구에게나 필요한 능력입니다. 그러므로 아이들은 성장하면서 만족뿐 아니라 좌절도 적절히 경험해봐야 합니다. 넘어지고 또 힘겹게 일어나는 과정에서 어려운 상황을 처리하고 불편한 감정을 다스리는 능력이 발달하기 때문입니다.

노력한 만큼 성적이 안 나올 수도 있고, 친구가 마음 상하는 말을 할 수도 있습니다. 내가 좋아하는 사람이 나를 거절할 수도 있습니다. 불편한 감정이 넘실대는 상황은 의외로 많습니다. 발달 과정에서 경험과 연습을 통해 불편함을 다루는 법을 배운 아이들은 이럴 때도 절망하지 않고 다시 나아갈 수 있습니다. 그리고 그만큼 용기 있게 더 큰 세상으로 삶의 범위를 넓힐 수 있겠지요. 그러면 어린 시절 불편한 상황과 감정을 다루는 법을 배우지 못한 사람은 어떻게 해야 할까요?

영어 표현에 '뜨거운 감자(hot potato)'라는 것이 있는데요, 중요하지만 다루기 껄끄럽고 민감한 사안을 말합니다. 들고 있기 뜨거워서 얼른 던져버리고 싶은 문제, 모두가 피하려는 어려운 문제를 상징적으로 표현한 거죠. 타인과의 관계에서 생기는 불편한 상황과 부정적인 감정도 뜨거운 감자라 할 수 있습니다.

그런데 아무리 뜨거운 감자라도 나의 삶에서 중요한 문제라면 무조건 피하기보다 내 손에 놓고 다룰(handle) 수 있어야 합니다. 못 할 것 같다고요? 운동으로 근육을 단련할수록 근력이 증가하듯 우리의 마음도 단련하면 더 단단해집니다. '나는 이 상황과 감정을 잘 다룰 수 있어!'라며 스스로를 격려하는 연습을 해야 실제로 더 수월하게 다룰 수 있습니다. 훈련을 통해 뜨거운 감자를 다룰 수 있게 된 사람은 용감해집니다. 불편한 상황을 다룰 수 있다는 자신감이 생겨 다음번 뜨거운 감자가 오더라도 용기 있게 대면할 수 있기 때문이죠.

그럼 구체적으로 뜨거운 감자 다루는 훈련 과정을 살펴볼까요?

어려움 앞에서 당당해지는 '뜨거운 감자 요법' 3단계

1단계는 나에게 주어진 뜨거운 감자 인식하기입니다. 우선 지금 자신이 어려워하는 문제, 즉 뜨거운 감자를 똑바로 바라봐야 합니다. 우진 씨에게 피하고 싶은 뜨거운 감자는 다음과 같은 불안, 걱정, 두려움입니다.

1. 내 의견을 말하는 것이 부담스럽고 창피하다.
2. 내 의견을 말했을 때 상대방이 화를 내고 나를 싫어하게 될지 모른다.
3. 괜히 의견을 말했다가 더 불이익을 당할 것 같다.

2단계는 '나는 이 상황을 다룰 수 있어'라고 자신에게 말하기입니다. 뜨거운 감자를 인식했다면 이제 자신을 격려해줘야 할 단계입니다. 업무분장에 이의를 제기하는 것이 부담스럽고 그 일로 동료에게 미움을 받거나 불이익을 당할까 봐 두렵지만 '나는 결국 그것을 다룰 수 있다'라며 스스로를 격려하고 자신을 믿는 겁니다.

불편한 상황이나 감정을 피하기 위해 무조건 자신을 억누르다 보면 자존감 저하, 자기 비하, 우울 같은 심리적 어려움에 빠져들 수 있습니다. 그러니 아무리 뜨거운 감자라 하더라도 자신의 힘으로 핸들링하겠다고 다짐해봅시다. 그러면 어렵게만 느껴졌던 상황이 생각보다 핸들링 가능한 상황임을 알게 됩니다.

불안하고 걱정돼 피하고 싶은 일이 있을 때 아침저녁으로 거울을 보며 '나는 이 상황을 다룰 수 있다(I can handle it)'라고 소리 내어 말하는 것도 좋습니다. 스스로에게 해주는 말(self-talk)에는 주문과 같은 힘이 있어서 소리 내어 말하는 순간 실제로 힘이 생깁니다. 스스로 용기를 북돋우는 일종의 자기 암시 효과입니다.

3단계는 심호흡을 하고 뜨거운 감자를 내 손으로 직접 다뤄야 합니다. 우진 씨의 경우에는 정중하게 자신의 의견을 말하는 것입니다. 2단계에서 마음에 용기를 불어넣었다면 이제는 앞에서 배웠던 호흡법으로 마음을 안정시켜봅니다. 4-2-4 호흡법을 하면서 내쉬는 숨에 '나는 그것을 다룰 수 있다'라고 말해주면 더 좋아요. 그렇게 호흡으로 마음을 안정시킨 후에 상대에게 정중하게 자신의 의견을 말하는 겁니다.

자기 생각을 잘 알고 표현하는 것도 연습이 필요합니다. 말하고 싶은 내용을 종이에 정리한 다음 거울을 보고 말하는 연습을 해봅니다. 가족이나 친구 또는 상담사와 역할극(role play)을 하는 것도 도움이 됩니다. 이렇게 열심히 연습하고 상대방을 만났는데, 생각보다 대화가 잘 풀리지 않거나 원하는 결과를 얻지 못할 수도 있습니다. 그렇더라도 너무 실망하지 마세요. 시도했다는 것 자체로도 아주 잘한 일이니까요. 피하고 싶은 불편한 상황과 감정도 자꾸 맞닥뜨리고 핸들링하다 보면 점점 편안해질 겁니다. 걱정했던 뜨거운 감자가 생각만큼 뜨겁지 않음을 알게 되고 불편함의 정도도 훨씬 줄어들 거예요.

산다는 것은 매일같이 내게 던져지는 뜨거운 감자들을 손에 들고 저글링하는 일이 아닐까 싶습니다. 그런데 실생활에서 이 뜨거운 감자를 피하지 않고 능숙하게 다루려면 필요한 것이 있습니다. 바로 용기입니다. 여기서 용기란 겁이 없는 상태가 아니라, 겁나고 두렵지만 그럼에도 '하기로 선택'하는 것입니다.

"용기란 여러 덕목 중 가장 중요한 것이다. 왜냐하면 용기가 없으면 다른 어떤 덕목도 지속적으로 실천하기 어렵기 때문이다(Courage is the most important of all the virtues, because without courage, you can't practice any other virtue consistently)."

미국의 작가이자 인권 운동가인 마이아 앤절로(Maya Angelou)가 한 말입니다. 아무리 대단한 능력이 있다 한들 용기가 없으면 어떤 일도 시작하기 어렵습니다. 반면에 맞설 용기가 있다면 우리가 핸들링하지 못할 뜨거운 감자는 그리 많지 않을 것입니다.

뜨거운 감자를 다뤄본 경험이 많은 사람일수록 어려운 상황이 닥치더라도, 일단 받아들이고 이를 다루려 노력할 테지요. 두렵고 불편한 감정을 피하기보다 뜨겁지만 다룰 수 있다며 스스로를 믿는 용기 있는 사람이니까요. 이것이야말로 인생길을 가는 데 나를 옭아매는 굵은 동아줄을 끊어버릴 수 있는 엄청난 능력 아닐까요? 여러분도 뜨거운 감자 요법을 훈련해서 내가 가고자 하는 길로 갈 수 있게 돕는 이 슈퍼 파워를 지니기를 바랍니다.

불편한 감정을 다스리고 어려운 상황을 처리하는 능력을 키우는 방법 중 하나가 뜨거운 감자 요법입니다. 이 요법의 효능을 제대로 보기 위해서는 우선 자신의 뜨거운 감자가 무엇인지 제대로 인식해야 합니다. 그 후에는 용기를 내어 핸들링하는 것을 훈련해야 합니다.

1. 지금 내가 다루어야 하지만 피하고 싶은 문제,
   피하고 있는 문제는 무엇입니까?

2. 그 상황에서 내가 특별히 두려워하고 걱정하는 부분은 어떤 것입니까?

3. 이처럼 피하고 싶고 두려워하는 뜨거운 감자들을 생각하며,
   뜨거운 감자 요법의 단계를 밟아보세요.

다른 사람의 기분을
살피느라 쉽게 지칠 때

: 예민한 사람을 위한 마음 처방전, 몸값 요법

2019년 〈뉴욕타임스〉에 '한국인들이 행복과 성공에 이르는 비밀'이 바로 '눈치'라는 내용의 칼럼이 실렸습니다. 이처럼 한국 사람들은 남의 눈치를 보는 경향이 강하고 눈치가 없는 것은 단점으로 생각합니다. 어릴 때부터 자신의 개성을 있는 그대로 표현하기보다는 어른들 말씀이나 사회적 규범에 맞춰서 눈치 있게 말하고 행동할 것을 요구받으며 자랍니다.

또 한편으로는 가족, 친구, 직장 상사 등 주위 사람의 말이나 행동 하나하나에 신경을 곤두세우고 그들의 기분을 살피느라 힘들어하는 사람을 예민하다고 합니다. 이런 이들은 타인의 말에 쉽게 상처 입기도 하고 이를 가슴에 오래 담아두기도 합니다. 또 사람들 사이에 생기는 불편한 감정을 회피하려 하며 갈등이 생기면

'내가 더 잘할걸'이라고 자책합니다.

보통 '예민하다', '민감하다'라고 하면 부정적인 성격이라고 생각하지요. 그래서 예민한 사람들은 모난 사람처럼 보이지 않기 위해 자신의 예민함을 감추느라 무진 애를 쓰기도 합니다. 그렇지만 예민한 사람들은 섬세하고 관찰력이 좋은 편이라 이를 잘 활용하면 돋보이는 장점이 될 수 있습니다. 면밀함이 요구되는 연구나 기록 분야에서 강점을 보입니다. 또한 배려심이 풍부하고 타인에게 공감을 잘합니다. 남을 보살피는 능력도 뛰어납니다.

갈등을 피하려는 성향이 강하다는 것은 다시 말해 평화를 추구하는 경향이 크다고 할 수도 있습니다. 찰스 다윈과 마하트마 간디도 무척이나 예민한 사람이었다고 합니다. 이들은 세심한 관찰력과 평화주의적인 성향으로 인류의 발전과 평화에 지대한 영향을 끼쳤습니다. 만약 예민한 성격 때문에 힘들다면 이렇듯 장단점을 파악하는 것만으로도 도움이 됩니다. 모든 긍정적인 변화는 알아차림(awareness)에서 시작되니까요.

예민함과 소속감의 미묘한 관계

다른 사람의 마음을 살피는 것은 엄청난 에너지가 필요한 '정신노동'입니다. '저 사람이 왜 저런 말을 했을까?' '혹시 내가 무슨 실수라도 했나?' 이렇게 쉴 틈 없이 두뇌 회로를 돌리면 불안, 스트레스, 피로가 상당합니다. 그래서 예민한 사람들은 자주 정신적 과로 상태에 놓입니다. 그뿐 아닙니다. '이런 말을 하면 저 사람이 기분 나빠 하지 않을까?' '생각이 다르다고 나를 싫어하면 어떡하지?' 이렇게 전전긍긍하느라 자기 생각과 감정을 속으로만 삭입니다. 인간은 원래 자기 생각과 감정을 표현할 때 만족과 행복을 느끼는 존재입니다. 그런데 다른 사람만 신경 쓰고 자기 생각과 감정은 잘 표현하지 못하니 삶이 만족스럽고 행복하기 어렵겠죠.

이렇게 어려움이 많음에도 계속 다른 사람을 신경 쓰고 관계에 예민하게 반응하는 이유는 크게 두 가지 마음에서 비롯됩니다. 한편에는 상대방에게 사랑받고 싶고 나의 존재와 수고를 인정받고 싶은 마음이 있습니다. 또 다른 한편에는 상대방에게 버려질까 봐 두려운 마음이 있습니다. 결국 이 두 마음은 사랑받고 싶고 소속감을 느끼고 싶은 본능적인 욕구에서 비롯됩니다. 그런데 관계에 예민한 사람들은 소속감을 느끼기 위해 타인을 관계의 중심에 두고 거기에 자신을 맞춰가는 데 익숙합니다. 하지만 그렇게 얻는 소속감(fit in)은 내 모습 그대로 인정받고 사랑받을 때 느끼는 진정한 소속감(belonging)과는 다릅니다.

그렇다면 어떻게 해야 진정한 소속감을 느낄까요? 진정한 소속감은 있는 그대로의 나, 불완전한 나를 진실하게 드러낼 때 맛볼 수 있습니다. 있는 그대로 서로 잘 맞는다고 느껴지는 사람을 만나면 우리는 크나큰 기쁨을 느낍니다. 이러한 경험은 매우 소중한 만큼 쉽게 찾아오지 않지요. 그래서 진정한 소속감을 찾아가는 과정에서 외롭다고 느껴지는 순간도 있을 겁니다.

이때 드리고 싶은 말씀은 외로움(loneliness)과 고독(solitude)은 다르다는 겁니다. 우리 모두는 진정한 소속감을 찾아가는 길 위에서 고독을 마다하지 않는 여행자입니다. 어쩌면 고독의 길을 걸을 때 참다운 나와 더 잘 만날 수 있습니다. 그러니 주위 사람에게 나를 끼워 맞추려 노력하는 대신 '지금 혼자라도 괜찮아'라고 생각해보세요.

참된 소속감을 찾는 과정은 진정한 나를 찾는 과정과도 같습니다. 내가 누구이고 어떤 사람인지 살피는 데 에너지를 써야 합니다. 내가 무엇을 좋아하고 싫어하는지, 무엇을 잘하고 못하는지, 어떨 때 행복감을 느끼는지를 살펴보세요. 그렇게 자신의 길을 가다 보면 애써 찾으려 하지 않아도 나와 결이 비슷한 사람이나 그룹을 만나게 됩니다. 그런 사람이 많지 않아도 괜찮습니다. 내 주위의 모든 사람이 나를 좋아하는 건 불가능하니까요. 그럴 필요도 없고요.

남에게 맞추는 것이 몸에 밴 사람이 갑자기 나의 생각과 감정을 먼저 살피기란 쉽지 않습니다. 그렇다면 어떻게 해야 실생활에서 타인이 아닌 나에게 더 우선순위를 둘 수 있을까요?

그 누구도 나보다 몸값이 높아서는 안 된다

우리는 알게 모르게 나와 타인을 평가하며 살아갑니다. 다른 사람을 대할 때는 이러한 가치매김에 근거해 행동하게 마련입니다. 만약 자신의 가치, 그러니까 몸값을 스스로 정할 수 있다면 얼마로 책정하시겠습니까? 우리는 소중하니까 귀한 금으로 환산해볼게요. 이해하기 쉽게 나의 가치를 금 100돈이라고 생각해볼까요? 그러면 여러분과 가장 가까운 부모, 형제, 배우자, 친구, 직장 동료의 몸값은 얼마일까요? 혹시 여러분은 그들의 몸값을 자신보다 높게 매기고 있지는 않나요?

대부분의 사람은 자기 보호 본능이 있기 때문에 남보다 자신의 몸값을 더 높게 매깁니다. 하지만 다른 사람의 감정을 더 살피는 사람들은 무의식중에 혹은 상황에 이끌려 타인의 몸값을 자신보다 높게 매기는 경향이 있습니다. 그 과정에서 엄청난 감정노동을 하게 되고 스트레스 때문에 긴장과 불안, 불면에 시달리기 쉽

나의 몸값 ≧ 타인의 몸값

습니다. 그런 경우라면 꼭 기억했으면 하는 공식이 있습니다.

나의 몸값이 100돈이라면, 그 누구도 몸값이 그 100돈보다 높아서는 안 됩니다. 아무리 소중한 사람이라 해도 나보다 더 귀하고 가치 있는 존재는 없습니다. 나보다 상대방의 가치를 높게 매겼을 때 그 사람도 나를 귀하게 대해주면 좋겠지만 현실은 그렇지 않습니다. 오히려 상대는 당신의 가치를 낮게 평가하고 함부로 대할 가능성이 큽니다.

그 사람이 꼭 나쁜 사람이어서가 아닙니다. 인간관계의 역학에서 보면 이 또한 자연스러운 현상입니다. 자신이 스스로를 존중하지 않는데 다른 사람이 그 사람을 존중하기가 쉽지 않기 때문입니다. 그렇다면 구체적으로 어떻게 해야 이 문제를 해결하고 나의 가치를 높일 수 있을까요?

우선 자기 생각과 감정을 좀 더 자유롭게 표현하는 연습을 해야 합니다. 혼자서만 끙끙 앓고 속으로 삭이는 사람일수록 더 많은 정신적 어려움을 겪고 행복감도 떨어집니다. 다음으로 명심해야 할 것은 평등한 두 사람의 관계는 절대 일방적이어서는 안 된다는 겁니다. 즉 갑을 관계가 되면 안 되는 거죠. 물론 부모님의 내리사랑에는 일방성이 조금 있기도 합니다. 미성년자인 아이들은 부모에게 의존하는 상황이니까요. 하지만 그 외의 형제, 자매, 친구, 연인, 부부 사이는 동등해야 합니다. 일방적이지 않은 관계, 서로 존중하는 관계를 맺어야 합니다.

만약 누군가와의 관계 때문에 자꾸만 마음이 불편하다면, 나 자신보다 그 사람의 몸값을 더 높게 매긴 건 아닌지 돌아봐야 합니다. 앞서 100돈이라는 몸값을 제시한 이유는 나와 상대방의 가치를 구체적인 수치로 전환해서 생각해보면 관계를 좀 더 명확하게 가늠해볼 수 있어서입니다.

'우리는 서로를 동등하게 100돈으로 여기고 있나?' '그 사람에게 나보다 높은 150돈의 가치를 매기고 있는 건 아닐까?' 이런 식으로 몸값을 대입해 그 사람과의 관계를 점검해보세요. 그 결과 관계가 심한 불균형을 이루고 있다고 판단된다면, 나의 몸값을 기준점 삼아 관계의 중심을 바로잡아야 합니다. 상대가 나를 동등하게 여기지 않거나 존중해주지 않는다면 이에 대해 교정을 요청하는 의사 표시를 분명히 하는 게 좋습니다.

이때 관계를 개선하기 위해 적절한 선을 긋다 보면, 상대방이 불쾌감을 표시하거나 관계가 불편해질 수도 있습니다. 얼굴 붉히기 싫어서 선을 긋지 못하는 경우도 많이 보았습니다. 하지만 선을 그은 후 시간이 흘러 당시의 불쾌감이 사라지면 결국 상대방이 나를 더 존중하게 될 가능성이 높습니다. 상대방은 여러분이 '자신이 존중받지 않는 상황을 그대로 두지 않는 사람', 즉 스스로를 존중하는 사람이라는 것을 알게 되었을 테니까요.

만약 정중하게 내 뜻을 전달했는데도 문제가 개선되지 않는다면 그 사람과는 심리적 거리 두기를 고려할 필요가 있습니다. 이에 대해서는 뒤에 나올 선거 요법(선 긋기+거리 두기 요법)에서 더 자세히 설명하겠습니다.

147

다른 사람의 반응에 예민한 사람들은 선 긋기 자체가 쉽지 않습니다. 상대가 불쾌할지 모른다는 걱정 때문에 또는 관계가 불편해지는 걸 견디지 못해서 선 긋기를 피하고 싶을 테니까요. 그럴 때는 다음의 두 가지를 생각해보세요. '나의 가치가 떨어지고 내가 존중받지 못하는 고통을 선택할 것인가?' 아니면 '선을 그었을 때 오는 불쾌함과 불편함을 견디는 고통을 선택할 것인가?' 어떤 고통을 선택할지는 여러분에게 달려 있습니다.

혹시 지금까지 두 번째 고통이 더 크게 느껴져서 선을 긋기 어려웠나요? 이제부터는 나를 '존중받지 못하는 그 자리'에 계속 두는 고통에 대해 잘 생각해보길 바랍니다. 내가 나를 진정으로 존중한다면 어떤 결정을 할 것인지 말입니다. 여러분은 이 세상 그 누구보다 소중한 존재입니다. 그만큼 나를 가장 존중해주는 결정을 할 수 있기를 바랍니다.

보통의 경우는 자신의 가치를 상대보다 높게 매기지만 간혹 자신의 감정보다 타인의 감정을 먼저 살피고 타인의 가치를 자신보다 높게 매기는 사람들이 있습니다. 이 경우 불공정한 상황 혹은 자신이 존중받지 못하는 상황이 벌어지기도 합니다. 때문에 항상 관계 안에서 서로 존중하고 있는지, 가치매김이 한쪽으로 치우쳐 있지는 않은지 점검하고 살펴봐야 합니다.

1. 내가 100돈보다 높은 값을 매겨 받드는 사람이 있나요?

2. 나를 100돈보다 훨씬 낮은 값을 매겨 대하는 사람이 있나요?

3. 이 사람들을 생각하며, 나와 상대의 몸값이 100돈으로 동일하다면
   어떻게 말하고 행동할지 한번 생각해보세요.

나의 성취가
곧 나의 가치는 아니다

: 진정성으로 채운 진품 인생

정신과 의사로 살며 수많은 사람을 만나고, 또 갑작스레 큰 병을 앓게 되면서 깊이 깨달은 것이 있습니다. 세상을 살아가는 데 있어 가장 중요한 성품 중 하나가 바로 진정성(authenticity)이라는 것입니다.

여러분 중에도 구○, 샤○ 같은 명품을 좋아하는 분들이 많겠지요. 얼마 전 한국에 갔더니 명품을 카피한 이른바 '짝퉁' 제품들이 많이 나와 있더군요. 진품을 영어로는 'authentic'하다고 합니다. 반면에 짝퉁(fake)은 진짜처럼 되어보려고 진품을 흉내 낸 것일 뿐 'authentic'하지 않습니다. 오직 authentic한 진품만이 명품이 될 수 있습니다.

나 아닌 누군가가 되려는 노력

사람도 마찬가지 아닐까요? 진정성이 있을 때 짝퉁이 아닌 진품인 것이죠. 사람은 저마다 여러 가지 자기만의 특성이 있습니다. 그 사람만의 '결'이라고도 하지요. 타고난 것도 있고 성장하는 과정에서 환경이나 다른 사람의 영향을 받아 형성된 부분도 있고요. 그 모두를 포함해서 '나'라는 사람이 있습니다.

여러분은 이 세상에 태어나 진품으로 살고 싶습니까, 아니면 짝퉁으로 살고 싶습니까? 자녀가 있다면 내 아이가 진품으로 살기를 바라나요, 아니면 짝퉁으로 살기를 바라나요? TV에 나오는 연예인이 너무 멋져 보여서 '나'다운 삶이 아닌 '그 연예인'처럼 살려 한다면 그 자체로 짝퉁 인생이 될 수밖에 없습니다. 하지만 나 자신 그대로 진실하게, 즉 진정한 나(true self)로 살면 그 자체로 진품입니다.

물론 롤모델을 설정하고 그 사람의 본받을 점을 배워서 닮으려 노력할 수도 있겠죠. 하지만 내가 아닌 그 사람이 되려고 할 필요는 없습니다. 자신의 고유한 성격이나 특성까지 부정하면서 타인을 닮아갈 필요는 없다는 뜻입니다. '나' 아닌 다른 누군가가 되려는 노력은 필요 없는 정도가 아니고 스스로를 짝퉁으로 만드는 해가 되는 행동입니다. 진정한 '나,' 진실한 '나'가 아닌 다른 사람처럼 사는 삶은 행복할 수 없습니다. 하루 종일 그런 가면을 쓰고 사는 삶을 생각해보세요. 얼마나 피곤할까요?

제가 앓고 있는 만성피로증후군과 자율신경계 장애의 주요 증상이 바로 '병적인 피로감'입니다. 아픈 후부터 저는 그야말로 에너지가 바닥난 상태로 살아야 했어요. 그러다 보니 에너지를 소모하는 것들에 더 민감해졌습니다. 남의 기준에 맞춰 '이렇게 보여야 하는데', '이런 내가 되어야 하는데'라는 생각과 그에 따른 행동은 많은 에너지를 소모합니다. 이런 생각에 휩싸여 있다 보면 늘 피곤하고 고단할 수밖에 없습니다.

더 잘나 보이고 싶고 더 있어 보이고 싶은 마음은 당연히 이해할 수 있습니다. 단점은 최대한 감추고 싶은 마음도 이해합니다. 하지만 이 세상에 단점이 없는 사람은 한 명도 없습니다. 결국 진정한 '나'는 강점과 약점을 함께 갖고 있죠. 그런데 모든 성향은 동전의 양면 같아서 상황에 따라 강점이라고 생각했던 부분이 약점이 되고, 약점이라 여겼던 부분이 강점이 되기도 합니다. 한 예로 저는 기억력이 매우 안 좋습니다. 대신 속상한 일도 오래 곱씹지 않습니다. 금세 잊어버리니까요. 이렇듯 약점이 강점이 되기도 합니다.

우리는 보통 자신의 약점을 포장하거나 감추어야 더 가치 있는 사람이 될 거라고 생각합니다. 하지만 그렇게 하면 진정성이 떨어질 수도 있어요. 제가 사람들에게 자주 하는 말이 "자신의 단점을 보듬어 안으세요(Embrace your weaknesses)"입니다. 자신의 약점을 있는 그대로 받아들이고 품어주라는 말입니다. '이런 내 약점 때문에 못 살겠어'가 아니라 '이런 약점이 있는 나라도 괜찮아'라고 말해주는 겁니다. 내가 나 자신에게 '괜찮아(good enough)'라고 하는데, 어느 누가 뭐라고 할 수 있겠어요? (이는 뒷부분에 나오는 호두 까기 요법과 상통하는 것이기도 합니다.)

그렇게 강점과 약점을 다 포함해서 나를 있는 그대로 포용하면 남의 시선에 얽매이지 않고 내 삶을 좀 더 자유롭게 살아갈 수 있습니다. 당신은 당신 자체로 충분히 괜찮은 사람입니다. '이런 내가 되어야 해'라며 스스로를 채찍질하기보다는 있는 그대로의 나를 끌어 안아주세요. 우리는 있는 모습 그대로 소중하고 가치 있는 사람이니까요.

인생 항해의 방향키를 가진 사람은 누구인가

"그러면 남들 보기에 안 좋아", "그렇게 하면 다른 사람들이 욕해" 같은 말을 자주 들었을 겁니다. 실제로 사람들은 다른 사람에 대해 이러쿵저러쿵 말이 많기도 합니다.

조금만 행동이 느려도 "너는 왜 그렇게 느려 터졌냐"라고 타박하고, "살은 왜 그렇게 쪘냐", "옷이 그게 뭐냐"라며 지적질을 해 댑니다. 길을 지나가는 생면부지의 사람도 예외가 아닙니다. 저런 체형이면 저렇게 옷을 입으면 안 된다며 즉각적인 평가와 비판의 시선을 보냅니다.

여러분은 자신의 귀한 에너지를 다른 사람들을 신경 쓰는 데 낭비하고 싶나요? 남의 시선을 살피고 거기에 맞춰 사는 데 에너지를 쏟다 보면 정작 나를 위해 진짜 필요한 일, 더 중요한 일에 쏟을 에너지가 부족해집니다.

저는 〈닥터지하고〉 유튜브 채널의 구독자분들을 '캡틴스'라고 부릅니다. '캡틴(captain)' 하면 팀의 주장 또는 배의 선장을 뜻하지요. 내 인생의 항해에서 캡틴, 선장은 바로 나 자신입니다. 다른 사람이 내 배의 캡틴으로 행세하도록 내버려두지 마세요. 저도 남들이 제가 하려는 일에 대해 이리저리 평가하고 비판하는 것을 경험해보았습니다. 속상함이 며칠을 가더군요. 저는 그럴 때마다 '내 삶의 선장은 나야'라며 스스로를 다독입니다. 그러고는 제가 가고자 하는 길로 꿋꿋이 갑니다. 다른 사람이 내 배에 와서 '캡틴질'을 하도록 놔두지 않는 거지요.

자녀를 키우다 보면 아이가 다른 사람의 시선 때문에 상처받고 와서 속상한 마음을 털어놓을 때가 있습니다. 예를 들어볼게요. "엄마, 학교에 이렇게 입고 갔더니 민이가 나보고 촌스럽대." 그럴 때는 아이의 마음에 공감해주고 이렇게 말해보세요. "에고, 그런 말을 들어서 속상했구나. 그런데 민이가 너의 대장이야?" 아이가 생각해보고 대답할 때까지 기다려준 다음 "그렇지, 네가 너의 대장이야. 그러니까 민이가 아니라 네가 마음에 드는 옷을 입으면 되는 거야"라면서 다독이는 겁니다.

혹시 자신이 자녀 인생의 캡틴이라고 착각하는 부모님이 계신가요? 아이가 자라면 자신의 배를 띄워 스스로 자기 인생의 캡틴이 되어야 한다는 것을 잊지 마세요. 부모의 역할은 자녀의 인생배가 어디를 항해할지 알려주는 데 있지 않습니다. 자녀 스스로 길을 찾아가도록 지도와 나침반 보는 법을 가르쳐주는 데 있습니다. 즉 삶을 살아가는 데 필요한 가치와 마음자세를 가르쳐주는 것이 부모의 중요한 역할입니다. 궁극적으로 어디로 항해할지 결정하는 것은 아이의 몫이니까요.

여기서 하나 주의할 점은 자신의 뜻에 진실하다는 '진정성'을 지나치게 강조하다 보면 남을 배려하지 않고 제멋대로 하는 '방종'으로 이어질 수 있다는 점입니다. 심리학자이자 작가인 애덤 그랜트(Adam Grant)는 "공감 없는 진정성은 이기적이며, 제한 없는 진정성은 방종이다(Authenticity without empathy is selfish. Authenticity without boundaries is careless)"라고 말했습니다.

잊지 마세요. 여러분이 여러분 인생의 캡틴이듯 여러분 옆에 있는 누군가도 자기 인생의 캡틴입니다. 자신의 가치를 잊지 말되, 다른 사람의 가치도 존중해주세요. 남이 내 배에서 캡틴질을 하면 안 되듯 내가 남의 배에 가서 캡틴질을 하는 것도 금물입니다.

오랜만에 동창회에 나갔더니 내가 제일 못사는 것 같고, 실패한 인생 같아 속상했던 적이 있나요? 저 역시 그랬어요. 동료 교수들은 승진도 빨리하고 논문도 많이 발표하는데 저만 뒤처진 것처럼 느껴질 때가 있었습니다. 내가 가진 것, 내가 이룬 것이 나의 가치라고 생각하면 이런 마음은 더 심해집니다.

현대인들은 내가 무언가를 해내야만 의미 있다고 여기는 경향이 있습니다. 이와 관련해 유명 저자이자 동기부여 강사인 웨인 다이어(Wayne Dyer)는 "나는 무엇을 하는 사람이 아니라 존재하는 사람이다(I'm a human being, not a human doing)"라고 표현했습니다. 우리도 자신을 '하는 사람(human doing)'으로 인식하기보다 '존재하는 사람(human being)'으로 인식해봅시다. 우리는 모두 존재 자체만으로도 존중받아야 할 절대적 가치가 있는 사람이니까요. 나의 '성취'가 곧 나의 '가치'는 아닙니다.

자신의 변함없는 절대적 존재 가치를 잘 알게 되면, 성취에만 매달리지 않는 자존감 높은 사람이 될 수 있습니다. 그런 사람은 있는 그대로의 자신을 진정성 있게 보여줄 수 있습니다. '~체'하는 걸 버리고 좀 더 진솔해지고 자유로워지는 겁니다.

여러분도 이제 남들의 시선과 세상의 기준으로 스스로를 옭아매던 사슬을 용기 있게 끊어버리기를 바랍니다. 다른 누군가가 되려는 짝퉁 인생이 아닌 진정한 나로서 진품 인생을 살아가기를 바랍니다. 내가 가고 싶은 곳을 향해 자유롭게, 나답게 마음껏 항해하길 바랍니다.

프레임을 바꾸면
전혀 다른 내가 보인다

: ADHD가 갖고 있는 놀라운 양면성

요즘 ADHD(attention deficit hyperactivity disorder) 이야기가 많이 들립니다. 이는 '주의력 결핍 과잉행동 장애'를 말하는데, 여기서 '주의력 결핍'이란 말은 아주 정확한 표현은 아닙니다. 주의력이 전반적으로 부족하다기보다는 분배가 적절히 되지 않는다고 보는 것이 더 적절합니다. 뇌에서 무엇에 주의를 기울여야 하고 무엇에 집중하지 말아야 할지를 판단하고 조절하는 능력이 부족한 것입니다. 즉 '집중력 분배와 조절의 이상'이라 할 수 있습니다.

증상 중에 과잉행동(hyperactivity)은 신체적인 움직임이 과도한 성향입니다. 대체로 여아보다는 남아에게서 더 현저하게 나타나고 성장하면서 점차 줄어드는 경향을 보입니다. 흔히 과잉행동과

157

함께 나타나는 것이 충동성(impulsivity)입니다. 과잉행동과 충동성으로 인한 문제 때문에 진료실을 찾는 경우가 많습니다.

ADHD는 주로 아동기에 진단되지만 최근에는 성인 ADHD에 대한 관심도 높아졌습니다. 본인이 성인 ADHD 환자임을 밝히는 분들도 많아졌고요. 하지만 ADHD는 발달 과정에서 발현되는 장애이기 때문에 어릴 때 없던 증상이 어른이 되어 갑자기 생기지는 않습니다. 아동기에 시작된 ADHD 증상이 성인이 되어서도 일상생활에 지장을 줄 정도로 남아 있는 경우 성인 ADHD라고 진단합니다.

어느 초등학생 ADHD 환자 이야기

ADHD를 겪고 있는, 제가 잘 아는 여자 초등학생 이야기를 들려드리려 합니다.

이 아이는 학업 성취도는 좋은 편이지만 쉽게 지루해하고 잡생각이 많습니다. 혼자만의 생각에 빠져 다른 사람 말을 듣지 못할 때도 많지요. 그러다 보니 놓치는 것도 많습니다. 기억해야 할 것도 맨날 잊어버려요. 엄마가 콩나물을 사오라고 심부름을 보내도 가는 동안 까먹습니다. 학교에 교과서를 안 가져가는 일도 부지기수입니다. 그런 일이 하도 많아 선생님이 교과서를 그냥 학교에 두고 다니라고 할 정도지요. 숙제도 다 해놓고 안 가져갑니다. 당연히 물건을 잃어버리는 일도 흔합니다. 책가방 자체를 어디다 됐는지 잊기도 합니다.

수업 시간에는 그래도 좀 앉아 있지만 수업만 끝나면 창틀을 타고 올라가고, 집에서는 문틀이나 각종 가구에도 막 기어오릅니다. 놀이터에서는 나무 타기를 즐기고, 미끄럼틀에 오르면 타라는 미끄럼은 안 타고 그냥 뛰어내려요. 하루가 멀다 하고 다치고 깨집니다. 여기저기 멍과 상처투성이입니다. 또 말이 무척 많고, 남의 말을 찬찬히 듣는 것을 어려워하는 수다쟁이입니다. 다른 사람이 말하는 중간에 끼어들기도 하고, 자신의 차례를 기다리지 못해서 다른 사람의 활동에 간섭하기도 합니다. 정리정돈도 잘 못합니다. 남들이 보면 집에 도둑이 들었나 싶을 정도로 방이 엉망진창입니다.

부산하기 이를 데 없고 난리법석인 이 아이의 이름은 바로 '지나영'입니다. 어릴 적 제 모습이 바로 이랬습니다. 그런데 가만히 생각해보세요. 주변에 이런 아이 하나쯤은 꼭 있지 않나요?

사실 ADHD 성향을 가진 사람은 생각보다 꽤 많습니다. 학령기 아동의 경우 10명 중 한 명, 어른의 경우는 20명 중 한 명 정도가 ADHD 진단 기준에 부합한다고 알려져 있습니다. 실제로 ADHD 증상 체크 리스트를 받아보면 '어, 나도 이런데' 하는 분들이 굉장히 많을 겁니다. 하지만 증상이 있다고 해서 다 ADHD로 진단되는 것은 아니에요. 보통보다 증상의 빈도와 강도가 훨씬 높고 일상생활에 상당한 문제를 초래하는 경우에 ADHD 진단이 고려됩니다.

주의력 부족 이면에 숨겨진 놀라운 장점

사실 모든 성격적 특성에는 동전의 양면처럼 장점과 단점이 함께 있습니다. 맥락에 따라 장점이 단점이 되고 단점이 장점이 되기도 하고요. 그런데 우리는 주로 단점에 집중합니다. 믿기 어려운 분도 있겠지만, ADHD의 특성도 찬찬히 하나하나 살펴보면 놀라운 장점이 숨어 있습니다.

ADHD 성향을 가진 사람들은 지루함을 잘 느끼고 한 가지 생각을 오래 지속하지 못하는 반면, 자신에게 맞는 무언가를 찾으면 놀라운 집중력을 보이기도 합니다. 다른 걸 가르쳐주면 집중하지 못하고 산만하기 이를 데 없지만, 관심 있는 분야를 배울 땐 물 만난 물고기처럼 초집중(hyperfocus)할 수 있습니다.

아이러니하게도 제가 기르는 개도 전형적인 ADHD 성향이어서 단 1분도 가만히 있지를 못합니다. 그런데 다람쥐나 토끼, 새를 발견하면 사냥개의 본능이 살아나 동상처럼 꼼짝하지 않고 오랜 시간 주시합니다. 얼마나 몰입하고 초집중하는지 놀라울 정도입니다.

주의력 부족은 잡생각이 많고 생각이 빠르게 계속 바뀐다는 특성으로도 나타납니다. 그런데 세상에 없는 새로운 것을 발명한 사람들은 아이디어가 많은 사람입니다. 떠오른 수천수만 가지 아이디어 가운데 한두 가지가 성공하는 것이죠. 그러니까 잡생각이 많다는 것은 그중에 한두 가지 기발한 생각이 있을 수 있다는 뜻이고, 그것이 성공할 가능성이 있다는 뜻도 됩니다. 그러니 잡생각이 꼭 쓸데없는 생각은 아닌 거지요.

이들은 잡생각이 많은 만큼 말도 많고 엉뚱한 소리도 잘합니다. 주변에 그런 아이가 있다면 "뭐 그런 쓸데없는 생각을 하고 있어?"라고 윽박지르기보다는 "굉장히 창의적이고 특이한 생각을 했구나. 발상이 좋네. 기발하다"라고 얘기해주세요. 그러면 아이는 '내 생각이 괜찮구나'라는 느낌을 받으며 자라게 될 것입니다. 훗날 엄청난 발명을 하거나 혁신을 일으키는 사람이 될지도 모르죠.

주의력이 부족하면 정리정돈을 잘 못하는 특성이 있는데, 여기에 좋은 면이 있을까요? 인생을 살아갈 때 내가 놓이게 될 환경을 한번 생각해보세요. 내가 원하는 대로 모든 것이 잘 정리되어 있고, 필요한 것을 바로 찾을 수 있는 경우가 많을까요? 아니면 내가 원하는 방식으로 정리되어 있지 않아 어수선하고 준비도 잘 되어 있지 않은 환경에서 문제를 해결해야 하는 경우가 많을까요? 특히 세상은 혼자 사는 곳이 아니기 때문에 후자가 더 흔한 경우라는 감이 쉽게 오지요.

주변이 지저분하고 엉망진창인 이들이 갖는 장점은 열악한 환경이 주어져도 잘 적응할 수 있다는 것입니다. 세상 어디에 보내놓아도 별로 힘들어하지 않고 살아남을 적응력이 있는 거죠. 지저분하거나 정리가 안 되어 있어도 별 문제가 되지 않습니다. 제 경우 에베레스트 베이스캠프 등정을 갔을 때 며칠씩 씻지 못한 채 헛간 같은 곳에서 자고, 화장실도 분뇨가 넘쳐나는 재래식이었지만 잘 견뎌냈습니다. 그러니 방 정리 잘 못하는 아이를 크게 혼내거나 혹은 정리정돈을 못한다고 스스로를 괴롭히지 않았으면 합니다.

물론 어떻게 하면 더 쉽고 편리하게 정리정돈을 할 수 있는지 유용한 팁을 가르쳐주는 것은 도움이 될 수 있습니다. 이와 달리 방을 늘 깔끔하게 정리하라고 요구하면 그것은 엄청난 정신노동이 됩니다. 물론 사회나 조직의 구성원으로서 피해를 줄 정도가 되어서는 안 되겠죠. 거실, 화장실, 사무실 등 다른 사람과 함께 사용하는 장소는 당연히 정리도 하고 청소도 해야 합니다. 하지만 자신만의 공간까지 항상 깔끔하게 정리하라고 요구하면 지키기가 상당히 어렵습니다. 그뿐만 아니라 큰 스트레스가 되고 관계에서 갈등을 초래할 수 있습니다.

건망증이 심해서 물건을 잘 잃어버리는 것에는 장점이 없을 것 같죠? 놀랍게도 장점이 있습니다. 맨날 물건을 잃어버리고 허둥지둥하는 아이는 그 물건이 없어도 일을 해결하는 법을 자라면서 자연스럽게 배웁니다. 문제해결력(problem solving)과 임기응변(resourceful)이 는다고 할까요? 교과서가 없으면 친구와 함께 보고, 연필이 없으면 필기를 하지 못하니까 더 집중해서 듣습니다. 실내화가 없으면 양말만 신고 지내도 된다는 것을 경험으로 알기에 별로 힘들어하지 않습니다. 돌발 상황에 순발력 있게 대처하고, 창의적으로 문제를 해결하는 능력이 생깁니다.

그렇게 어른이 되면 어떤 일을 하다 예상치 못한 문제가 생겨도 크게 당황하지 않고 '어떡하든 해낼 수 있다', '무슨 일이 생겨도 헤쳐갈 수 있다'라는 단단한 마음을 갖게 됩니다. 저도 이런 경험을 많이 했기 때문에 '하늘이 무너져도 솟아날 구멍이 있다'는 마음가짐으로 돌발 상황에 대체로 침착하게 대처하는 편입니다.

과잉행동과 충동성의 이면에 있는 장점

과잉행동에는 어떤 장점이 있을까요? ADHD가 있는 사람들은 행동이 과할 뿐 아니라 에너지도 많고 열정이 넘칩니다. 그래서 이들은 자신과 잘 맞는 분야를 찾기만 하면, '물 만난 물고기'처럼 탁월한 잠재력을 발휘할 수 있습니다. 사실 사람은 누구나 잠재력이 있습니다. 하지만 대부분 그걸 다 발휘하지 못하고 살아갑니다. 그런데 ADHD가 있는 경우 그 '물'을 찾기만 하면 쉬지 않고 밀어붙일 수 있는 열정과 에너지가 있기에 자신의 잠재력을 더 활짝 펼칠 수도 있습니다.

마지막으로 충동성이 있습니다. 일반적으로 사회에서 가장 문제를 많이 일으키는 것이 바로 충동성입니다. 자기 순서가 올 때까지 못 기다려서 남이 하고 있는 것에 끼어들고, 하고 싶은 것을 당장 못 하게 하면 난리가 납니다. 이러한 경우에는 타이머를 놓고서 기다리는 시간을 점차 늘려가는 연습을 하고, 호흡하거나 숫자를 세는 등 충동성을 조절하는 행동치료를 지속적으로 진행해야 합니다.

그런데 좋은 점이라고는 없을 것 같은 충동성에도 장점이 있습니다. 사람들은 대체로 새로운 것이나 잘 모르는 것을 시도할 때 주저합니다. 위험할 수도 있고 자칫 실패할 수도 있으니까요. 그런데 충동성이 있는 사람은 그런 주저함이 덜합니다. 오히려 너무 없어서 탈이죠.

앞서 설명했지만 이 과잉행동과 충동성은 뇌가 발달함에 따라 조금 완화되어 어른이 되면 어느 정도 조절이 되기도 합니다. 그래도 이러한 기질을 가진 사람들은 새로운 것에 도전할 때 다른 사람보다 덜 망설이고 과감하게 뛰어드는 성향을 보입니다.

이제 한번 종합해볼까요? ADHD의 성향을 가진 사람이 건강하게 성장해서 어른이 되면 어떤 모습일까요? 우선 아이디어가 많습니다. 그리고 좋은 아이디어가 떠오르면 일단 해봅니다. 다른 사람이 망설이는 사이에 먼저 시도해봅니다. 에너지가 많은 데다 자신이 관심 있고 좋아하는 분야를 만나면 높은 추진력을 갖고 열정적으로 몰입합니다.

어때요? 벤처 기업가가 떠오르지 않나요? 원래 정리정돈이 안되는 사람이니 어떤 혼란스러운 상황이 생겨도 적응할 수 있습니다. 게다가 모든 게 잘 갖춰져 있지 않아도 창의적으로 문제해결을 할 수 있습니다. 획기적인 신상품, 신기술을 만들어내는 이노베이터(innovator), 즉 혁신가가 될 수도 있겠죠. 또 왕성한 신체적 활동력으로 운동선수나 오지 탐험가가 될 수도 있습니다.

이렇게 정리하고 보니 ADHD의 성향을 갖고 있다는 게 그리 나쁜 것만은 아니라는 생각이 들지 않나요? 조금 억지 같다고요? 우리 사회에서 ADHD 성향이 있는 사람들이 이런 강한 잠재력을 잘 펼치지 못하는 것은 잠재력이 부족해서가 아니라, 자라면서 부정적인 피드백을 지속적으로 받았기 때문은 아닐까요?

숨어 있던 잠재력을 발견하는 기회

사실 ADHD라는 한 가지 진단으로 표현하지만 사람마다 나타나는 증상과 그 정도는 천차만별입니다. 저마다의 특성을 살피고 단점을 보완해주고 이면의 장점을 찾아 독려할 필요가 있습니다. 그런데 어떻게 자신과 아이의 장점을 발견해야 할지 모르겠다는 분이 많습니다. 우선 지금까지 자신을 규정해왔던 틀(frame)을 바꿔야 합니다. 나와 내 아이가 어떤 사람인지 좀 더 긍정적인 눈으로 바라보아야 합니다. 앞서 말씀드렸듯 그 어떤 특성도 온전히 좋기만 하거나 온전히 나쁘기만 한 것은 없습니다.

'나에게 이런 장점이 있었네. 이걸 살릴 방법을 찾아볼까?' '이럴 때 나는 집중을 잘하는구나. 이런 상황을 더 만들어보자.' 그러면 답답하고 조급했던 마음이 조금은 편안해지고, 미처 발견하지 못했던 장점들이 하나둘 눈에 들어올 겁니다. 그것을 더 살리고 장려해준다면 숨어 있던 잠재력을 펼쳐낼 수 있습니다.

한국에서는 자녀가 ADHD 진단을 받으면 부모가 절망에 빠지는 경우를 많이 봅니다. '이제 우리 아이 인생은 망한 거 아닌가' 걱정하는 거죠. 하지만 앞서 살펴보았듯이 ADHD 증상들도 달리 보면 인생을 살아가는 데 장점이 될 수 있습니다. 제가 어디를 가든 ADHD 진단을 받았다는 사실을 밝히는 이유도 여기에 있습니다. ADHD가 있어도 잠재력을 발휘하는 삶을 살 수 있다고 알려 드리고 싶어서입니다.

실수할 때마다 '이 바보야, 어떻게 이런 것도 제대로 못 해?'라며 자책했다면 지금의 제가 있을 수 있을까요? 그럴 때마다 저는 저의 장점을 찾아 잠재력을 더 키우려고 노력했습니다. '내가 이 부분은 좀 약하지만 다른 사람에게 공감을 잘하잖아.' '나는 환자를 참 잘 봐.' 이런 식으로 스스로를 보는 프레임을 긍정적인 방향으로 변화시키면서요. 이처럼 상황을 바라보는 틀을 바꾸는 것을 리프레임(reframe)이라고 합니다.

제가 이렇게 할 수 있었던 것은 자라면서 부모님에게서 "너 이래서 어떻게 살래?" 같은 비난 섞인 우려의 피드백을 받아본 적이 없기 때문입니다. 제가 심한 건망증으로 등교할 때 신발 주머니나 도시락 가방 등을 집에 두고 가서 다시 오면 부모님은 야단치지 않으셨습니다. 오히려 웃으시면서 "그래, 두세 번은 다시 와야 우리 나영이지"라고 하셨습니다.

덧붙이자면 아버지도 같은 성향이어서 차 키나 우산, 목도리, 외투 등을 계속 잃어버리셨어요. 그러니 저를 나무랄 상황이 아니었던 탓도 있을 거예요. 저는 허둥지둥 학교에 가느라 안 챙긴 것들이 많았지만, 기분은 늘 좋았습니다. '나는 괜찮은 사람, 사랑받는 사람이고, 세상을 이렇게 살아가면 되는구나'라고 생각했습니다. 만일 우리 부모님이 "중학생이나 돼서 이런 것도 제대로 못 챙기냐? 한두 번도 아니고 너 땜에 못 살아! 이래서 세상 어떻게 살아가려고 그래?" 같은 피드백을 늘상 해주셨다면 저는 어떤 사람으로 자랐을까요?

세계적으로 유명한 수영선수 마이클 펠프스(Michael Phelps), 체조선수 시몬 바일스(Simone Biles), 한국의 가수 박봄도 ADHD 진단을 받았다고 합니다. 하지만 이들은 본인이 좋아하고 적성에 맞는 일을 찾아 엄청난 에너지와 열정으로 뛰어난 집중력을 발휘했고, 결국 큰 성취를 이루었습니다.

게다가 이제는 세상이 많이 달라졌어요. 여러분과 우리 아이들이 살아갈 미래에는 ADHD가 있는 사람들이 보이는 창의적인 아이디어, 적응력, 문제해결력, 높은 에너지와 동력, 열정, 도전정신, 용기 등 그 장점들이 빛을 발할 기회가 더 많을 것입니다.

여기서는 ADHD의 장단점에 대해서 알아보았지만, 모든 성향에는 장단점이 있다는 것을 기억하기 바랍니다. 그러니 긴 인생을 살아갈 때, 어떤 점이든 자신이 못하는 것을 평균으로 끌어올리려 노력하기보다는 잘하는 것을 탁월하게 향상시키는 데 집중했으면 합니다. 물론 단점이 나의 발목을 잡지 않을 정도로는 보완해야겠지요.

자신이 어떤 성향을 갖고 있든 이제 자신을 바라보는 프레임부터 좀 더 긍정적으로 바꿔보길 바랍니다. '나는 정말 장점이 많은 사람이야'라고 자신에게 말해주세요. 그러고는 내가 가진 특성이 장점이 될 수 있는 환경을 찾아보세요. 그전에는 보이지 않던 숨어 있던 잠재력이 혜성같이 모습을 드러낼지도 모르니까요.

Part 3

상대가 나를 어떻게 대할지 알려주는 사람은 바로 나

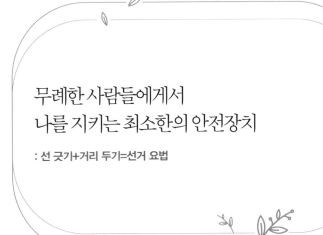

무례한 사람들에게서
나를 지키는 최소한의 안전장치

: 선 긋기+거리 두기=선거 요법

최근에 차를 자율주행차로 바꿨습니다. 운전만 하면 몸이 녹초가 되어 내린 결정입니다. 직접 운전할 때보다 덜 피곤한 것을 보니 효과가 있는 모양입니다. 그러다 문득 이런 생각을 했습니다. '인간관계에도 자율주행 모드 같은 것이 있으면 얼마나 편할까?' 함부로 선을 침범하지 않고 적절한 거리를 유지해주며 장애물은 알아서 피해주는 그런 관계의 안전장치 말입니다.

이 세상은 혼자서는 살 수 없고 다른 사람과 합을 맞춰 살아가야 하기에 인내심과 이해, 그리고 꾸준한 노력이 필요합니다. 세상에 쉽기만 한 관계는 하나도 없으니까요. 아무리 사랑하는 사이라도, 눈에 넣어도 아프지 않을 것 같은 내 자식이라도 또는 비슷한 유전자를 갖고 태어난 형제자매조차도 가끔은 외계에서 온 것처럼 말이 안 통하고, 때때로 '웬수' 같아 보입니다.

가는 말이 고우면 오는 말도 곱고 내가 잘해주는 만큼 상대도 잘하면 좋겠지만, 관계의 역학은 그렇게 단순하지 않습니다. 살다 보면 나를 존중하지 않는 말과 행동을 반복적으로 하는 사람, 호의가 계속되면 권리로 여기는 사람, 권력이나 지위를 이용해 서슴없이 갑질을 하는 사람과 맞닥뜨릴 때가 있습니다.

이런 이들을 상대할 때면 가슴이 갑갑해지고 자존감에 시퍼런 멍이 들기도 합니다. 부당한 대우를 받고도 제대로 항의조차 못 하고 참아야 할 때는 억울함과 스트레스가 절정에 이릅니다. 그 때문에 실제로 화병 같은 몸과 마음의 병이 생기기도 합니다.

건강한 관계를 위한 적절한 선 긋기와 거리 두기

우리가 겪는 상처와 스트레스는 대부분 다른 사람과의 관계에서 비롯됩니다. 오죽하면 "타인은 지옥이다"라는 말이 있을까요. 실제로 정신과 진료를 하다 보면 관계에서 오는 괴로움과 스트레스가 다른 요인으로 인한 스트레스보다 강도가 세다는 걸 알 수 있습니다. 즉 명절에 할 일이 많아서 받는 스트레스보다 시댁 식구들의 지적질이 주는 스트레스가 더 크고 괴로운 것이지요. 타인과의 관계에서 일어나는 일방적인 희생과 헌신, 지나친 정신노동, 아픈 상처의 덧남 때문에 몸과 마음이 피폐해진 사람도 많습니다.

장녀이자 맏며느리인 혜영 씨는 책임감이 강해서 시댁과 친정 양쪽 모두를 잘 챙기려고 늘 애를 썼습니다. 하지만 이제는 너무 힘들고 지쳐서 착한 딸, 착한 며느리 역할을 다 그만두고 싶다고 합니다. 그녀를 무엇보다 힘들게 하는 사람은 바로 시어머니입니다. 워킹맘으로 일하면서도 명절과 제사뿐 아니라 시댁 대소사까지 챙기려 노력하는데, 돌아오는 것은 막말뿐입니다. "아무리 바빠도 그렇지, 넌 엄마가 돼서 애들한테 이런 걸 먹이냐", "몇 푼이나 번다고 그러냐", "친정에서 도대체 뭘 배웠냐" 같은 말을 수시로 듣습니다. 그럴 때마다 마음이 상하고 자괴감도 몰려옵니다.

게다가 친정 동생이 목돈을 빌려 달라고 했는데 사정이 여의치 않아 거절했더니 동생과도 관계가 서먹해졌습니다. 결혼한 뒤에도 매달 친정에 경제적인 도움을 주고 있는데, 친정 식구들이 당연하게 여기는 듯해서 속상하다고 합니다.

아이러니하게도 우리에게 가장 큰 상처와 아픔을 주는 것은 생판 모르는 남이 아니라 사랑하고 아끼는(혹은 아껴야 할) 사람들일 때가 많습니다. 부모, 형제자매, 자녀, 배우자, 애인, 시댁 식구처럼 가까운 관계가 꼬이면 더 풀기 어렵고 상처도 크게 남습니다.

이렇게 우리 마음을 지옥으로 만들기도 하는 관계의 굴레에서 벗어날 방법은 없을까요? 어떻게 하면 나를 지키면서도 상처를 주고받는 일 없이 건강한 관계를 유지할 수 있을까요? 그럴 때 필요한 것이 '선거 요법'입니다. 여기서 선거는 '선 긋기'와 '거리 두기'를 합친 말입니다.

누군가 반복해서 나를 존중하지 않는 언행을 하고, 그 일로 내 마음이 괴로울 때 상대에게 먼저 지켜야 할 '선'을 명확히 그어주는 겁니다. 그런데도 선을 계속 넘어오면 적절한 '거리'를 두는 것이지요. 이는 관계의 안전장치에 해당합니다. 운전할 때 차선을 지키고 차간 거리 유지가 필요하듯 이것만 잘해도 관계 문제로 인한 대형 사고는 피할 수 있습니다.

누군가 내게 무례한 말을 하면 '어, 이 사람 선 넘네' 하는 마음 속 경고등이 켜질 거예요. 그런데 선을 넘는 말 중에도 나에 대한 애정이 그 근원에 있는 경우가 있습니다. "살을 조금만 더 빼면 보기 좋을 텐데." "얼른 결혼해야지. 그러다 아무도 안 데려갈라." 부모님께 흔히 듣는 이러한 애정 어린 잔소리들이 해당하겠죠. 이런 말에 일일이 예민하게 반응하는 것은 나의 소중한 에너지를 낭비하는 일입니다. 그러니 웬만하면 좋은 뜻으로 해석하고 가볍게 넘기는 것도 나쁘지 않습니다.

그러나 상대가 나를 존중하지 않고 가치를 깎아내리며 함부로 대하는 경우라면 이야기가 달라지죠. 일방적인 희생과 헌신을 지속적으로 요구하는 경우에는 적극적인 선거 요법이 필요합니다.

상대가 나를 어떻게 대할지 알려주는 사람은 바로 나
영어 표현 중에 "사람들이 너를 어떻게 대할지는 네가 가르치

174

는 것이다(You teach people how to treat you)"라는 말이 있습니다. 제품 사용 설명서처럼 나를 어떻게 대할지를 다른 사람에게 '구체적으로' 설명하고 가르쳐줘야 한다는 뜻입니다. 처음 이 표현을 들었을 때 머리를 한 대 맞은 것 같았습니다. 누군가 나를 존중하지 않는 처사를 계속하고 있다면 그 사람이 나쁜 사람일 수도 있습니다. 하지만 내가 상대에게 나를 어떻게 대해야 할지 잘 가르쳐주지 못했기 때문일 수도 있음을 처음 깨달았죠.

지금은 많이 달라졌지만 신혼 초에는 저도 남편과 많이 다투었습니다. 서로 언쟁을 벌이는데 남편이 버럭 하고 소리를 지를 때가 간혹 있었어요. 평소에는 과묵한 사람이라 큰 충격으로 다가왔습니다. 그때마다 소리 지르지 말라고 요청했으나 "소리 안 지르고 싸우는 사람이 어디 있느냐"며 소리 지르는 걸 좀처럼 고치지 못했습니다. 그제야 그가 언성을 높이는 상황을 내가 '허용'하고 있기 때문에 그 행동이 반복해서 일어나고 있음을 깨달았죠.

그 후 적절한 때를 골라 남편에게 이렇게 알려주었습니다. "나는 나를 존중하기 때문에 다시는 누가 나한테 소리 지르는 상황에 나를 두지 않을 거야. 또 당신이 소리를 지르는 상황이 온다면 그 자리를 떠나겠어. 그러니 화가 나더라도 언성을 높이는 말아줘." 남편에게 단호하고도 분명하게 선을 그으며 나를 어떻게 대해야 하는지 구체적으로 가르쳐주었죠. 저의 '선 긋기' 혹은 '경고'가 꽤나 강력했는지 그 뒤로 남편은 제 앞에서 언성을 높인 적이 거의 없습니다.

175

앞서 언급한 혜영 씨의 경우처럼 어느 한쪽이 일방적인 수고를 지속한다면 이는 '나의 수고와 자본은 무료 서비스야'라는 메시지를 주는 셈입니다. 그러다 보면 가족들은 점점 혜영 씨의 헌신을 당연시할 뿐 아니라 오히려 더 해주지 않는 것을 서운해할 수도 있습니다.

그러니 지금이라도 자신의 희생이 무한대로 계속되는 무료 서비스가 아님을 가족들에게 가르쳐주고 선을 그어야 합니다. 물론 가족에게 선거 요법을 하기는 쉽지 않습니다. 하지만 아무리 가족이라도 나를 희생해가면서 계속 상대를 만족시키고 행복하게 해줄 의무는 없습니다. 그런 상황이 그대로 지속되는 것은 상대방에게도 독이 됩니다. 남을 존중하지 않는 행동을 계속하는 것은 그 사람에게도 건강한 일이 아니니까요.

선 긋기로 인해 일시적으로 갈등이 고조되더라도 서로를 존중하며 이해하는 관계로 재설정하는 것은 결국 모두에게 바람직한 선택입니다. 그러니 자신을 우선 존중하세요. 또한 나 자신이 존중받지 못하는 상황에 계속 자신을 방치하지 않기를 바랍니다.

상대의 무례함를 지적하기보다는 내 감정을 설명하라

그렇다면 구체적으로 어떻게 말하는 것이 좋을까요? 선 긋기에도 어느 정도의 기술이 필요합니다. 우선 아무리 기분이 나쁘더라도 같이 화를 내고 소리를 지르는 등 감정적으로 반응하면

문제해결이 어렵습니다. 그러므로 싸우는 도중보다는 그 후 누그러진 분위기에서 차분하게 말을 꺼내는 것이 좋습니다.

이때 나의 괴로운 감정을 호소하고 내가 원하는 것을 상대에게 요청하는 방식으로 대화를 풀어가는 게 좋습니다. 내가 너무 힘들고 괴로워서 이런 상황이 계속 일어나는 것을 원하지 않는다고 구체적으로 알려주며 선을 긋는 것입니다.

상대의 잘못이나 옳고 그름을 따지는 데 집중하는 것은 효과적이지 않습니다. 자신이 지적받거나 공격받았다고 느끼면 일단 부인하거나 방어하려는 것이 자동적인 심리 반응이기 때문입니다. 특히 언쟁 중에 "어떻게 나한테 그렇게 말할 수 있어?"라고 하면 상대는 그 말을 자신에 대한 비난이나 지적으로 듣습니다. 그래서 "그게 뭐가 심한 말이야?"라며 발뺌을 하거나 "네가 이러니까 내가 그런 말을 하지"와 같은 변명을 하기 쉽습니다. 그러니 서로 진정된 후에 "나한테 그렇게 말하면 내 마음이 너무 괴롭고 힘들어. 그러니 앞으로는 서로 존중하는 말을 써주면 좋겠어"라며 고충을 호소하고 개선을 요구하는 말로 선 긋기를 시도해보세요.

"어머니, '너는 친정에서 그렇게 배웠냐' 같은 말씀은 제게 상처가 됩니다. 마음이 많이 아팠습니다. 다음에는 그런 말씀보다는 잘못한 점을 알려주시고, 제가 잘할 수 있게 가르쳐주세요."
"엄마(아빠), 저를 생각해서 하시는 말씀인 줄 아는데요, '네가 그러니까 아직 그 모양 그 꼴이지' 같은 말을 들으면 상처가 돼

177

요. 진로에 대한 부분은 저 스스로 헤쳐나갈 수 있게 옆에서 많이 응원해주세요."

대부분의 사람은 이런 피드백을 들으면 자신의 행동을 돌아보고 다음부터는 주의합니다. 그 자리에서 바로 사과하거나 행동이 드라마틱하게 달라지진 않을 수 있어요. 하지만 이전보다는 여러분을 대하는 태도가 조심스러워질 것입니다. 혹여 상대의 반응이 내가 기대했던 것과 다르다고 해서 실망할 필요는 없습니다. 선 긋기를 해냈다는 것만으로도 마음이 한결 가벼워지고 변화를 위해 주도적으로 행동했다는 것이 뿌듯하게 느껴질 테니까요.

이렇게 잘 설명했음에도 비슷한 일이 또 일어난다면, 선 긋기를 한두 번 정도 더 시도해볼 수 있습니다. 그런데도 상대가 달라지지 않고 여러분을 존중하지 않는 언행을 계속한다면, 그때는 거리 두기를 해야 합니다. 당분간 연락을 자제하거나 만나지 않는 것입니다. 그래도 개선의 여지가 보이지 않는다면 관계를 끊는 최후의 방법도 고려해야겠죠. 내가 가장 존중해야 할 사람은 바로 '나'입니다. 혹여 관계를 포기하더라도 내가 존중받지 못하는 곳에 나를 두지 않을 선택지가 나에겐 있습니다.

물론 선거 요법이 인간관계의 만병통치약은 아닙니다. 하지만 관계에 대해 나의 기준과 원칙을 갖고 있다는 것은 중요합니다. 복잡다단한 관계 속에서 자신의 존엄성을 지키며 주도적으로 인생을 살아가는 데 필요한 최소한의 안전장치이기 때문입니다.

CORE MIND ✿ TRAINING PRACTICE

선거 요법을 실행하기 위해서는 우선 자기 존중을 하며 적절한 선을 긋는 것이 중요합니다. 차분하고 침착한 태도를 유지하며, 자신의 기준과 경계를 명확하게 전달하는 것이 필요합니다.

1. 내가 존중받지 않는 자리에 나를 두고 있나요?
   그렇다면 나를 그 자리에 계속 두지 않을 수 있는 방법을 생각해봅니다.

2. 다른 사람과의 관계에서 상대가 이 부분은 지켜주었으면 좋겠다 하는
   것이 있다면 써봅니다. 그리고 내가 긋고 싶은 선을 생각해봅니다.

3. 선을 그었을 때 생길 수 있는 상황을 생각해봅니다.
   결과가 두렵다면 뜨거운 감자 요법을 참조합니다.

당신은 나를 괴롭힐 수 없습니다, 내가 허락하지 않으므로

: 슬기로운 직장생활을 위한 선거 요법

몇 해 전부터 한국에서 갑질이나 태움 같은 직장 내 괴롭힘이 이슈로 떠올랐습니다. 2019년에는 '직장 내 괴롭힘 금지법'까지 시행되었지요. 안타깝게도 한국의 갑질 문화는 외국 언론에도 'gapjil'이라는 영어 표기로 수차례 보도된 적이 있을 정도로 악명 높습니다.

과도한 업무 자체로도 스트레스가 많은데, 인간관계에서 오는 괴로움까지 더해지면 직장생활은 실로 고역입니다. 아무리 일이 주는 성취감이 크다 해도 사람 때문에 힘들면 기쁨이나 보람을 온전히 느끼기 어렵습니다. 이렇듯 직장생활이 주는 희로애락 가운데는 늘 사람이 있다 해도 과언이 아닙니다.

'아, 내가 진짜 로또 당첨만 되면 내일 당장 저 인간 얼굴에 사표 던지고 나간다!' 이런 생각 한두 번쯤 해본 적 있지 않나요? 상사의 폭언이나 괴롭힘, 동료나 후배들의 은근한 무시나 따돌림…. 이런 갈등과 마찰 등에서 오는 스트레스로 우울과 불안 증상을 호소하며 상담실을 찾는 사람들도 많습니다. 앞서 가족이나 친밀한 관계에서 활용하는 선거 요법을 다루었습니다. 이번에는 조금 더 어려울 수 있는 직장 내에서의 선거 요법에 대해 이야기해보려 합니다.

나에 대한 갑질을 불허하노라

고백하자면 한국에서 인턴생활을 할 때 저 또한 윗사람들에게 치이는 상황을 겪었습니다. 병원에서 제일 말단인 주제에 저는 시키는 대로 고분고분 따르지 않고 의견이 있으면 바로 표현하는 편이었지요. 그뿐 아니라 당시 흔했던 여성 차별적 발언을 들으면 발끈해서 반박하기도 했습니다. 몇몇 레지던트 선배에게 미운털이 잔뜩 박혀 '너 같은 애는 어디 가서 사회생활하기 힘들 거다'라는 식의 암울한 피드백을 받기도 했습니다. 물론 그들의 우려와 달리 저는 지금까지 사회생활을 잘 해오고 있습니다.

사실 제가 그리 일을 잘하는 인턴이 아니었다는 사실은 저도 알고 있습니다. 잠이 많은 체질이라 잠을 못 자고 일한다는 것이 정말 괴롭고 힘들었습니다. 수면 부족 때문에 수술방에서 졸다가 수술 기구를 떨어뜨린 일도 여러 번입니다. "뭐 저런 인턴이 다 있어? 어디서 배워먹은 인턴이야"라는 말을 듣고 쫓겨나 혼자 서러운 눈물을 흘린 적도 있습니다. 물론 생명을 다루는 위급한 현장이니 작은 실수도 용납되지 않는 것이 맞습니다. 하지만 인신공격에 가까운 꾸지람을 반복해서 듣다 보니 제 처지가 서글프고 처량하게 느껴지더군요. 스스로 나는 인턴으로서 재능이 없다고 생각했습니다.

그래도 인턴을 마치고 정신과 레지던트가 되면 잘할 수 있을 거라는 기대감을 품고 있었기에 그 시간을 견딜 수 있었습니다. 만약 그때 제가 선배나 상사들의 평가에 위축되어 수련의 길을 포기했다면 어떻게 되었을까요? 아마 지금의 저는 없겠죠. 혹시 지금 직장 내에서 인간관계 때문에 어려움을 겪고 있다면 '지나영 선생님도 저런 시절이 있었구나' 하며 용기를 내기 바랍니다.

슬기로운 직장생활을 위해서는 먼저 몸값 요법과 뜨거운 감자 요법에 대한 복습이 필요합니다. 나보다 타인의 몸값을 더 높게 매기고 있는 건 아닌지 돌아보기 바랍니다. 상사나 동료들이 여러분에 대해 뭐라고 말하든 자신의 가치를 100돈보다 낮게 매겨서는 안 됩니다. 스스로 자신의 가치를 폄훼하는 마음이 있다면 그것이 태도와 자세에 드러나기 때문에 결국에는 다른 사람에게도 보입니다. 그러니 '당신이 내게 그렇게 말한다고 내가 50돈이 되는 건 아니다', '나는 가치 있는 사람이다(I'm worthy)'라며 자기 자신에게 강력하게 말해주세요.

그러고 나서 움츠렸던 어깨와 허리를 펴고 고개를 바로 들고 당당한 자세를 취해봅니다. 척추를 아래위로 잡아당기듯이 죽 늘려 키를 키워봅니다. 이런 자세는 '난 누가 뭐라 해도 금 100돈이야'라는 메시지를 담고 있습니다.

사실 직장에서 선 긋기를 한다는 것 자체가 쉬운 일은 아닙니다. 말한다고 해도 달라질 것 같지 않고, 괜히 말했다가 인사상 불이익이나 보복을 당하지는 않을까 두려운 마음에 말하고 싶지 않을 수 있습니다. 이러한 걱정들이 바로 '피하고 싶은 뜨거운 감자'에 해당합니다. 불안하고 걱정될 때마다 피하기보다는 심호흡을 하면서 '난 이 상황을 다룰 수 있어(I can handle it)!'라고 말해보세요. 그러면 용기를 내는 데 도움이 될 것입니다.

생각만 해도 떨리고 목소리가 안 나온다고요? 지금 나를 힘들게 하는 그 상황이 한두 번이 아니라 몇 달, 몇 년 계속해서 일어나고 있나요? 만일 그렇다면 이제는 용기를 내어 그 상황을 바꾸는 결단을 내릴 필요가 있습니다. 그 사람이 여러분을 어떻게 대해야 할지 제대로 가르쳐주어야 할 때입니다. 이제 마음의 준비를 하고 직장에서 선거 요법을 어떻게 쓸지 그 구체적인 방법에 대해 이야기해봅시다.

무례한 상사에게 슬기롭게 선 긋는 법
갑질과 괴롭힘에도 경중이 있으므로 그에 따라 적절히 대응하는 것이 좋습니다. 만약 어떤 상사가 나뿐만 아니라 대부분의 사람에게 가벼운 정도로 무례하다면 그 상사는 인성이 부족한 사람입니다. 그러니 상황을 개선하기 위해 애쓰기보다는 '저 사람은 저 정도밖에 안 되나 보다'라며 무시해버리는 것도 괜찮습니다.

심한 언어폭력까지는 아니지만 연장자나 상사들이 "라떼는 말이야"를 남발하거나 농담처럼 편견 섞인 말을 하거나 혹은 상대를 폄훼하는 말을 하는 경우가 있습니다. 이런 식으로 의도와 상관없이 약한 정도의 언어적, 행동적 모욕을 주는 것을 미세공격(micro-aggression)이라고 합니다. 이때는 약간의 언질을 해주는 게 좋습니다. 한국 사회에서는 능력 비하나 외모 지적, 사생활 침해 발언을 흔하게 합니다. 처음 그 말을 하기 시작할 때 재치 있게 선을 그어주면 좋습니다.

일단 약한 무례함부터 시작해볼게요. "자네는 외모도 안 되는데 돈까지 없으면 평생 혼자 살아야 돼" 같은 말에는 이렇게 대응하세요. "앗, 그런 말씀은 미세공격 아닌가요?", "그렇게 말씀하시면 저 상처받아요"라는 식으로 농담처럼 가볍게 받아치는 겁니다. 정색하기보다는 미소를 살짝 머금고 '표현이 선을 넘으시네요. 여기까지가 제 선이에요'라고 알려주는 거죠.

이제 수위를 조금 더 높여보겠습니다. "나이가 몇인데 아직 그런 것도 못 해?", "옷 입고 다니는 꼴이 그게 뭐야?", "머리는 폼으로 달고 다니나?"처럼 좀 더 강도가 세고, 수치감을 주거나 모욕적인 발언을 들었다면 어떻게 할까요? 그럴 때는 그 말이 내게 불쾌감과 상처를 준다는 사실을 상대에게 알려줌으로써 재발을 방지해야 합니다. 뭐라고 해야 할지 쉽게 생각나지 않을 테니 다음의 세 문장 중 한 가지를 골라 써보세요. 자연스럽게 말할 수 있도록 거울 앞에서 연습하면 좋습니다.

"그렇게 말씀하시니까 마음이 안 좋네요."
"그 말씀은 듣기가 좀 힘듭니다."
"그런 말씀은 제게 상처가 됩니다."

대부분의 경우 이런 식으로 살짝 찔러주거나 불쾌한 감정을 표현하기만 해도 상대는 약간 멈칫하면서 다음부터는 그런 말을 삼가게 됩니다. "그런 말은 좀 부적절한 거 아닙니까?", "아무리 아랫사람이라 해도 그렇게 말씀하시면 안 되죠"라는 식으로 말하는 것도 가능합니다. 이때 상대가 지적이나 공격으로 듣고 "지금 훈수 두는 거야?", "자네가 그러니까 늘 그 모양이지" 하면서 오히려 반박하거나 화를 낼 수도 있습니다.

하지만 당신 말과 태도 때문에 내 마음이 힘들다고 토로하면 상대도 공격적으로 대응하기 어렵습니다. "농담한 건데 뭘 그래?"라며 상황을 축소하려 할 수 있지만 아마 다음엔 좀 더 조심할 겁니다. 혹여 상대의 무례함에 당황하거나 말문이 막혀서 대응할 타이밍을 놓쳤다 해도 자책하지 마세요. 연습하고서 다음에 하면 되니까요.

유독 나를 괴롭히는 사람 대처법

작정하고 유난히 나를 갈구거나 괴롭히는 사람들에게는 어떻게 대처해야 할까요? 일요일 밤만 되면 잠이 안 오고 월요일이 되면 심장이 벌렁거린다고 호소하는 분들이 있습니다. 직장 내 괴롭힘이 계속 반복되고, 정신 건강까지 위협받는 상황이라면 그대로 두어서는 안 됩니다. 용기를 내서 확실하게 'No'라고 선을 그어주는 것이 나를 살리고 관계도 살리는 길입니다.

만약 다른 사람에게는 잘하면서 유독 나만 괴롭힌다면, 서로 오해나 편견이 있을 수 있으니 꼬인 것을 푸는 대화의 자리를 마련해보는 것도 좋습니다. 음료 한잔 들고 가서 "잠깐 시간 있으세요?"라며 먼저 손을 내미는 겁니다. 말을 어떻게 꺼내야 할지 모르겠다면, 첫 마디는 상대에게 공감하고 인정해주는 말로 시작하는 것이 좋습니다. 더불어 잘해보고 싶다는 의지를 알릴 수도 있겠죠. 그리고 나서 나를 어떻게 대하면 좋을지를 알려주는 선 긋기로 대화를 마무리합니다. 구체적인 예시를 살펴봅시다.

"선배님, 늘 저를 가르쳐주셔서 감사합니다. 저도 선배님께 많이 배우고 싶은데, 제가 손이 느린 편이라 배우는 데 시간이 좀 걸리는 것 같습니다. 그런데 선배님이 제게 하시는 말씀에 가끔 마음이 힘들어지더라고요. 지난번에도 저는 열심히 한다고 했는데 '너는 어떻게 제대로 하는 일이 하나도 없냐, 그냥 앉아 있는 게 더 낫겠다, 나대지 마'라고 하셨거든요. 그 말을 듣고 며칠 동안 힘들었습니다. 그런 말씀을 하시기 전에 제가 잘못한 부분을 가르쳐주시면 열심히 배우겠습니다."

"부장님, 저의 실수로 화가 많이 나신 것 이해합니다. 정말 죄송합니다. 앞으로 실수하지 않도록 더 꼼꼼하게 체크하겠습니다. 그렇지만 '머리에 뭐가 든 거야, 역시나 그딴 학교 나와서 그렇지' 같은 말을 들었을 때는 마음이 참 힘들었습니다. 앞으로는 그런 말보다 제가 잘못한 것을 어떻게 개선할 수 있을지 가르쳐주세요. 열심히 배우고 노력하겠습니다."

"팀장님, 늘 관심을 갖고 세심하게 가르쳐주셔서 감사합니다. 덕분에 저도 팀장님께 많이 배우고 있습니다. 그런데 '가정교육 안 받았냐, 어디서 배워먹은 거냐' 등 일과 관련 없는 개인적인 부분까지 언급하시는 건 듣기가 힘들었습니다. 시정할 부분이 있으면 언제든지 알려주세요. 최선을 다해 고치도록 노력하겠습니다."

이렇게 상대가 했던 말을 그 사람에게 그대로 다시 한번 알려주는 것이 도움이 되기도 합니다. 상대는 별일 아닌 듯 넘기려 하거나 "자네가 잘했으면 그런 말이 나왔겠나"라며 오히려 화를 낼 수도 있죠. 하지만 그러한 반응에 대해서는 크게 신경 쓰지 않아도 됩니다. 상대도 예상치 못한 선거 요법에 당황한 나머지 어떻게 반응해야 할지 몰라 그렇게 말한 것일 수 있으니까요.

일단 상대에게 선을 그어 더 이상 나를 함부로 대하지 못하게 하고, 존중해줄 것을 요구했다는 사실이 중요합니다. 상대도 이제는 여러분을 예전처럼 대하기는 어려울 테고, 분명 조심스러울 것입니다.

직장에서 선을 긋는 것이 여전히 어렵다면, 이 상황을 이해해줄 것 같은 선배나 상사에게 고민을 상담하는 것도 방법입니다. 나아가 괴롭힘이나 갑질 또는 따돌림 때문에 불면이나 그 외 불안과 우울 증상으로 힘들다면 상담사를 찾아가 보시기를 권합니다. 요즘은 비대면 상담도 많으니 집에서 편하게 상담을 받아볼 수도 있습니다.

용기를 내어 선을 그었음에도 불구하고 선을 넘는 괴롭힘이 계속된다면, 이제는 거리 두기에 들어가야 합니다. 심한 경우에는 유관 부서에 보고하거나 신고도 고려해보아야 해요. 부서 이동이나 이직, 퇴사를 고민해볼 수도 있습니다. 물론 그렇게 함으로써 불이익이 생길 수도 있습니다. 하지만 그것이 두려워 아무 저항도 하지 않으면 암묵적으로 '나를 그렇게 대해도 괜찮아요'라는 허용의 메시지를 보내는 것이나 다름없습니다.

'상대가 나를 어떻게 대할지 가르쳐주는 사람은 나'라는 사실을 잊지 마세요. 존중받지 못하고 짓밟히는 상태를 계속 허용할 것인가, 불이익이 오더라도 나에 대한 존중을 요구하고 되찾을 것인가는 여러분의 선택입니다. 여러분이 조금 더 용기를 내어 자신을 존중하는 선택을 했으면 하는 바람입니다.

나는 내 우주 안에서 가장 빛나는 별

: 자존감을 끌어올리는 호두 까기 요법

　언젠가부터 '자존감'이 큰 화두입니다. 다양한 연령대의 많은 분들이 자존감이 낮아서 고민이라고 호소합니다. 그런데 정작 "자존감이 뭐죠?"라고 물으면 그 뜻에 대해서 모호하게 생각하는 사람들이 많습니다. 자신의 능력을 믿는 '자신감'과 혼동하는 사람도 있고, '자존심'이랑 비슷한 거 아니냐고 되묻는 사람도 있습니다.

　자존감을 영어로는 셀프이스팀(self-esteem) 또는 셀프리스펙트(self-respect)라고 합니다. 요즘 한국에서도 '리스펙'이란 말을 자주 쓰더라고요. 광고 카피로도 등장하고요. 자존감이란 말 그대로 자신을 리스펙트, 존중하는 것을 말합니다. 이것은 다른 사람과는 아무 상관이 없어요. 자신에게서 나오는 것입니다. 누가 나한테 뭐라고 하든 스스로 '가치 있는 사람', '존중받아 마땅한 사람'이라고 믿는 것, 그것이 바로 자존감입니다.

어릴 적 그 높던 자존감은 다 어디로 갔을까

자존감의 수위를 1~10이라는 숫자로 표현한다면, 여러분의 자존감 지수는 얼마나 될까요? 다음은 자존감 측정에 쓰이는 로젠버그 자존감 척도(rosenberg self-esteem scale)에 나오는 항목들입니다. 각자 얼마나 동의하는지 한번 살펴보세요. 긍정 문장과 부정 문장이 섞여 있으니 주의해서 보기 바랍니다.

1. 나는 나 자신에 대해 대체로 만족한다.

2. 내가 가치 없는 사람이라는 생각이 때때로 든다.

3. 나에게는 좋은 특징이 꽤 있다.

4. 나는 다른 사람들이 하는 만큼 잘할 수 있다.

5. 나에게는 자랑할 만한 것이 별로 없다.

6. 나는 가끔씩 내가 쓸모없는 사람이라는 생각이 든다.

7. 나는 가치 있는 사람이라고 생각한다.

8. 내가 스스로를 좀 더 존중해주면 좋겠다는 바람이 있다.

9. 대체로 나는 내가 실패자라고 생각하는 경향이 있다.

10. 나는 나 자신에 대해 긍정적인 태도를 갖고 있다.*

---

* Rosenberg, M. (1979), Conceiving the Self, New York: Basic Books.

앞서 말했듯 인간은 건강한 자기애를 갖고 태어납니다. 그렇지만 성장 과정에서 부정적인 피드백을 받으며 점점 자존감이 낮아지는 경험을 하게 됩니다. 여러분 자신의 자존감을 떨어뜨리는 요인에는 어떤 것들이 있는지 생각해보세요. 키를 포함해 외모, 성적, 학벌, 집안 환경, 연봉 등 다양한 대답이 나오더군요. 이런 조건 자체가 자존감을 낮춘다기보다는 이와 관련해 사회가 주는 메시지가 자존감을 끌어내립니다.

사회에서 통용되는 획일적인 기준에 내가 미치지 못한다는 메시지를 받을 때 우리는 자존감이 꺾이는 경험을 합니다. 한 예로, 저는 한국에서 키가 작은 편이라 늘 키 큰 사람을 부러워하며 자랐습니다. 그런데 미국에서는 여성뿐 아니라 남성의 키에 대해서도 가치평가가 별로 없는 편입니다. 그래서 이제는 키에 대한 고민 같은 것은 하지 않고, 스스로 키가 작다는 인식도 거의 하지 않고 지냅니다.

올림픽 요법에서도 말씀드렸지만, 우리는 서로 '다르다'가 기본값입니다. 한 사람 한 사람은 모두 고유한 별과 같습니다. 크기나 빛나는 정도는 다를 수 있지만 우리는 모두 별처럼 빛나는 소중한 존재입니다. 꽃에 비유할 수도 있겠네요. 꽃은 저마다 피는 계절이 다르죠. 크고 화려한 꽃이 있는가 하면 작고 수수한 꽃도 있습니다. 사람도 별과 꽃처럼 저마다 다양한 특성과 강점, 약점을 갖고 있습니다. 또 좋아하는 것과 잘하는 것이 모두 다릅니다.

그런데 한국에서는 타인의 다른 점과 부족한 점에 대한 지적을 관심과 애정의 표현이라고 생각하는 것 같습니다. 저만 해도 한국에 들어오면 헤어 스타일부터 옷차림, 몸매, 사투리나 말투까지 연신 지적을 당하기 일쑤입니다.

그렇게 단점을 지적받고 긍정적인 피드백이 아닌 부정적인 피드백을 계속 받다 보니, 자연스럽게 자신뿐 아니라 주위 사람에게도 똑같이 반응하게 된 것 같습니다. "너는 그게 뭐냐?"라는 조언과 피드백이 남발합니다. 마치 봄에 피는 개나리가 가을에 피는 코스모스를 보고 "너는 왜 그렇게 느려 터졌어?"라고 하거나, 튤립이 장미를 보고 "너는 왜 그렇게 가시가 돋았어?"라고 하는 것처럼요. 그러다 보면 코스모스는 자신이 느리다고 슬퍼하고, 장미는 가시가 있다고 괴로워하면서 자존감이 점점 낮아지는 거죠.

여러분이 들었던 조언이나 누군가에게 했던 말들을 곰곰이 생각해보세요. 다른 과목은 다 평균 이상인데 수학만 못하는 자녀에게 부모는 뭐라고 이야기할까요? 잘한 과목보다는 부족한 과목이 신경 쓰여 "수학 점수가 이렇게 떨어져서 어떡하니"라고 이야기할 겁니다. 그런데 그 말에는 '수학 성적이 너의 전체적인 가치를 떨어뜨리고 있다'는 메시지가 숨어 있기도 합니다.

얼굴이 동그란 사람에게 "옆머리를 내리면 얼굴이 더 갸름해 보일 것 같은데"라고 말한다면 어떨까요? 그 말은 '동그란 얼굴은 보기 좋지 않으니 가려야 해. 너는 그것만 아니면 더 가치 있는 사람이 될 거야'라는 메시지가 될 수 있죠.

우리는 모두 있는 그대로, 장단점을 합해서 충분히 가치 있는 존재, 빛나는 존재입니다. 그럼에도 '~만 아니었다면 더 가치 있는 사람이 되었을 텐데'라며 자신의 가치를 폄훼합니다. 지적질이 만연한 사회에서 살다 보니 내가 가진 것보다는 없는 것이 먼저 보이고, 장점보다는 단점에 더 신경이 쓰이기 때문입니다.

호두를 까듯 나를 자신 있게 드러내기

한국에 살면서 여기저기에서 날아오는 수많은 지적을 당하지 않으려면 트렌드를 잘 따라가야 합니다. 남들 사는 만큼 살고, 좋다는 직장에 다니고, 좋은 차를 굴리고, 또 남들 결혼할 때 결혼도 해야 합니다. 학생이라면 공부 잘해서 좋은 대학에 가야 하고요. 현실이 이렇다 보니, 그러한 기준에 못 미치는 부분이 있으면 그 부족한 점들을 감추려 하고 껍질을 만들어 숨기려 합니다. 그리고 아닌 척, 강한 척, 있는 척, 똑똑한 척을 하며 살아갑니다. 사실대로 드러내면 조롱과 지적의 대상이 될 것 같으니 말이죠.

〈닥터지하고〉 유튜브 채널에 처음 올린 영상에서 첫인사로 "저는 대구 출신이고요. … 미국에 살다 보니 대구 사투리가 너무 그립고 좋아요. 요즘은 계속 더 쓰고 싶어요"라고 했습니다. 누가 저의 사투리에 대해서 이렇다 저렇다 말할 여지를 주지 않으려 확 다 까버린 것입니다. 그것도 보통 안 좋다고 생각하는 사투리를 저는 더 좋다고 말하면서 말이죠.

호두를 까듯이 '껍질 안에 있는 나는 괜찮은 사람이야'라는 자세로 단점이라고 생각될 수 있는 것도 당당하게 말하는 것, 이것이 바로 '호두 까기 요법'입니다. 다들 남에게 보이면 지적의 대상이 될 것 같아 숨기거나 알리고 싶지 않은 부분이 있을 거예요. 그런 것들을 감추기보다는 호두 껍질을 까듯 확 다 까버리는 겁니다. 아이러니하게도 호두 까기를 제대로 하면 오히려 자존감이 올라갑니다.

저는 성인 ADHD를 앓고 있다고 공공연하게 말하고 다닙니다. 사실 처음 직장에 들어갔을 때는 말하기가 어렵더군요. 그러다 어느 정도 연차가 쌓이고 일을 능숙하게 하게 된 후부터는 솔직하게 밝혔습니다. ADHD 증상으로 힘든 것도 있지만 대신 다른 강점을 갖고 있다고 자신 있게 말합니다. "제가 정신이 좀 없긴 하지만, 넘치는 에너지로 환자를 열정적으로 보고 어려운 케이스도 파고들어 잘 해결한답니다"라고 말이죠. 이렇게 자긍심 있는 자세로 호두를 까고 나면 더 이상 들킬까 봐 마음 졸이며 걱정할 필요가 없습니다.

부족한 것, 못하는 것을 드러내면 감추려 했을 때보다 마음이 편해집니다. 이때 중요한 것은 그런 부족한 부분까지 포함해서 '나는 가치 있는 사람이다', '나는 괜찮은 사람이다'라며 스스로 당당한 자세를 취하는 것입니다. 이렇게 제대로 호두 까기 요법을 하면 오히려 그 자신감 있고 거리낌 없는 모습이 매력적으로 보이기도 합니다.

저의 첫 책 《마음이 흐르는 대로》에 당시 메릴랜드주의 퍼스트 레이디였던 유미 호건(Yumi Hogan) 여사가 추천사를 써주었습니다. 사실 저는 그와 일면식도 없는 사이였습니다. 원고와 함께 추천사를 요청하는 편지를 보냈는데, 감사하게도 답장을 받았습니다. 송구하게도 자신이 읽은 책 중에 가장 감동받은 책이라며 추천해주셨지요. 무엇보다 제가 잘하는 것만 얘기하지 않고 부족한 부분을 솔직하게 드러낸 것이 감동적이고 인상 깊었다고 말씀하시더군요.

당당하게 자신의 부족함을 드러내면, 그 진실성 때문에 오히려 더 큰 신뢰를 줄 수도 있습니다. 하지만 한국에서는 자신의 단점을 드러내면 다른 사람들에게 '약점 잡힌다'는 의견이 많은 것 같습니다. 스스로 그것을 부끄럽게 여기지 않고 당당하게 드러내는 것이 정말 '약점 잡히는' 걸까요?

영국의 왕자비 메건 마클(Meghan Markle)은 얼굴에 주근깨가 많습니다. 그런데 이를 억지로 감추려 하지 않습니다. "주근깨 없는 얼굴은 별이 없는 하늘과 같다"라며 오히려 긍정적으로 말합니다. 어릴 때 아버지가 항상 그렇게 말해주었다고 하네요. 그러니 다른 사람이 그 주근깨를 부정적으로 말하기 어렵죠. 호두 까기 요법의 정수라 하겠습니다.

자녀를 자존감 높은 아이로 키우고 싶다면, 장단점을 포함해 그 자체로 빛나는 별이자 아름다운 꽃이라는 걸 느끼게 해주세요. "너는 영어를 못해서 문제야"라고 말하기보다는 "성적과 상관없이 너는 가치 있는 사람이야. 영어는 조금씩 배워가면 돼"라고 격려해주세요.

키가 작아 친구들에게 놀림을 받은 자녀에게 "그러게 잘 먹고 잘 자야 키가 큰다니까", "키 크는 영양제 먹고 병원에도 가보자", "키높이 신발 사줄게"라고 반응하는 부모도 많을 거예요. 아이를 사랑하고 걱정하는 마음에서 한 말이겠지요. 하지만 그런 말들 때문에 '그래, 키 작은 게 정말 문제. 너의 가치가 키에 달려 있는 게 맞아'라는 메시지가 아이에게 전해집니다. 그보다 "키가 작은 것은 너의 진짜 가치와는 아무 상관이 없어. 너의 진가를 친구들이 아직 모르나 보네!" 이런 식으로 존재 가치의 절대적 중요성을 강조하는 메시지를 담아 말해줘야 합니다.

이는 자기 자신을 대할 때도 마찬가지입니다. 자신에 대해서도 '이것만 달랐으면… 이것만 아니었으면 좋았을 텐데'라는 생각을 걷어냈으면 합니다. '외모가 좀 더 나았다면 좋았을 텐데', '학벌이 조금만 더 좋았으면 성공했을 텐데', '돈만 잘 벌면 완벽했을 텐데' 같은 생각은 자신의 가치가 그런 것들에 달려 있다는 믿음에서 나옵니다. 하지만 어떤 성향과 특성도 자신의 절대적인 존재 가치를 끌어내리지 못합니다. 나의 모든 성향을 합한 총체로서 '나는 가치 있는 사람'임을 기억하세요.

이제부터 외부의 기준에 맞추었을 때 부족한 부분을 가리거나 껍데기를 씌우려 하기보다는 호두를 까듯 당당하게 드러내면 어떨까요? 껍질을 까도 그 안에 있는 나는 그 자체로 괜찮은 사람이고, 빛나는 별이며, 아름다운 꽃이라는 걸 스스로 인정하는 거죠. 우리는 존재만으로도 절대적인 가치를 지닌 소중한 사람이니까요.

자존감을 높이는 방법 중 하나가 바로 자기 수용과 긍정입니다. 스스로 완벽하지 않음을 받아들이고, 실수와 부족함을 용인하며, 자신을 있는 그대로 인정하는 것입니다. 남들에게는 지적의 대상이나 약점이 될 수 있는 부분을 감추지 않고 당당히 드러내면 오히려 자존감이 올라갈 수 있습니다.

1. 스스로 자신의 단점이자 약점이라고 생각하는 부분이 있나요?

2. 자신의 단점이나 약점을 동전의 양면처럼
   장점과 강점으로 전환해보세요. 그 후 이런 부분을 다 합해서
   '나는 가치 있는 사람이다' 라고 스스로 말해줍니다.

서로의 마음을 여는
열쇠를 찾아서

: 이것만 해도 소통의 반은 적중, 첫마디 맞장구 요법

한 공간에 있어도 누군가와 깊은 마음을 나누기란 쉬운 일이 아닙니다. 살을 맞대고 사는 가족조차 차라리 남과 대화하는 게 더 낫겠다고 느낄 정도로 어긋나는 경우가 있습니다. "차라리 말을 말지. 내가 당신이랑 무슨 말을 하겠어?" "엄마랑은 진짜 말이 안 통해." 이렇게 대화가 한번 단절되면 서로의 거리는 점점 더 멀어지고, 결국 말 한마디 건네기조차 어려워집니다. "밥 묵었나?", "자자" 말고는 서로 할 얘기가 없어지는 거죠.

우리가 타인과의 관계를 통해 정서적으로 얻고자 하는 것은 무엇일까요? 우리는 그 무엇보다 '사랑'과 '인정'을 받고 싶어 합니다. 상대가 사랑한다고 말해주고, 내가 수고한 걸 인정해주고, 나아가 고마워해주길 바랍니다. 특히 대화를 통해 자기의 생각과

감정을 인정받기를 원합니다. 상대가 나의 감정을 인정해주면 그 사람과 계속 이야기하고 싶어집니다. 반면에 그렇지 않다면 아무리 좋은 말을 하더라도 그 사람과 대화하기가 싫어집니다.

이렇게 상대의 행동과 생각, 특히 감정을 인정해주는 걸 뭐라고 할까요? 맞아요, '공감'입니다. 소통이 강조되면서 공감 역시 중요한 화두가 되었습니다. 이제는 인간관계나 사회적 관계에서 공감할 줄 아는 사람이 호감을 얻고 성공 가능성도 높다고 말합니다. 그런데 우리 사회에는 대체로 공감하는 대화보다는 교정하려는 대화가 많습니다. 어릴 때부터 들어왔던 말들 중에 공감하는 말이 적었던 탓도 있을 겁니다. 공감하는 것도 연습이 필요합니다. 구체적으로 어떻게 공감해야 하는지, 일상에 적용하기 쉬운 방법을 말씀드리려 합니다.

받아치지 말고 일단 수용하기

제가 미국 의사 면허증을 따기 위해 미국으로 왔을 때가 스물다섯 살이었습니다. 재수하면서 1년만 있다가 돌아가려고 온 건데 어쩌다 보니 미국에서 20년 넘게 살았네요. 기억이 별로 없는 어린 시절을 제외하면 미국에서 일생의 반을 보낸 것이나 다름없습니다. 한국과 미국의 문화에는 여러 가지 다른 점이 많지만, 특히 대화 문화에서 큰 차이를 느낄 수 있습니다.

한국에서는 누군가 말을 꺼내면 받아치기 일쑤입니다. "오늘

예쁘게 하고 나왔네"라고 하면 "아니야, 오늘 늦어서 화장도 제대로 못 하고 나왔어"라고 합니다. "너, 치마가 너무 짧은 거 아냐?"라고 하면 "이 치마가 뭐가 짧아? 이 정도면 긴 거지"라고 답합니다. 대부분 이렇게 되받아치는 것에 익숙하고 이것이 대화의 재미라고 생각하는 듯합니다. TV나 유튜브 등을 보면, 두 사람의 대화에서 끊임없는 받아치기를 볼 수 있습니다.

그런데 미국에서는 상대의 말을 바로 받아치기보다는 일단 수긍해주는 경우가 많습니다. 대화 시 흔히 반응하는 첫마디가 "Did it?", "Was it?", "I see"입니다. 그다음에 "Tell me more"라고 합니다. 우선 "그랬어?", "그랬구나"라고 대꾸한 뒤 "그래서 어떻게 됐는데? 더 얘기해줘"라고 하는 거죠.

만약 내가 어떤 말을 했을 때 돌아오는 첫마디가 "왜 그런 식으로 생각해? 이렇게 생각하면 되지"라면 어떤 마음이 들까요? 그 말이 옳든 그르든 '이 사람은 내 생각을 그다지 가치 있게 여기지 않는구나'라고 느낄 가능성이 큽니다. 이런 패턴이 계속되면 그 사람과는 많은 대화를 나누고 싶지 않겠죠.

미국에서 흔히 보는 코미디 장르 중 하나인 임프로브(improv)는 대본 없이 즉흥적인 합과 애드리브만으로 하는 공연입니다. 즉흥 코미디라고 할 수 있는 임프로브의 첫 번째 대원칙은 'Yes, and'입니다. 즉 상대가 무슨 말을 하든 "맞아, 그리고"로 대꾸해야지 부정적으로 받아쳐서는 안 되는 것입니다. 같이 코미디를 하던 파트너가 아무리 엉뚱한 소리를 해도 "그게 무슨 말도 안 되는 소리야?"라거나 "에이, 그건 아니지"라는 식으로 상대의 말을 받아치지 않습니다. 일단 수긍하고 공연을 이어갑니다.

예를 들어 상대가 "저런 내 팔이 갑자기 말을 안 들어!"라고 할 경우 "무슨 소리야, 멀쩡히 잘 움직이고 있구먼"이라며 부정적으로 대꾸하지 않습니다. 대신 "아니, 무슨 일이 일어난 거야?" 하면서 이어나가는 겁니다.

이런 원칙은 일상 대화에서도 통용됩니다. 미국에서 2년간 소아정신과 펠로십(fellowship) 수련 과정을 마치고 분과 전문의 시험을 준비할 때였습니다. 시험은 실제 환자를 진료하는 과정을 보고 평가를 받는 것이었습니다. 우선 감독관 입회하에 환자와 면담을 진행합니다. 그 후 환자는 나가고 토론이 시작됩니다. 감별 진단은 무엇이고 어떤 검사를 진행하고 어떻게 치료할지에 대해 발표하고 감독관의 여러 질문에 답을 해야 합니다.

당시 지도해주던 소아정신과 과장님이 시험 전에 전임의(펠로우)들을 불러서 모아놓고 조언을 해주었습니다. 감독관이 무슨 말을 하든 그의 의견을 받아치거나 부정하지 말라는 조언이었습니다. 감독관이 "코끼리로 이 아이 머리를 치면 치료가 되지 않나요?"라고 하더라도 "아니, 그런 말도 안 되는 말씀을 하시다니요!"라고 하지 말라는 거였죠. 그보다 "그럴 가능성도 있겠지만, 저는 약물치료를 먼저 고려하는 것이 좋다고 생각합니다"라고 답하라는 농담 섞인 조언이었습니다.

내가 동의할 수 없는 의견이라 해도 상대가 그 말을 하는 데는 나름의 이유가 있습니다. 그러므로 바로 받아치기보다는 왜 그렇게 말하는지 이유가 있을 거라고 먼저 생각해보는 것입니다.

당신의 첫마디는 무엇입니까?

사람들은 자신이 어떤 표현을 주로 사용하는지 사실상 잘 모르고 있습니다. 그래서 자녀나 배우자가 말을 건넸을 때 자신이 뭐라고 답하는지, 그 첫마디가 무엇인지 먼저 관찰해보기를 권합니다. 'Yes, and'로 시작하는지 말이죠. 아마 자신이 얼마나 열심히 받아치고 있는지 알면 깜짝 놀랄 거예요.

퇴근해서 돌아온 남편이 "여보, 나 오늘 너무 피곤해"라고 말하면 뭐라고 대답하나요? 혹시 "당신은 맨날 피곤하대"라고 핀잔을 주거나 "그렇게 피곤하면 얼른 들어가서 씻고 자"라고 바로 해답을 제시하지는 않나요? 그런데 공감하고 소통하기 위해서는 먼저 그 사람의 말을 깊게 수용해주는 태도가 필요합니다.

어떻게 수용하냐고요? 공감은 여러 방법으로 할 수 있지만 실제 상황에 적용할 수 있는 가장 쉬운 방법은 상대가 했던 말을 비슷하게 다시 해주는 것입니다. 저는 이것을 '첫마디 맞장구 요법'이라 부릅니다. 상대가 뭐라 하든 일단 첫마디는 상대가 했던 말을 반사하듯이 맞장구를 쳐주는 거예요.

예를 들어 "오늘 나 너무 피곤해"라고 하면 "그렇게 피곤했어?", "많이 피곤하구나"라고 맞장구를 쳐주세요. 이것은 '내가 너의 말을 잘 들었고 잘 이해했다'는 표현과도 같은 것입니다. 그 후 "따뜻한 물에 몸이라도 담글래?"라고 말해줄 수 있겠죠.

첫마디만 이렇게 바꿔도 상대를 지지하는 대화로 변합니다. 상대의 메시지를 좀 바꿔서 말해도(rephrasing) 괜찮고, 상대방의 생각과 감정에 공감하며 다시 말해줘도(reflection) 좋습니다. 가장 중요한 건 상대의 말을 부정하거나 받아치지 않고, 내가 상대의 말을 잘 들었고 그것을 인지했다는 걸 전달하는 겁니다. 내가 하고 싶은 말이나 의견 제시는 그다음에 해도 늦지 않습니다.

자녀와의 대화도 마찬가지입니다. 아이가 좀 엉뚱한 이야기를 해도 "네 생각도 일리 있네", "그렇게 느낄 수도 있겠다"라며 아이의 생각과 느낌을 경청하고 존중해주세요. 아이가 "우리 선생님 너무 나빠"라고 하면 "선생님이 나쁘긴 뭐가 나빠? 네가 잘못한 게 있으니까 그러셨겠지"라는 반응이 먼저 나올 수 있습니다. 그런데 자신의 의견을 탁탁 받아치면서 훈육에만 전념하는 부모 아래서 자란 아이는 안타깝게도 자기 생각이나 감정이 가치 없다는 메시지를 지속적으로 받은 것과 같습니다. 아이는 부모가 나를 바라보듯 세상도 나를 그렇게 바라본다고 생각해요. 그러다 보니 온 세상이 자기 감정과 생각을 가치 없다고 여기는 것처럼 느낄 수 있습니다. 그렇게 되면 아이의 자존감도 떨어지겠죠.

아이의 자존감은 부모의 공감을 먹고 자란다고 해도 과언이 아닙니다. 아이가 자기 생각과 감정을 표현했을 때 받아치는 것이 아니라 맞장구쳐주는 부모의 첫마디는 아이로 하여금 자기 생각과 말이 가치 있다고 여기게 해줄 겁니다.

"선생님 때문에 오늘 기분 상하는 일 있었어?"라며 일단 아이의 생각을 인정하고 충분히 들어주세요. 특히 슬픔, 화, 속상함, 기쁨, 즐거움 같은 감정에는 옳고 그름이 없으니 충분히 공감해주어야 합니다. 아이든 어른이든 대화를 통해 얻고 싶은 것은 자기 생각과 감정을 상대에게 인정받는 것임을 잊지 말아야 합니다.

아이의 생각과 행동을 수정해주고 싶다면 감정에 충분히 공감해준 후에 제안이나 충고를 통해 가르쳐주면 됩니다. 충고하고 싶은 마음, 바로잡아주고 싶은 마음이 굴뚝같더라도 일단 첫마디는 아이의 말을 경청하고 거기에 맞장구쳐주세요. 건성으로 하는 게 아니라 진심으로 '나는 너의 생각을 귀하게 여겨. 너의 말을 귀 기울여 잘 듣고 있어'라는 메시지를 전달해줘야 합니다.

"그랬어?", "그랬구나", "그런 줄 몰랐네", "그게 그렇게 속상했구나"라고 첫마디 맞장구 요법으로 시작하기만 해도 소통의 반은 성공입니다. 상대는 거기서부터 더 많은 대화를 좀 더 부담 없이 이어나갈 테니까요. 오늘부터라도 'Yes, and'를 연습해보세요. 그러면 대화가 점점 편안하고 즐거워질 겁니다. 또한 상대는 나와 대화를 더 나누고 싶어 할 것입니다.

첫마디 맞장구 요법은 상대가 이야기하는 내용을 반복해서 다시 말하는 아주 단순한 대화 기법이지만 그 효능과 장점은 아주 큽니다. 이 요법은 상대에 대한 이해와 공감을 나타내며, 상대와의 대화를 원활하게 이어가는 데 많은 도움이 됩니다. 또한 대화의 진전과 발전, 그리고 상대의 편안함과 자신감을 제고시키는 데 많은 장점을 갖고 있습니다.

1. 오늘 하루(또는 이번 주) 다른 사람과의 대화에서
   나의 첫마디는 어떤 것이었는지 살펴보세요.
   첫마디가 맞장구였던 것이 몇 퍼센트 정도 되나요?

2. 다른 사람들의 대화를 들을 기회가 있으면 첫마디 맞장구가
   얼마나 되는지 살펴보세요.

3. 내일부터 첫마디 맞장구 요법을 활용해봅시다.
   3주간 실행한 후 관계에 어떤 변화가 있는지 살펴보세요.

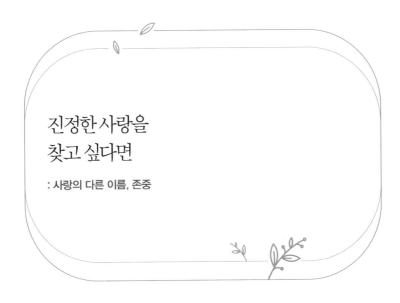

진정한 사랑을
찾고 싶다면

: 사랑의 다른 이름, 존중

《세상에서 가장 쉬운 본질육아》출간 후 제가 가장 많이 했던 말은 "아이는 잘 키우려고 낳는 것이 아니다. 사랑하기 위해 낳는 것이다"라는 제 어머니의 말씀이었습니다. 제가 몇 년간의 힘겨운 난임 치료에 실패하고 상심해 있을 때였어요. "아이가 있었으면 진짜 잘 키울 자신 있었는데"라며 친정어머니에게 아쉬움을 표현한 적이 있습니다.

그때 어머니가 해주신 이 말씀이 저를 깨우쳤습니다. 제가 아이를 잘 키워보려고 했던 것은 저의 욕심이라는 것을요. 아이는 그저 사랑받기 위해 이 세상에 나온다는 것을요. 그 후로 강연이나 여러 매체를 통해 이 이야기를 전하면서 '사랑' 타령을 참 많이도 했습니다.

심리학적으로 보면 인간은 사랑하고 사랑받기 위해 산다 해도 과언이 아닙니다. 이 세상에 태어나서 충분히 사랑하고 사랑받는다면 인생 정말 잘 살고 있는 거 아닐까요? 반면에 사회경제적으로 매우 성공했음에도 '나는 사랑받지 못하는 사람이야, 나를 진정으로 사랑하는 사람은 아무도 없어'라는 생각이 든다면요? 심리정서적으로 '나 참 잘 살고 있다'라고 느끼기 어렵겠죠.

우리 삶에 이렇게 중요한 영향을 미치는 '사랑'이란 그럼 무엇일까요? 강의를 하면서 청중들에게 "사랑의 또 다른 이름은 무엇일까요?"라는 질문을 던져보았습니다. 나온 답은 기다림, 포용, 배려, 존중, 이해, 용납, 용서, 인내, 관심 등 여러 가지였습니다. "사랑의 반대말은 '개무시'니까 사랑의 또 다른 이름은 '인정'입니다"라는 답도 있었어요.

여러분은 사랑의 또 다른 이름이 무엇이라고 생각하나요? 그 답을 알고 나면 지금 여러분이 하고 있는 사랑 또는 받고 있는 사랑이 진정한 사랑인지 아닌지 구별할 수 있습니다. 먼저 제가 경험한 두 가지 사랑 이야기를 들려드릴게요.

나의 첫 번째 사랑, 부모님

다들 그렇듯이 제가 태어나 처음 만난 큰 사랑은 부모님, 그중에서도 어머니의 사랑이었습니다. 부모님은 새벽부터 밖에 나가 일을 해야 했기에 어린 시절을 돌아보면 언니와 둘이서 보낸 시간이 더 많습니다. 컵라면을 박스째 사다 놓고 엄마, 아빠를 기다리며 끼니를 때우곤 했지요. 그럼에도 저는 부모님의 사랑이 부족하다고 느낀 적이 없습니다.

어머니를 생각하면 따뜻했던 스킨십이 먼저 떠오릅니다. 늦게까지 일하다가 지쳐서 들어와도 우리를 보면 늘 안아주고, 얼굴을 비비고, 쓰다듬고 토닥토닥해주셨습니다. 어머니는 언니와 저를 있는 그대로 사랑해주셨어요. ADHD를 가진 저는 천방지축에 실수투성이였습니다. 학용품부터 신발주머니, 도시락 가방, 외투 등 소지품을 잃어버리는 건 다반사였고, 숙제나 교과서도 잘 못 챙기는 것이 일상이었지요. 게다가 높은 곳에서 뛰어내리고, 횡단보도를 잘 살피지 않고 달려서 건너는 등 충동적이고 위험한 행동을 해서 다치는 일도 허다했습니다.

가뜩이나 집안 형편도 좋지 않은데 맨날 그렇게 다치고 물건을 잃어버리니 부모 입장에서는 얼마나 속이 상했겠어요? 그런데도 부모님은 저를 심하게 꾸짖거나 혼내는 일이 거의 없었습니다. 딸의 부족한 면까지도 있는 그대로 사랑해주셨지요. 그래서 자라는 동안 단 한 번도 '에휴, 내가 너 때문에 못 살겠다'라거나 '너 이래서 앞으로 어떻게 살래?' 같은 메시지를 받은 적이 없습니다.

제가 공부를 잘했으니 부모님이 그러셨던 것 아니냐고요? 그렇지 않습니다. 사실 저희 언니는 저처럼 공부를 즐겨 하거나 학업 성취도가 높은 편이 아니었습니다. 그럼에도 공부 좀 하라고 혼난 적이 한 번도 없습니다. 저와 언니는 무언가를 성취하거나 잘해야만 한다는 압박감을 부모님에게서 받은 일이 없었습니다. 그렇게 자라다 보니 공부를 잘하거나 못하거나, 말을 잘 듣거나 사고를 치거나 상관없이 '나는 사랑받을 만한 사람이다'라는 흔들리지 않는 믿음이 깊이 자리 잡았습니다. 이런 신념은 제가 성인이 될 때까지 지속되었습니다.

나의 두 번째 사랑, 남편

제가 경험한 두 번째 큰 사랑은 제 남편의 사랑입니다. 남편과 저는 온라인에서 만나 연애를 시작했습니다. 서로 다른 도시에 살다 보니 한번 만나려면 두 시간씩 운전해서 가야 했습니다. 비뇨기외과 의사인 남편은 일이 많은 날에도 당직까지 다른 사람한테 맡기고 저를 만나러 와주었습니다. 적극적으로 애정 표현을 하는 그의 모습에 감동받아 1년간의 연애 후 만 40세가 되던 해에 결혼했지요.

그런데 알고 보니 남편은 지독한 워커홀릭이었습니다. 새벽 별을 보고 출근하면 밤이 되어야 돌아왔습니다. 어쩌다 집에 있는 날이면 소파와 한몸이 되어 떨어질 줄 몰랐습니다. 피곤에 절어 소파에서 멍하니 TV를 보다가 그대로 코를 골며 잠드는 게 일상이었죠. 주말에 어디를 좀 가자고 해도 무거운 몸을 좀처럼 움직이지 않았습니다. 늘 과할 정도로 활동적이던 저로서는 그런 남편이 갑갑하기만 했고, 남편에 대한 불만이 점점 쌓여갔습니다.

반면 수술하는 의사답게 깔끔하고 꼼꼼한 성격의 남편은 저에게 끊임없이 지적을 했습니다. 저 또한 데이트할 때 보던 그 깔끔하고 정리된 모습의 여자가 아니었으니까요. 가스레인지를 쓰고 불을 끄지 않았다고, 차고 문을 하루 종일 열어놓았다고, 부엌 싱크대에 흘린 빵 부스러기를 치우지 않았다고 끊임없이 잔소리를 들었습니다. 부모님께도 듣지 않던 잔소리를 마흔 넘어 남편에게 들으니 적응이 되지 않고 매우 힘들었죠.

설상가상으로 결혼 6개월이 됐을 즈음, 저는 이름 모를 병에 시달렸습니다. 불과 두세 달 만에 심한 어지러움과 피로감으로 혼자 밥을 챙겨 먹는 것도 힘든 지경까지 가더군요. 할 수 없이 친정어머니의 간호를 받으러 한국으로 가야 했습니다.

위기의 부부 관계를 되살린 소중한 깨달음

집중치료를 받는데도 빨리 호전되지 않아 결국 6개월간 저는 한국에서, 남편은 미국에서 그렇게 떨어져 지냈습니다. 힘든 시간을 보내고 미국으로 돌아와 남편과 재회했을 때 한 가지 깨달은 것이 있습니다. 이제껏 제가 남편을 제대로 사랑한 것이 아니라는 점입니다. 제가 사랑한 것은 있는 그대로의 남편이 아니라 집에 일찍 들어오고 휴일에는 여가도 즐기는 '한층 발전된 모습의 남편'이었습니다. 남편도 마찬가지였죠. 그가 사랑한 것은 있는 그대로의 제가 아니라 정리정돈을 잘하고 차고 문 닫고 가스

불 끄는 것을 잊지 않는 '더 좋은 모습의 아내'였던 겁니다.

우리가 서로에게 "당신은 다 좋은데 이 부분은 꼭 고쳐야 해"라고 말하며 종용했던 것은 결국 '나는 당신을 온전히 사랑하지 않아, 더 나은 모습의 당신이라면 진심으로 사랑할 수 있지'와 같은 의미였음을 깨달았습니다. 그러니 저와 남편은 둘 다 서로 진심으로 사랑받는다고 느끼지 못했던 것입니다.

저는 그제야 '소파 껍딱지'인 남편을 있는 그대로 사랑하기로 했습니다. 소파에서 멍하니 TV를 보고 있어도 다가가서 안아주고 뽀뽀해주고 "오늘 일하느라 수고했어, 고마워"라고 말해줍니다. 그러고 나서 제 일을 합니다. 마음 같아서는 같이 밖에 나가 산책이라도 하고 싶지만, 피곤해서 쉬고 싶다는 남편의 뜻을 존중해줍니다. 사실 쉽지는 않았습니다. 하지만 그것이 진짜 사랑이라는 것을 깨달았죠.

사랑의 또 다른 이름이 무엇인지 눈치채셨나요? 바로 '존중'입니다. 존중에는 상대방에 대한 '인정'이 담겨 있습니다. 그 사람을 있는 그대로 수긍하고 받아들이는 것이죠. 내가 사랑하는 사람과의 관계에 존중이라는 자를 한번 대보세요. 사랑하는 사람을 그대로 인정하기보다 더 나은 모습으로 계속 바꾸려 하고 자율성을 자꾸 제한하려 한다면 그 사람을 존중하는 걸까요? 상대를 더 나은 모습으로 바꿔주는 것이 진정한 사랑일까요? 그런 사람 곁에 있으면 내 모습 그대로 사랑받고 있다는 느낌이 들지 않을 겁니다. 존중이 빠져 있기 때문이죠. 상대가 아무리 좋아도 내가 존중받지 못하면서 나 자신을 잃어간다면 행복하기 어렵습니다.

부모 자식 간에도 마찬가지입니다. 부모는 당연히 자녀를 사랑하고 또 아이를 위해 많은 희생도 합니다. 그런데 종종 자녀가 못하는 것을 뜯어고쳐 더 잘하게 만드는 것이 진정한 부모의 역할이라고 착각하는 분들이 있습니다. 그것이 정말 아이를 존중하고 있는 그대로 사랑하는 것인지 한번 돌아보세요. 아이의 부족한 점과 내 마음에 들지 않는 점도 포함한 그 모습 그대로를 사랑하는지, 아니면 내가 원하는 방향으로 계속 아이를 바꾸려만 하는지 말입니다.

물론 부모는 자녀에게 삶의 중요한 가치를 가르치고 올바른 마음자세를 익히도록 도와주어야 합니다. 그렇지만 '지금 네 모습 그대로는 사랑받기 어려워. 더 잘해야 사랑받을 수 있어'라는 메시지를 은연중에 주입하는 것은 아닌지 주의해야 합니다. 아이는 잘 키우려고 낳은 것이 아니라 사랑하려고 낳은 것이니까요. 아이는 무엇을 해야만 사랑받을 수 있는 존재가 아니라 그 모습 그대로 사랑받을 만한 존재입니다.

상대의 존재를 인정하고 진심으로 존중하는 법

그렇다면 어떻게 다른 사람을, 그리고 자녀를 존중해주어야 할까요? 존중을 이야기할 때 흔히 거론되는 두 가지 법칙이 있습니다. 바로 황금률(the golden rule)과 백금률(the platinum rule)입니다. 황금률은 '내가 대접받고 싶은 것처럼 상대방을 대접하라'는 것입니다. 상대가 나에게 해주기 바라는 그대로 그 사람을 잘 대접하고, 내가 듣기 싫어하는 말이나 행동은 상대에게도 하지 말라는 거죠. 이는 동서고금을 막론하고 널리 알려진 지혜입니다. 그런데 여기서 한 가지 주의해야 할 점이 있습니다. 황금률에는 나와 상대가 원하는 것, 싫어하는 것이 거의 같을 거라는 가정이 전제되어 있다는 점입니다. 그래서 사람마다 다양한 호불호가 있다는 걸 간과할 수 있습니다.

백금률은 황금률에서 한 걸음 더 나아간 존중 방식입니다. '상대방이 대접받고 싶어 하는 대로 그를 대접하라'는 것입니다. 특히 사랑하는 사람을 대할 때는 백금률을 꼭 생각해보세요. 그러면 그 사람은 여러분에게 존중받고 있으며, 사랑받고 있다고 느낄 거예요. 그런데 상대가 어떤 대접을 바라는지 어떻게 알 수 있을까요? 당연히 물어봐야 합니다.

이런 노부부의 이야기를 들어보았나요? 황혼의 부부가 이혼을 하게 되었답니다. 마지막으로 치킨집에서 식사를 하는데, 남편이 아내에게 닭 다리를 건넵니다. 이제까지의 정(情)을 생각해서 자신이 좋아하는 부위를 아내에게 먼저 준 것입니다. 그런데 아내는 그것을 보고 감정이 북받쳐 울며 이렇게 말했답니다.

"당신은 40년을 나와 함께 살면서 내가 닭 날개를 더 좋아한다는 것도 몰랐지? 한 번도 내가 뭘 좋아하는지 물어본 적 없잖아!"

'당신에게 뭐가 좋은지는 내가 더 잘 아니까 그냥 하라는 대로 해', '다 당신 좋으라고 하는 거야' 같은 남편의 자세를 원망한 것입니다. 이런 일방적 태도는 다양성과 자율성을 존중하지 않는 데서 나옵니다. 상대의 생각을 물어보고 내 생각과 달라도 존중해주는 백금률의 마음을 한번 장착해보세요. 상대가 나에게 진실로 사랑받고 있다고 느낄 거예요. 존중 없는 사랑은 얼핏 배려와 헌신, 희생이 가득한 사랑처럼 보이지만 실은 진정한 사랑이라 할 수 없습니다. 누군가를 진정으로 사랑한다면 내가 아니라 상대가 가고자 하는 길, 하고자 하는 것을 존중해주세요.

물론 상대가 아직 어린아이인데 하고자 하는 것을 다 들어주라는 말은 전혀 아닙니다. 그럴 때는 아이의 이야기에 충분히 귀 기울여주세요. 그리고 나서 옳고 그름을 설명해주고 방향을 제시해주어도 늦지 않습니다. 자신의 말을 경청해주는 것만으로도 아이는 자신이 존중받고 있으며 사랑받고 있다고 느낄 테니까요. 자녀에게 주어야 하는 조건 없는 사랑, 가치 교육과 훈육에 대해서는 제 책《세상에서 가장 쉬운 본질육아》에 더 자세히 나옵니다.

그 모습 그대로 존중하는 것이 사랑이라고 하면 이렇게 묻는 분들이 있습니다. "그럼 아이가 전혀 발전하지 않고 그 상태에 그대로 머물면 어떡해요?" 앞서 말씀드린 것처럼 제가 남편의 부족한 모습을 지적하고 개선하려 애쓰던 것을 멈추고, 있는 그대로를 사랑하기로 마음먹은 후부터 놀라운 일이 벌어졌습니다. 남편이 달라진 것이죠. 저녁 식사를 한 후 제 손을 잡고 20분 정도 함께 동네 산책을 합니다. 소파에 누워 쉬고 싶지만 사랑하는 아내를 위해 함께 가주는 것입니다.

물론 저는 성에 차지 않아 좀 더 같이 걸었으면 하는 아쉬움이 있지만 이것이 남편의 사랑임을 압니다. 남편은 이제 잔소리도 거의 하지 않습니다. 실수투성이인 제 모습 그대로를 사랑하는 것이 진짜 사랑임을 알게 된 거죠. 저 역시 남편이 싫어하는 부분은 최대한 신경 써서 그렇게 하지 않으려 노력합니다. 물론 잘 되지는 않지만 남편은 제가 노력하고 있다는 것을 알고 있습니다.

결국 사랑이 사람을 변화시키더군요. 그 모습 그대로 사랑받는 사람은 마치 그 사랑에 보답이라도 하듯 스스로 발전해갑니다. 사실 모든 인간에게는 좀 더 나은 사람이 되고 싶은 내재된 욕구와 희망이 있습니다. 사랑받지 못하고 질책만 듣는 사람보다 사랑을 충분히 받는 사람이 그 욕구와 희망을 더 잘 실천할 수 있습니다. 사랑에서 나온 인정과 존중이 사람을, 아이를 변화시키고 성장하게 하는 거죠.

다들 경험해보았겠지만 잔소리와 질책으로 사람을 변화시키기가 쉽던가요? 이제는 그 모습 그대로 온전히 사랑해주고 인정해주고 더 성장할 수 있을 거라는 믿음을 주면 어떨까요? 이런 사랑과 믿음을 받고 사는 사람은 시간이 좀 걸리더라도 변화의 놀라움을 보여줄 테니 말입니다.

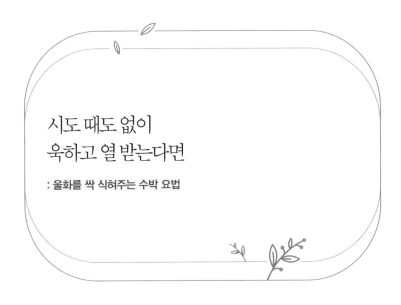

시도 때도 없이
욱하고 열 받는다면

: 울화를 싹 식혀주는 수박 요법

제가 많이 받는 질문 중 하나가 "욱하는 것도 고칠 수 있나요?"입니다. 살다 보면 누구나 욱할 때가 있고 간혹 화가 올라오는 것은 정상입니다. 그런데 작은 일에도 자주 욱하거나 분노를 격하게 발산하는 것은 다른 문제입니다. 보통 "저 사람 성격이 욱할 때가 많아" 하면 큰일이 아닌데도 자주 분노를 발산하는 경우를 말합니다. 이런 경우 고치는 것이 쉽지는 않기에 많은 노력이 필요합니다. '욱'이 올라오는 걸 완전히 막기는 어렵지만, 그걸 밖으로 격하게 발산하는 행동은 고칠 수 있습니다. 속에서 불끈 화가 치밀어오를 때 어떻게 하면 그것을 가라앉히고 좀 더 차분하게 반응할 수 있을지 한번 살펴보겠습니다.

수박 속 몰라요, 사람 속도 몰라요

수박을 살 때 잘 익은 수박인지 아닌지 어떻게 구분하나요? 저는 무조건 두들기고 보는데, 아무리 두들겨도 어떤 게 잘 익은 수박인지 모르겠더라고요. 저희 시어머니는 수박을 정말 잘 고릅니다. 그런데 수박 감별 고수인 시어머니마저도 간혹 맛없는 수박을 살 때가 있어요. 이렇듯 겉으로 보아서는 진짜 속을 알 수 없는 게 수박입니다. 결국 '수박 속은 모른다'가 기본값입니다.

이제 우리 주변으로 시선을 돌려봅시다. 보통 무엇 때문에 욱하시나요? 다른 사람 때문일 때가 많죠? 그때 수박을 떠올리는 겁니다. 나를 화나게 하는 그 사람 속을 우리가 알 수 있을까요? 알 수 없죠. 수박 속도 모르는데 어떻게 사람 속을 알겠어요?

욱했을 때는 일단 심호흡을 하고서 '나는 저 사람 속을 모른다'라고 되뇝니다. 내가 모르는 어떤 영문이 있을 수 있음을 인정하는 거죠. 그렇게 생각하면 욱하고 올라오던 감정이 조금 가라앉는 걸 느낄 수 있습니다. 저는 이것을 수박 요법이라고 부릅니다. 이것은 앞서 말한 남의 생각과 의도를 아는 것처럼 생각하는 사고 오류, 독심술(mind reading)을 줄이는 방법이기도 합니다.

제가 영어 표현을 종종 말씀드리는데요, 그 이유는 언어가 사고의 발현이기 때문입니다. '저렇게 생각할 수도 있네'라는 사고의 전환을 알려드리고 싶어 기회가 되면 소개하고 있습니다. "Give him(her) the benefit of the doubt"라는 영어 표현이 있습니다. 이 말은 '상대의 미심쩍은 점을 상대방에게 유리하게 해석해준다'는 뜻이에요. 의역하면 '속는 셈 치고 한번 믿어보자' 정도가 되겠죠. 미심쩍지만 그것이 거짓이라는 확증이 없다면, 즉 긴가민가 의문(the doubt)이 남아 있다면 상대에게 유리한(the benefit) 쪽으로 봐주라는 것입니다.

사실 누군가에 대해서 100퍼센트 안다고 확신할 수 있는 사람이 있을까요? 아주 가까운 사람, 심지어 가족조차도 그의 마음이나 그가 처한 상황에 대해 100퍼센트 다 알지 못합니다. 저마다 처한 상황과 환경이 다르기 때문이죠. 신이 아닌 이상 우리의 추측이나 판단이 틀릴 수도 있는 'the doubt'는 언제나 존재합니다. 다 안다고 생각한다면 그건 착각입니다.

내가 모르는 상황이 있을 수도 있어

유튜브를 시작하고 소셜 미디어 활동을 하면서 저도 악플이란 걸 간혹 받습니다. 그러니 악플에 대한 이해도가 커지더군요. 제 강의 영상에 "너희 집 개부터 훈련시키고 오라"는 댓글이 달린 적이 있습니다. 자기 집 개도 제대로 훈련시키지 못하면서 무슨 사람 마인드 트레이닝 강의를 하느냐는 것이었습니다. 당시에 저희 집에 데리고 온 지 얼마 안 된 강아지 두 마리가 있었습니다. 아직 어려서 바스락 소리만 나도 짖고 난리가 아니었어요. 그런 상황에서 유튜브 라이브 방송을 하는데 그날따라 강아지가 엄청

짖은 겁니다.

댓글을 단 사람 입장에서는 귀한 시간 내서 라이브 방송을 들으러 왔는데 개가 계속 짖으니 얼마나 짜증이 났겠어요? "저게 이웃에 웬 민폐냐"는 댓글도 있었습니다. 그러자 그 밑에 이런 댓글이 달렸습니다. "미국(시골집)은 땅이 넓고 집집마다 마당이 딸려 있어서 옆집에는 개 짖는 소리가 잘 안 들릴 거예요." 이 댓글을 단 분은 이미 수박 요법을 사용하고 있는 분이었습니다.

한국은 보통 아파트에 많이 살고 다세대 주택이 많습니다. 그러니 개가 심하게 짖으면 진즉 경찰이 출동했을지 모릅니다. 그래서 저희 개가 짖는 것을 보고 훈련 좀 시키라며 쓴소리를 한 것일 수 있습니다. 그런데 제가 사는 곳은 집 안에서는 옆집이 잘 안 보일 정도로 집들이 멀찍이 떨어져 있습니다. 그래서 개가 집 안에서 짖어도 이웃집에는 거의 들리지 않습니다.

그러니 '대체 저 사람 왜 저래?', '뭐 저런 인간이 다 있어?'라는 생각이 들 정도로 이해할 수 없는 일이 생기면 '내가 그 사람의 환경과 상황을 잘 모른다'는 것을 먼저 떠올리기 바랍니다. 그에게 내가 모르는 상황과 이유가 있을 수도 있으니까요. 아까 알려드린 대로 'the benefit of the doubt'를 주라는 것입니다.

가끔 운전을 하다 보면 비상식적으로 끼어드는 차를 만날 때가 있습니다. 그럴 때면 뚜껑이 열리고 욕이 나오기도 하죠. 그렇게 욱할 때 '내가 모르는 상황이 있을 거야'라고 생각해보면 어떨까요? 물론 진짜 이상한 사람일 수도 있습니다. 하지만 아이가 응급 수술을 받아야 해서 병원으로 가는 길일지도 모릅니다. 누군가 나한테 이유 없이 짜증을 내고 불친절하게 굴 때도 '내가 모르는 상황이 있을지도 몰라'라고 생각해보세요. 사실 그 전날 이혼 통보를 받았거나 해고를 당했을 수도 있습니다. 물론 이런 경우가 매우 흔한 것은 아니겠지만, 이렇게 생각하는 과정에서 거꾸로 솟던 피가 조금은 가라앉는답니다. 한번 직접 실험해보세요.

그 사람의 의도는 나쁘지 않았을 거야

욱함을 식히는 또 한 가지 방법은 '그 사람의 의도는 나쁘지 않았을 거야'라고 생각하는 겁니다. 길을 가다 시비가 붙는 흔한 경우 중 하나가 누군가 나를 툭 치고 지나갔을 때일 거예요. 일부러 치고 지나간 것 같은 생각이 들면 확 열이 오릅니다. 그런데 사실 일부러 그랬는지 100퍼센트 확신할 순 없습니다. 'the doubt'가 있는 것이죠. 그럴 때는 '그냥 모르고 쳤겠지'라고 생각하며 'the benefit of the doubt'를 주는 겁니다.

부모들은 자녀들 때문에 '욱'이 올라오는 것을 자주 경험했을 겁니다. 하지 말라고 아무리 말해도 아이는 보란 듯이 그 행동을 계속합니다. 어떤 때는 '나를 무시하는 거야 뭐야?', '쟤, 지금 나 골탕 먹이려고 일부러 저러는 거 아냐?'라는 생각이 들기도 합니다. 그럴 때 제가 부모님께 드리는 말씀이 있습니다.

"아이가 말을 들을 수 있었으면 들었을 겁니다(They would've done if they could)."

부모님이 바라는 대로 할 수 있었으면, 아마 아이도 그렇게 했을 거란 말이죠. 예를 들어볼게요. 친구랑 싸우지 말라고 수백 번을 말했는데 '말을 안 듣고' 계속 친구랑 싸우는 아이 때문에 힘들어하는 부모님이 있습니다. 그 아이는 싸우지 않아야 한다는 것은 알지만, 싸움을 하지 않고 갈등을 해결할 기술이 아직은 없는 것입니다. 일부러 말을 안 듣는 게 아니라 아직 그 정도밖에 발달하지 못한 거예요. 할 수 있는데 안 한다고요? 어떤 날은 하는데 어떤 날은 일부러 안 하는 것 같다고요? 그렇다면 매일 지속적으로 잘할 정도로 아직 발달하지 못한 겁니다.

어른도 그런 경우가 있죠. 옳다는 건 알지만 매일 실천하지 못하는 일 다들 한 가지쯤 있지 않나요? 운동 좋은 거 다 알지만 매일 운동하러 가지 못하고, 다이어트에 달달한 간식이 안 좋은 거 알지만 그냥 지나치지 못하잖아요. 그러니 배우는 과정에 있는 아이들은 어떻겠어요? 할 수 있는데 엄마 속 뒤집어놓으려고 일부러 안 하는 게 아닙니다. 아직은 일관성 있게 할 수 없거나 또는 잘 몰라서 못하는 거예요. 그렇게 생각하면 아이 때문에 욱하는 상황이 훨씬 줄어들 것입니다.

수박 요법의 핵심은 '열린 마음(open-mindedness)'입니다. 내가 생각하는 경우의 수 외에 다른 설명(alternative explanations)이 있을 수 있다는 거죠. 내가 모르는 상황이 있을 수도 있다고 여기거나, 그 사람의 의도는 나쁘지 않았을 거라 생각하고 그 가능성을 열어두는 겁니다. 다시 말하면 좀 더 이해심 많고 너그러운 사람이 되는 것입니다. 그렇다면 수박 요법의 반대는 무엇일까요? '판단(judgement)'하는 것입니다. 내 수박밖에 모르면서 딴 수박도 내 수박 같은 줄 알고 상대를 판단하는 것이죠. 살다 보면 자신이 아는 것이 전부라 생각하고 남을 쉽게 판단하고 정죄해버리는 경우를 많이 봅니다.

그런데 열린 마음으로 수박 요법을 쓰면 확실히 울화가 줄고 욱하는 것이 덜해집니다. 욱할 때 일어나는 교감신경 항진으로 여러분의 자율신경계는 엄청 찡그리게 되고, 덩달아 정신뿐만 아니라 온몸도 찡그린다는 것을 기억하세요. 너그러운 마음을 품으면서 욱하는 게 줄어들면 정신 건강뿐 아니라 신체 건강에도 긍정적인 영향을 준답니다.

그리고 '저쪽 수박에 내가 모르는 무슨 일이 있나 보다'라고 생각할 줄 아는 사람은 사고 범위가 '나'의 밖으로까지 확장됩니다. 더불어 공감력도 함께 확장될 수밖에 없습니다. 그런데 '공감력'에 있어서는 인공지능이나 로봇이 인간을 능가하기 힘듭니다. 그 때문에 공감력은 4차 산업혁명 시대에 점점 더 높게 평가되는 능력 중 하나입니다.

수박 요법을 잘 활용하면 웬만큼 열 받는 상황이 되거나 속상한 악플을 봐도 '내려놓기'가 수월해집니다. 나도 모르게 남을 판단하고 지적질을 하려다가도 '참, 저 수박 속은 내가 모르지'라며 좀 더 이해해보려 애쓰게 됩니다. 상사에게 나쁜 소리를 들어도 '뭐 힘든 일이 있나 보네' 하게 되죠. 그러다 보면 그 말을 곱씹으면서 스스로를 괴롭히는 일이 줄어들 것입니다.

나이가 들수록 마음이 평화로워지기는커녕 사소한 것에 열 받는 일이 늘어나고 있나요? 그럴 때 앞에서 배운 심호흡을 하면서 '저 수박 속을 나는 모른다'라고 되뇌어보세요. 마치 엄청나게 더운 날 수박 한입 베어 물면 열이 싹 식는 것처럼 욱하는 마음을 가라앉힐 수 있습니다. 그것만으로도 욱하는 횟수가 줄어들고 마음이 평온해질 겁니다. 그리고 주위 사람과의 관계도 더 화목하고 평화로워질 거예요.

내가 **틀릴 수도 있음을** 아는 캔 따개 요법

20대 초반인 제 조카가 저의 일을 도와주러 미국에 와서 몇 주 동안 머문 적이 있어요. 그런데 요리를 거의 못하는 이모 덕분에 스스로 식사를 해결해야 했습니다.

하루는 저에게 와서 캔 따개가 안 된다고 하더군요. 캔 따개에 아무 이상이 없다는 것을 잘 아는 제가 "캔 따개가 안 된다는 걸 얼마만큼 확신하니?"라고 물었습니다. 조카는 자신 있는 목소리로 "확실히 안 돼요"라고 대답했습니다. 고장 났거나, 뭐가 빠진 거라고 확신한 거예요. 사실 저도 그 캔 따개를 처음 봤을 때 어떻게 사용하는 줄 몰라서 남편에게 물어서 배웠어요. 한국에서 흔히 볼 수 있는 돌출된 칼날로 뚜껑을 자르듯 따는 캔 따개와는 달리, 칼날이 없어 뭔가 잘못된 것처럼 보이기 때문이죠.

저는 조카에게 그 캔 따개로 캔을 따는 시범을 보여주었습니다. 예상치 못한 방법으로 캔 뚜껑이 잘 따지는 것을 본 조카의 눈이 휘둥그레지더군요. 저는 조카에게 이 순간을 절대 잊지 말라고 조언했습니다. 사람들은 자신이 아는 지식과 경험에 비추어 그에 맞지 않거나 낯선 것은 쉽게 '틀렸다', '안 된다'라고 판단합니다. 이렇게 금방 결론 내리는 것은 자신이 아는 것이 세상의 전부라고 전제한 결과입니다. 우리가 알고 있는 지식은 세상 모든 지식에 비하면 빙산의 일각에 불과한데 말이죠.

예를 하나 들어볼까요? 한곳에서 나고 자라며 거기서 보고 배운 가업을 물려받은 A와 세상 여러 곳을 돌아다니며 실패를 비롯한 다양한 경험을 한 B가 있다고 가정해봅시다. 낯설고 이해되지 않는 현상을 처음 접했을 때 둘 중 누가 더 쉽게 '저건 있을 수 없지. 그렇게는 안 되는 거지'라고 반응할까요?

대부분 A라고 대답합니다. 그럼 왜 그럴까요? A의 경우 알고 있는 지식과 경험의 범위가 상대적으로 좁기 때문에 자신의 머릿속에 있는 데이터를 죽 훑어보고 해당 사항이 없으면 '안 된다, 이상하다'라는 결론을 빨리 내립니다. 반면 B는 일단 자신이 아는 모든 경우의 수를 훑는데도 A보다 더 오래 걸립니다. 그리고 생각하지 못한 일도 일어난다는 경험을 이미 해봤을 수 있기에 '틀렸다'는 결론을 더디게 내립니다.

하지만 꼭 그런 것만도 아닙니다. 경험과 지식이 많은 사람이 '캔 따개의 우'를 범하기도 합니다. 자신이 아는 것이 많다고 믿고, 나아가 자신이 '다 안다'고 착각하기 때문에 자기 지식과 경험의 범주에 맞지 않는 것은 쉽게 틀렸다고 말하는 것이죠.

아마 제 조카도 캔 따개를 많이 봐왔고 어떻게 사용하는지 잘 알고 있다고 믿었기 때문에 쉽게 '안 된다'고 확신했을 거예요. 그러나 진정으로 현명한 사람은 자신의 지식과 경험이 세상의 모든 경우의 수에 비하면 새 발의 피라는 것을 아는 사람입니다. 다시 말해 자신이 아는 것보다 모르는 것이 비교도 되지 않을 만큼 많음을 아는 것이죠. 자신이 무엇을 알고 무엇을 모르는지 판별하는 메타인지가 좋은 사람입니다. 내가 모르는 다른 가능성(alternative explanations)에 대해 생각할 줄 아는 사람이죠. 이런 사람은 열린 마음과 열린 눈으로 사물과 현상을 볼 수 있습니다.

여러분도 이제 이해할 수 없는 상황이 눈앞에 펼쳐질 때 수박 요법과 캔 따개 요법을 떠올려보세요. 수박 속처럼 사람 속은 알 수 없으며, 내가 상상도 하지 못한 방식의 캔 따개도 있다는 것을요. 세상에는 내가 모르는 것이 내가 아는 것보다 훨씬 더 많다는 점을 되새기는 겁니다. 그러면 열 받는 일도 줄고, 끝없이 열려 있는 확장된 세상을 사고의 제한 없이 경험할 수 있을 겁니다.

기다리고 인내해야
비로소 얻을 수 있는 것들

: 정서적 성숙을 나타내는 견딤의 미학

"참을 인(忍) 자가 세 번이면 살인을 면한다"는 격언이 있죠. 인내가 주는 힘과 그 중요성을 강조한 말인데 한편으로는 참는 것이 그만큼 쉽지 않다는 뜻을 내포하기도 합니다.

살다 보면 참아야 할 때가 참 많습니다. 1분 1초가 아쉬운 아침 시간에 엘리베이터는 왜 이리 더디 오는지요. 배우자의 억지 주장에 화가 치밀어 오르기도 하고, 유치원 등원 버스 시간이 다가오는데 아이는 왜 그리 늑장을 부리는지 속이 타들어갑니다.

특히 육아는 인내의 연속인지도 모릅니다. 아이가 생떼를 부릴 때도, 같은 실수나 잘못을 반복할 때도 부모는 참고 기다려줘야 합니다. 사실 육아뿐만 아니라 세상 모든 일에는 인내가 필수입니다. 어떤 일이든 꽃을 피우고 열매를 맺으려면 참고 기다리는 시간이 반드시 필요한 법이니까요.

정서적 성숙의 바로미터, 자기조절 능력

'인내'의 사전적 의미는 '괴로움이나 어려움을 참고 견딤'입니다. 심리학적으로 인내에는 두 가지 요소가 포함되어 있습니다. 첫 번째는 '만족 지연(delayed gratification)'입니다. '시간적 기다림'의 의미를 담고 있죠. 아이가 성숙할 때까지 기다리고, 어떤 일이 무르익기를 기다리는 것이 여기에 해당합니다. 두 번째는 '좌절 감내(frustration tolerance)'입니다. 불편한 것을 수용하며 견디는 것을 말합니다. 주어진 상황이 불편하더라도 참고, 어떤 과정에서 어려움이 닥치더라도 견뎌내는 것이 좌절 감내에 해당합니다.

이 두 가지는 인간의 정서 발달에 있어 중요한 과제 중 하나인 '자기조절'의 필수 요소입니다. 갓 태어난 신생아에게는 만족 지연과 좌절 감내 능력이 없습니다. 5세 정도가 되면 당장 과자를 먹을 수 없으며 기다려야 한다는 개념을 이해할 수 있습니다. 이 또한 개념을 이해한다는 것이지 실제로 기다릴 수 있다는 의미는 아닙니다. 15세쯤 되면 게임을 한 시간만 하겠다고 약속하고 싫어도 이를 지키려고 애쓰는 것이 가능합니다. 하지만 청소년기에는 만족 지연, 좌절 감내 능력이 미성숙하기 때문에 실패하는 경우가 많습니다. 그러면 대체 언제쯤 자기조절이 가능하냐고요?

이를 위해서는 뇌의 발달 시기에 대한 이해가 필요합니다.

자기조절을 주로 담당하는 곳이 뇌의 전전두엽인데, 이 부분이 뇌에서 가장 늦게까지 발달하는 부분 중 하나입니다. 개인차가 있지만 전전두엽의 성장은 20대 중반까지 계속됩니다. 대부분 25세쯤 되면 직업을 갖기 위해서는 하기 싫고 힘들어도 공부를 하고 자격증을 따야 한다는 것을 알고 실행에 옮길 수 있습니다. 35세쯤 되면 삶이 자기가 원하는 대로 흘러가지 않아도 그것을 받아들이고 꾸준히 노력해야 한다는 것을 알게 됩니다. 이렇듯 자기조절 능력의 발달은 결국 인간이 정서적으로 성숙해가는 과정이라 해도 과언이 아닙니다.

그런데 45세인 사람이 식당에서 음식을 주문했는데 늦게 나왔다고 종업원에게 폭언을 했다면요? 퇴근했을 때 집이 원하는 만큼 정돈되어 있지 않다고 배우자에게 버럭 화를 낸다면요? 이런 사람의 만족 지연, 좌절 감내 능력은 얼마나 성숙했다고 할 수 있을까요? 앞서 살펴본 5세, 15세의 아이보다 기술과 지식, 경험은 더 축적했을지 몰라도 정서 발달 면에서는 그만큼 성장했다고 보기 어려울 것입니다.

인내의 한계를 극복하기 위한 훈련

전전두엽의 발달이 완료되는 시기가 한참 지났는데도 자기조절이 힘들다면 훈련을 통해 뒤처진 성숙도를 올리려는 노력이 필요합니다. 화가 나는 순간에 자신을 들여다보세요. 상대가 나에게 이런 대우를 받을 만큼 크게 잘못해서 내가 화를 내는 것인지, 아니면 나의 정서적 성숙도가 부족해서 그런 것인지. 만약 후자에 해당한다면 그 화를 스스로 조절하는 훈련을 해야 합니다.

화가 올라온다는 것이 느껴질 때 쓸 수 있는 가장 기본적인 자기조절 방법은 바로 '심호흡'입니다. 책의 서두에서 호흡법에 대해 자세히 소개해드렸지요. 아침저녁으로 5분 정도 훈련하면 '뚜껑이 열리는 순간'에 감정을 자제하고 좀 더 성숙한 모습으로 대처할 수 있습니다.

초보자도 쉽게 할 수 있는 4-2-4 호흡을 연습해보세요. 천천히 호흡하면서 4초간 코로 들이쉬고, 2초간 멈추고, 4초간 입으로 내쉽니다. 날숨은 4초보다 길어도 됩니다. 잡념이 떠오르더라도 다시 숨을 들이쉬고 내쉬는 것에 집중해보세요. 숨이 코로, 기도로, 폐로, 복부로 들어갔다가 다시 나오는 것을 느껴봅니다. 숨을 내쉴 때 몸을 완전히 이완합니다. 이때 뜨거운 감자 요법에서 배웠던 대로 '나는 이 상황을 다룰 수 있어(I can handle it)'라고 스스로에게 말하는 것도 도움이 됩니다.

이러한 호흡법을 평소에 미리 연습해두어야 하는 이유는 무엇일까요? 열 받은 상태에서 갑자기 시작하려면 호흡 조절이 쉽지 않기 때문입니다. 화가 올라온다고 감지될 때 바로 4-2-4 호흡을 시작할 수 있도록 훈련하면 좋습니다. 호흡이 조절되면서 격앙된 감정이 수그러드는 것을 느낄 수 있습니다.

심호흡은 몸이 머리에게 보내는 메시지입니다. 호흡이 깊고 느려지면 심박동이 낮아지고 근육이 이완되면서 몸이 좀 더 편안해집니다. 이렇게 편안해진 몸이 긴장하고 있는 머리에게 '지금 위험하거나 흥분할 상황이 아니야'라는 메시지를 보내며 소통하는 것이죠. 변연계의 편도체에게 위협이 없다고 알리고, 자율신경계에게 교감신경은 내리고 부교감신경을 올리라고 전하는 것입니다. 이 소통도 다른 소통과 마찬가지로 연습할수록 원활해집니다. 간단한 호흡 훈련으로 일생의 과제인 정서적 성숙도를 한 단계 올려보기 바랍니다.

이 글을 읽으며 화를 조절하지 못하고 버럭 했던 순간들이 떠올랐을 겁니다. 특히 아이를 키우다 보면 자기조절의 한계에 부딪힐 때가 많습니다. 아이들과 하루 종일 실랑이를 하다 보면 얼마 남아 있지 않던 인내심이 금세 바닥을 드러냅니다. 버럭 화를 내고는 잠든 아이를 보며 '내가 왜 그랬을까?' 후회하고 미안해하는 것이 일상이죠. 인내심을 갖고 자녀를 대하는 것은 무척 어렵기도 하지만, 부모의 필수 자세이기도 합니다.

조금 더 기다려주고 그 모습 그대로 수용하고 감내하는 이면에는 사랑이 있습니다. 반면에 조급함 뒤에는 내 아이가 남들보다 더 잘하기를 바라는 욕심이 숨어 있는 경우가 많습니다. 또 그 욕심의 깊은 곳에는 내가 더 좋은 부모라는 것을 인정받고 싶은 조금은 이기적인 욕구가 자리하고 있습니다.

살아가면서 무엇보다 인내가 요구되는 것은 다른 사람과의 '관계'입니다. 내가 사랑하는 대상일수록 욕심과 조급함을 내려놓고 인내를 갖고 사랑으로 상대를 대했으면 합니다. 그러면 그만큼 서로에게 상처를 주고받는 일도 줄어들 것입니다.

아래 노래에는 사랑의 특성이 하나하나 잘 표현되어 있습니다. 함께 노력하고 훈련하면서 이 노래만큼 성숙한 사랑을 할 수 있다면 관계에서 더 바랄 것이 있을까요?

사랑은 언제나 오래 참고
사랑은 언제나 온유하며
사랑은 시기하지 않으며
자랑도 교만도 아니하며
…
사랑은 모든 것 감싸주고
바라고 믿고 참아내며
사랑은 영원토록 변함없네
믿음과 소망과 사랑은
이 세상 끝까지 영원하며
믿음과 소망과 사랑 중에
그중에 제일은 사랑이라

-〈고린도전서〉 제13장, 정두영 작곡

232

넘어져도 다시 일어나 한 걸음씩 나아간다

Part
4

실패는 지거나
잃는 것이 아니라 기회다

: 실패를 해야 하는 진짜 이유

덕담으로 종종 이런 인사를 건네곤 합니다. "꽃길만 걸으세요." 이 말처럼 우리 인생에 꽃길만 펼쳐진다면 얼마나 좋을까요? 아니, 꽃길까지는 바라지도 않습니다. 평탄하기만 해도 좋으련만 돌길, 가시밭길, 진창길에 막다른 길까지⋯ 주저앉아 울고 싶을 때가 한두 번이 아닙니다. 발을 헛디뎌 미끄러지기도 하고, 돌부리에 걸려 넘어지거나 예상치 못한 장애물을 만나 고꾸라지기도 합니다.

여러분도 인생길에서 철퍼덕 넘어진 적이 있나요? 살면서 가장 괴롭고 힘들었던 좌절의 순간은 언제였나요? 대학 입시에서 떨어졌을 때, 실연당했을 때, 승진에서 누락되었을 때, 잘 다니던 직장에서 하루아침에 잘렸을 때, 사업에 실패했을 때, 결혼에 실패했을 때 등 누구에게나 아프게 각인된 실패의 순간이 있을 겁니다. 흔들리지 않고 피는 꽃이 없듯 넘어지지 않고 사는 인생도 없으니까요.

가끔은 인생도 조립식 가구처럼 설명서 같은 게 있으면 좋겠다는 생각도 듭니다. 설명서에 나와 있는 대로 1번에서 13번까지 따라만 하면 '짠!' 하고 실패 없는 결과물이 나오는 것처럼요. 하지만 우리 인생은 조립식 가구가 아니라 디자이너의 핸드메이드 가구에 가깝습니다. 디자이너가 고심에 고심을 거듭하며 그렸다 다시 지우고, 이리 깎고 저리 다듬어서 만든 세상에 단 하나밖에 없는 가구 같은 것이죠.

자신뿐만 아니라 자녀도 조립식 가구처럼 정해진 공식대로 평탄하게 실패 없이 살길 바라는 사람도 많은 것 같습니다. 하지만 설명서대로 산다고 한들 긴 인생을 살면서 한 번도 넘어지지 않기란 거의 불가능합니다. 크든 작든 실패의 경험은 누구에게나 있습니다. 때로는 회복이 어려울 만큼 큰 후유증을 남기는 아픈 경험도 있고요. 그런데도 저는 여러분에게 그런 실패를 피하려고만 하지 말라고 말씀드리고 싶습니다. 그 이유가 뭐냐고요?

실패할 것이라고 예상하는 유연한 자세

첫 번째 이유는 바로 인생 자체가 배움의 과정이기 때문입니다. 과연 실패가 없는 배움이 있을까요? 처음 태어났을 때 우리는 할 줄 아는 게 아무것도 없습니다. 자기 목도 가누질 못하죠. 수많은 시도와 실패를 거듭한 후에야 목을 가누고 뒤집고 기고 앉고 서고 걸을 수 있게 됩니다. 지금 우리가 능숙하게 하는 모든 것은 그러한 배움의 결과입니다. 우리는 지금도 여전히 배우고 성장하고 있습니다. 그런데 배움은 원래 수많은 시행착오(trial and error), 즉 시도와 실패를 거쳐 이루어집니다.

크게 성공한 사업가들도 사업을 10개쯤 벌이면 그중 한 개 정도가 성공한다고 합니다. 손을 대는 족족 돈으로 변한다는 세계 최고의 사업가 일론 머스크가 화성 이주용 우주선 개발 프로젝트를 진행하고 있는 거 아시나요? 그 분야에서 난다 긴다 하는 인재들을 모아서 개발에 착수했겠지요. 그럼에도 머스크는 단번에 성공할 것이라 생각하지 않았다고 합니다. 실제로 그의 화성 탐사 우주선 '스타십'은 실패와 폭발을 거듭했어요. 그러다 2021년 5월, 4전 5기 끝에 첫 발사에 성공했고 지금은 우주 궤도 비행에 도전 중이라고 합니다. 머스크는 여러 번 실패할 것이라고 예상했기 때문에 반복되는 실패에도 유연하게 대처하며 계속 추진할 수 있었습니다.

세상에는 실패할 만한 일은 최대한 피하며 살려는 사람도 많습니다. 그러려면 실패할 확률이 거의 없는 일만 택하며 매우 좁은 범위 안에서 제한된 삶을 살아야겠죠. 그런데 세상은 빠른 속도로 변하고 있으니 실패 가능성이 없는 일에만, 내가 잘 아는 범위에만 머물러 있다가는 뒤처질 수밖에 없습니다. 격변하는 현실에 적응하려면 계속해서 배우고 성장해야만 하니까요. 그런데 배움과 성장에는 반드시 실패가 수반되게 마련입니다.

넘어져봐야 다시 일어설 줄도 안다

실패를 피하기보다 오히려 실패하려고 달려들어야 하는 두 번째 이유는 미래 사회의 특성과 관계가 있습니다. 우리의 미래인 21세기 중후반에는 어떤 능력이 가장 필요할까요? 미국 교육계에서 흔히 거론되는 21세기에 꼭 갖추어야 할 능력 네 가지(4C's of the 21st century)는 창의력(creativity), 비판적 사고(critical thinking), 협동(collaboration), 소통(communication)입니다.

미래에는 지금은 생각하지도 못한 새로운 문제들이 나타날 것입니다. 그러니 정해진 답이 없는 상황을 비판적으로 분석하고 새롭고 창의적인 발상으로 풀어나갈 수 있어야 합니다. 혼자서 해결하기 힘든 복잡한 문제도 많아져 소통이나 협동 능력도 더 필요할 것이고요. 이렇게 여러 사람이 모여 함께 복잡한 문제를 해결하고 새로운 것들을 배워가는 과정에서는 수많은 시도와 실패가 뒤따르게 마련입니다.

이러한 미래 사회에 적응하는 데 무엇보다 중요한 것이 바로 회복탄력성(resilience)입니다. 공이 바닥에 떨어지면 탄성에 의해 다시 튀어 오르듯이 실패나 시련, 불행, 트라우마, 역경 등을 겪은 뒤에 원래의 위치로 돌아오는 능력을 회복탄력성이라고 합니다.

그런데 어떤 사람이 창의력은 월등한데 회복탄력성이 뒷받침 되지 않는다면 어떻게 될까요? 혁신적인 아이디어로 새로운 무언가를 시도했다면 실패할 경우의 수 역시 늘어날 수 있습니다. 그때 회복탄력성이 부족하다면 좌절하지 않고 툭툭 털고 일어나 다시 시작할 수 있을까요? 어쩌면 시도하는 것보다 더 중요한 것이 재기하는 것입니다. 그럼 이토록 중요한 회복탄력성은 어떻게 키울 수 있을까요?

저는 미국에 와서 스키를 처음 배웠습니다. 운동 신경이 그리 나쁘지 않은 편이라 어쩌다 보니 같이 간 두 친구를 따라 첫날부터 중급용 블루 슬로프까지 올라갔습니다. 그런데 리프트에서 내려 엉거주춤 서서 아래를 내려다보니 발밑이 낭떠러지더군요(미국 슬로프는 한국보다 대체로 더 가파르다고 합니다)!

그런데 연인이던 두 친구는 저에게 눈길도 주지 않고 둘이서만 슝 내려가 버렸습니다. 덩그러니 남겨진 저는 잠시 머뭇거렸지만 이내 '우야겠노? 여기까지 올라왔는데 일단 내려가 보자' 하며 낭떠러지로 진입했습니다. 스키를 배워본 사람은 잘 알 거예요. 초보들은 넘어질 때 다치기 쉽고, 특히 넘어지면 남의 도움 없이 일어나기가 쉽지 않다는 것을요.

당시 저는 그 슬로프를 스키를 '타고' 내려왔다기보다는 수없이 넘어지면서 '굴러서' 내려왔습니다. 그러다 보니 제가 끝까지 내려왔을 때 마스터한 것은 스키를 타는 기술이 아니었어요. 다치지 않게 넘어지고, 넘어졌다 다시 일어나는 기술이었죠. 신기한 것은 그다음부터는 넘어지는 것에 대한 두려움이 사라지고 스키가 꽤 재밌어졌다는 점이에요.

넘어지면 다시 일어나면 되니까 무서울 게 없었습니다. 덕분에 엉덩이와 허벅지 등 온몸에 멍이 들긴 했지만요. 그 후 두 번째 스키 여행에서는 블랙 슬로프는 물론 실수로 '전문가 전용' 슬로프까지 가보는 경지에 이르렀습니다. 넘어지는 것에 대한 두려움을 극복했기에 겁 없이 빠른 속도로 배울 수 있었던 것입니다.

이렇듯 넘어져도 다시 일어나는 법을 터득하면 용감해집니다. 회복탄력성이 강하면 실패를 두려워하지 않게 되지요. 그럼 어떻게 해야 넘어졌다 일어나는 힘을 기를 수 있을까요? 사실 답은 단순합니다. 일단은 넘어져봐야 합니다. 넘어져야 다시 일어나는 경험을 할 수 있고, 더 잘 일어나는 방법도 배울 수 있으니까요.

한 번도 넘어져보지 않은 사람이 처음으로 넘어지면 잘 일어날 수 있을까요? 실패를 경험해본 적 없는 사람일수록 어른이 되었을 때 겪는 작은 실패에도 크게 좌절합니다. 당연히 회복하는 것도 더 힘들겠죠. 반면 넘어졌다가 다시 일어선 경험이 많은 사람은 넘어져도 망하는 것이 아니고 솟아날 구멍이 있다는 것을 압니다. 넘어졌다고 해서 죽는 것이 아니며 다시 일어나면 된다는 것을 배웠기 때문입니다. 그러니 여러분의 실패는 손실이나 낙오가 아니라 재기하는 훈련이자 다음 단계로 나아가기 위한 필연적인 과정입니다.

실패를 기회로 리프레임하면 생기는 일

큰 사고나 실패를 겪은 후 오히려 더 성장하고 강해진 사람들의 이야기를 들어보셨나요? 이를 외상 후 성장(post-traumatic growth)이라고 합니다. 제 경우에도 병으로 일상이 다 무너지는 어려움을 겪은 후에 더 성숙하고 성장했습니다. 실패의 과정에 숨어 있는 긍정적인 면을 볼 수 있는 사람은 회복을 넘어 더 크게 성장할 수 있습니다. 이를 위해서는 실패를 '손실', '패배', '낙오'가 아닌 '기회'로 리프레임하는 생각의 전환이 필요합니다.

앞서 말씀드린 것처럼 저는 인턴 과정을 마칠 즈음 지원했던 정신과 레지던트 시험에 불합격했습니다. 살면서 처음으로 겪은 큰 실패의 여파는 상당했습니다. 정신과 의사가 되겠다는 생각으로 의대 4년을 마치고 인턴 과정을 보냈던 저로서는 청천벽력 같은 일이었습니다. 다른 동기들이 합격을 축하하고 있을 때 저는 어떻게 해야 할지 막막하고 우울했습니다. 수술 보조를 서던 중 저도 모르게 눈물이 주르륵 흘러내릴 정도였지요.

그러나 그 실패를 계기로 홀연히 미국으로 건너왔고, 결국 이

곳에서 그토록 바라던 정신과 의사가 되었습니다. 다섯 단계의
미국 의사면허 시험 과정을 통과하고 연구 경험도 쌓느라 동기보
다 2년 늦게 레지던트를 시작했습니다. 그렇지만 긴 인생의 관점
으로 보면 이는 결코 손실(loss)이 아니었습니다. 결과적으로 불
합격은 또 다른 기회의 문을 열어주었고, 더 큰 세계로 나아갈 수
있는 디딤돌이 되었으니까요.

이것을 과연 '실패'라 부를 수 있을까요? 실패는 진정 원했던
것이 아닌 플랜 B를 도출해야 하는 상황으로 우리를 내몹니다.
그 덕분에 틀 밖의 생각(think outside the box)을 하게 되고, 그것
이 예상치 못했던 기회를 열어주는 열쇠가 되기도 합니다.

실패의 경험이 저에게 준 또 다른 선물은 '하나의 문이 닫히면
또 다른 문이 열린다'는 깨달음이었습니다. 그 덕분에 실패를 마
냥 두려워하지만은 않게 되었고, 삶이 주는 뜻밖의 시련으로 넘
어진다 해도 절망하지 않을 수 있게 되었습니다. 그 뒤에 희망의
문이 열리기도 한다는 것을 알았으니까요.

무엇을 배울 것인가, 어떻게 다시 성장할 것인가

발명왕 에디슨은 세상에서 실패를 가장 많이 한 사람 중 한 명
일 것입니다. 전구를 발명하기 위해 1만 번 가까운 실패를 거듭
했다고 합니다. 주위에서 자꾸 실패만 하는 일을 왜 계속하느냐
고 에디슨에게 묻자 그는 이렇게 답했다고 합니다.

"나는 한 번도 실패한 적이 없어. 다만 전구가 작동하지 않는 1만 가지 경우의 수를 성공적으로 밝혀냈을 뿐이야."

실패를 배움과 정보 획득의 기회로 리프레임하는 에디슨의 긍정적인 태도야말로 그가 가진 여러 재능 중 으뜸이 아닐까요? 거듭되는 실패를 견뎌가며 고집스러울 만큼 끈기 있게 계속하는 것은 아무나 할 수 있는 일이 아닙니다. 실패를 발전의 기회로 보았기 때문에 그 수많은 시행착오를 기꺼이 감수할 수 있었던 것이죠. 어떤 위대한 성취도 단번에 이루어진 적이 없다는 것을 에디슨은 누구보다 잘 알고 있었을 것입니다.

연애에 실패하고 심하게 상처를 받았을 때 '역시 난 안 되나 봐. 내가 무슨 연애를… 이러다 결혼도 못 할 거야' 하면서 낙담했나요? 그러지 말고 실연을 더 좋은 삶의 파트너를 만나기 위한 배움과 성장의 과정으로 삼아보세요. 왜 그 사람과 잘 되지 못했는지 이유를 차분히 생각해보고, 다음 연애의 방향과 각도를 조정해보는 것입니다. 에디슨이 전구가 작동되지 않는 1만 가지 경우의 수를 찾아내며 좀 더 발전한 다른 방법을 계속 시도한 것처럼 말입니다.

저에게는 연애하다가 실패할까 봐 두려워하는 마음이 많았어요. 사람 잘못 만날까 봐 아예 데이트도 못 나갈 정도였죠. 그런데 망친 데이트를 여러 번 해보고 나서야 그래도 괜찮다는 것을 알았습니다. 잘 안 맞으면 그다음에 안 만나면 되니까요. 그 과정에서 내가 누구인지 어떤 사람과 잘 맞는지 배울 수 있었습니다. 실연도 해보았죠. 한동안 아주 힘들었지만 그것도 점차 회복되더라고요. 다시 마음을 열고 사람을 만나보면서 기다림에 지쳐갈 무렵 남편을 만났어요. 그 전의 시행착오에서 배우고 성장한 덕분에 '이 사람과는 잘 살 수 있을 것 같다'는 마음이 들더군요.

우리에게는 살아갈 많은 날이 있고, 지금이 막다른 길처럼 느껴지더라도 기회는 반드시 다시 옵니다. 그러니 이번 시도가 잘 안 되었다고 해서 그 실패 속에 자신을 가두지 말기를 바랍니다. 더 배우고 발전할 수 있는 기회라 여기며 조금씩 마음과 몸을 움직여보아요. 상황이 안 좋고 절망이 클수록 주저앉기보다는 일단 일어나 밥부터 챙겨 먹고 잠을 푹 잔 뒤 작은 한 걸음부터 다시 시작해봅니다. 그리고 넘어질 때마다 두 가지만 기억합시다.

'여기서 무엇을 배울 수 있을까(What can I learn from it)?'
'어떻게 다시 성장할 수 있을까(How can I grow from here)?'

잊지 마세요. 우리는 성공하기 위해 이 땅에 태어난 것이 아닙니다. 우리는 성장하기 위해 태어났고, 돌부리에 걸려 넘어진 이 순간에도 여러분은 성장하고 있습니다. 이런 시각의 리프레임으로 인생의 필연적 요소인 실패가 여러분에게 왔을 때 좀 더 편안한 마음으로 맞을 수 있길 바랍니다. 넘어졌다 다시 '일어난 나'는 한층 더 '성장한 나'일 테니까요.

넘어졌을 때 해야 할 일과
하지 말아야 할 일

: 실패를 통해 회복탄력성을 기르는 법

큰 성취를 이룬 사람이나 조직은 높은 수준의 회복탄력성을 가진 경우가 많습니다. 회복탄력성이 좋으면 단번에 성공하지 않고 문제가 발생해도 포기하지 않고 재도전하기 때문입니다. 앞서 회복탄력성을 기르려면 실패를 두려워하지 말고 일단 해보라고 했어요. 하지만 실패가 연속되는 상황에 무작정 자신을 던지라는 뜻은 아닙니다. 그럼 어떻게 실패를 경험해야 회복탄력성을 얻을 수 있을까요?

실패한 나 자신에 온전히 집중하라
실패를 통해 다시 일어서는 법을 배우기 위해서는 주의해야 할 점이 있습니다. 실패했을 때 다른 사람의 반응을 살피거나 나의 경험을 다른 사람과 비교하는 것입니다. 한번은 제가 스키 리프트에서 내려오다가 미끄러져 와당탕 넘어진 적이 있었습니다. 꼬리뼈가 부서졌나 싶을 정도로 엄청 아팠는데, 그보다 다른 사람들이 보고 있는 것이 창피해서 얼른 일어났습니다.

우리는 어쩌면 넘어진 아픔 그 자체보다 다른 사람의 시선에 더 신경을 쓰는지도 모릅니다. 그러고는 넘어지지 않고 잘 가고 있는 다른 사람이 어디까지 갔는지를 살핍니다. '다들 저기까지 갔는데 나는 왜 여기 넘어져서 이러고 있는 거지?'라는 생각에 자괴감이 듭니다. 자신감은 더욱 떨어지죠. 넘어져 있는 동안 남을 살피고 남과 비교하는 이런 자세는 다시 일어서는 데 아무런 도움이 되지 않습니다. 넘어졌을 때일수록 오직 나 자신과 내가 가고자 하는 방향에만 집중해야 합니다.

실패를 극복하는 데는 인내가 필요하다

그리고 회복하는 데 시간이 걸릴 수도 있음을 알고 받아들여야 합니다. 하루아침에 뭔가가 달라지기를 기대하기보다는 어제보다 오늘, 오늘보다 내일 조금이라도 나아지는 것에 의미를 두고 끈기를 발휘해 다시 일어서는 연습을 해야 합니다.

갑작스럽게 찾아온 자율신경계 장애로 휴직을 했을 때 저는 몇 달 쉬면서 집중치료를 하면 나아질 거라 생각했습니다. 하지만 상태는 더 나빠지기도 했고 마음과 다르게 빨리 호전되지 않았습니다. 결국 5년여에 걸쳐 서서히 어느 정도 정상 생활을 회복할 수 있었지요. 빨리 나아야 한다고 스스로 재촉했을 때는 몸이 마음처럼 되지 않았습니다. 그러다 보니 오히려 실망과 절망이 더 컸죠. 손에 베인 작은 상처조차 다시 살이 붙고 아무는 데는 충분한 시간이 필요합니다. 이것은 재촉한다고 빨라지지 않습니다. 어떤 시련은 아무는 데 시간이 꽤 걸립니다. 제 경우도 그랬습니다. 급한 마음을 내려놓고 끈기와 인내심을 갖고 하루하루 조금씩 노력하자 증상이 점진적으로 호전되었습니다.

내가 원하는 일에서 실패를 경험하라

다음으로 드리고 싶은 말씀은 이왕 실패를 겪어야 한다면, 내가 원하고 좋아하는 일을 하다가 넘어지는 편이 낫다는 것입니다. 자신이 정말 하고 싶어서 시작한 일도 실패가 거듭되면 좌절감이 깊어지고 자신감을 잃을 수 있어요. 열 번에 아홉 번은 실패할 수 있다는 마음을 먹고 시작한다 해도 실패는 고통스러운 일이니까요.

만약 나는 하고 싶지 않았는데 부모님의 뜻에 따라, 또는 다른 사람의 권유로 시작한 일에서 실패를 겪는다면 어떨까요? 어떻게 하면 다시 일어설 수 있을지를 생각하기보다는 '왜 이런 일을 하라고 해서 나를 고생시키는 거야'라며 다른 사람을 탓하는 마음과 억울한 마음이 먼저 들 것입니다.

그러니 이왕 삽질을 할 거라면 자신이 가고 싶은 길에서 하기 바랍니다. 내가 진심으로 하고 싶어 하고 좋아하는 일을 하면서 겪는 실패는 고통스럽더라도 견디기가 더 수월할 테니까요. 그리고 내가 선택한 나의 길이니 아무래도 억울한 마음도 덜 들겠죠. 훗날 온갖 시행착오를 겪으며 성장해온 과정을 돌아보면, 후회보다는 뿌듯함이 차오를 것입니다. 그러니 지금 무언가에 도전하고 있다면 우선 그 길이 정말 자신이 가고자 하는 방향이 맞는지, 나에게 의미 있는 도전인지 재점검해보기 바랍니다.

레지던트 시험에 낙방했을 때, 그리고 갑자기 찾아온 병으로 삶의 궤도를 전면 수정해야 했을 때 저 또한 크게 좌절하고 낙심했습니다. 특히 난치병 판정을 받고 투병했던 나날은 다시 돌아가고 싶지 않은 시간입니다. 그래도 다행이었던 것은 그때까지 내가 살아왔던 삶에 후회가 없었다는 점입니다. 내가 하고 싶은 일을 하고, 걷고 싶은 길을 주저하지 않고 꿋꿋이 걸어왔기 때문에 내 여정에 만족한다는 사실이 큰 위로가 되었습니다.

시간이 흐르고 난 지금 분명한 것은 현재의 내가 과거의 나보다 훨씬 더 성장했으며 단단해졌다는 점입니다. 그리고 저는 그런 지금의 '지나영'이 어려움을 겪기 전의 '지나영'보다 더 사랑스럽고 자랑스럽습니다. 나 자신을 보는 눈과 세상을 보는 눈이 훨씬 밝아지고 넓어졌기 때문입니다.

삼킬 수 있는 실패를 많이 하라

실패할 수 있는 새로운 일에 도전할 때 유의해야 할 점이 또 있습니다. 실패로 인해 남에게 큰 피해를 주는 상황 또는 무모하게 자신의 전부를 '올인'해서 실패가 절대 용납되지 않는 상황을 피해야 합니다. 실패하더라도 감당할 수 있는 도전을 많이 해보세요. 영어로는 'bite-sized failure'라는 표현을 씁니다. 먹고 삼키기에 딱 좋을 만한 크기의 실패라는 말이죠. 너무 큰 자원과 시간을 들인 시도가 실패하면 그것을 받아들이기도 다시 일어서기도 그만큼 어렵겠죠. 특히 금전적인 문제가 결부되어 있다면 더욱 신경을 써야 합니다. 실패했다가 재기할 수 있도록 또 타인에게 피해가 가지 않도록 대비책을 마련해둘 필요가 있습니다.

우리는 그동안 넘어지면 안 된다고 배웠으며 실패는 돌이킬 수 없는 큰일이라고 스스로를 다그치며 살아왔습니다. 하지만 실패한다고 큰일이 나는 게 아닙니다. 오히려 큰일을 하려면 실패가 필요합니다. 그러니 자녀에게도 실패하지 말라고 가르치기보다 실패할 만한 일에 도전하라고 얘기해주세요. 넘어져본 사람이 다시 일어설 줄도 압니다.

실패가 찾아오면 내 인생을 더 단단하고 아름답게 다져줄 성장의 기회가 왔다고 생각하세요. 실패를 잘 받아들이고 어려움을 슬기롭게 견뎌내고 극복해보세요. 아마도 여러분은 한층 더 성장한 모습으로 머잖아 인생의 새로운 챕터를 쓰고 있을 것입니다.

실패를 용납하지 못하는
이들에게

: 완벽주의자를 위한 실수 놀이 요법

학기 초에 자녀가 "엄마, 나 전교 회장 선거에 나가고 싶어요" 라고 한다면 뭐라고 얘기하시겠어요? 어떤 어머니는 아이가 당선될 가능성이 낮아 보여 아이와 의논하는 과정에서 아이 스스로 포기하도록 은근히 유도했다고 합니다. 그런데 이후 '실패를 권장하라'는 저의 강의를 듣고는 너무 후회가 된다며 다음번엔 꼭 나가 보라고 말해야겠다고 했습니다.

사실 우리는 실패하면 안 된다고 배우며 자랐습니다. 자녀가 넘어져도 다시 일어설 수 있는 사람으로 자라기를 바라면서도 막상 내 아이가 그런 순간에 부닥치면 부모는 흔들립니다. 아이가 실패하는 것을 지켜보는 것이 마음 아파 실패할 기회를 미리 제거하고 맙니다.

어떤 어머니는 아이가 반복된 실패로 학습된 무기력에 빠지면 어쩌나 하고 걱정합니다. 부모라면 우려할 만도 합니다. 하지만 실패가 독이 되는 것은 실패가 독이라고 배웠기 때문이기도 합니다.

자수성가하여 27세에 억만장자(billionaire)가 된 미국의 여성 속옷 회사 사장 사라 블레이클리(Sarah Blakely). 그녀는 성공의 비결이 무엇이냐는 질문에 이렇게 답합니다. 어린 시절 아버지가 항상 밥상머리에서 "What did you fail at this week(이번 주에 실패한 일은 뭐니)?"라고 물었다는 겁니다. 그녀가 "배구부 뽑는 데 지원했다가 떨어졌어요", "피아노곡 연습하는 중인데 계속 틀렸어요"라고 대답하면 아버지는 "우리 딸 장하다. 잘했어!"라고 신나게 하이파이브까지 하면서 칭찬을 해주셨답니다.

반면에 실패한 일이 없다고 하면 실망하는 모습이었다고 해요. 그래서 어린 사라는 자신이 잘 못하는 것들을 시도해보고, 그러다 실패해도 괜찮다는 걸 배우게 되었답니다. 이제 돌아보니 그것이 그녀가 실패를 두려워하지 않고 어려운 일에 도전하는 사람으로 자라게 한 밑거름이 되었다고 합니다.

물론 실패의 경험은 누구에게나 쓰리고 아픕니다. 하지만 실패를 '낙오의 딱지'가 아니라 '성장의 통로'로 받아들인다면 좌절도 덜고, 또다시 일어설 수 있는 힘도 생깁니다. 그렇다면 어떻게 해야 실패를 대하는 나의 자세를 바꾸고, 자녀에게도 실패가 성장의 통로라는 것을 가르칠 수 있을까요?

우리는 왜 실수가 두려울까

사실 좌절을 피하고 싶은 것은 인간의 본성입니다. 우리가 잘하지 못하면 안 하고 싶고, 해야 한다면 무조건 잘해야 한다는 마음에 사로잡히는 이유는 두려움(fear) 때문입니다. 앞서 설명했듯이 두려움은 위험을 직시하고 살아남기 위해 꼭 필요한 감정이기에 우리의 내면에 깊이 자리 잡고 있습니다.

과거 선사시대에는 실수나 실패가 생존과 직결되는 경우가 많았습니다. 두려움이나 겁이 없어 함부로 맹수에게 덤볐다가 목숨을 잃기도 하고, 잘못된 판단으로 위험한 일을 시도했다가 상처가 나서 감염으로 죽을 수도 있었습니다.

하지만 현대 사회에는 그런 상황이 거의 없지요. 그런데 우리의 뇌는 아직도 무언가 잘못하면 죽기라도 할 듯이 실수와 실패를 두려워하고 피하려고 합니다. 물론 안전과 관련되어 있거나 타인에게 피해를 줄 수 있는 상황에서는 실수를 최대한 피해야 합니다. 하지만 그런 경우가 아니라면 웬만한 상황에서는 넘어져도 괜찮고, 실수하거나 실패해도 괜찮습니다. 우리는 실수하면서 배우고 성장한다는 것을 잘 알아야 하며 아이들에게도 잘 알려줘야 합니다.

36개월 된 아이가 완벽주의 성향을 갖고 있어 고민이라는 사연을 받았습니다. 아이는 스스로 넘어지지 않을 때쯤 되어서야 걸음마를 시작했고, 블록이 쓰러지는 게 싫어서 블록 쌓기도 하기 싫어한답니다. 이 정도로 두려움이 많은 아이들에게도 실수는 피해야 하는 것이 아니라, 적극적으로 많이 해야 하는 것이라고 가르칠 수 있을까요?

소아정신과 수련의 시절에 놀이 치료를 배울 때 저는 아이들 눈높이에서 함께 노는 것이 어렵지 않았습니다. 한국에서 자란 저는 미국 아이들의 놀이를 잘 몰랐기 때문에 "이거 뭐야? 나 잘 모르는데 좀 가르쳐줘"라고 물었어요. 늘 가르쳐주려는 어른들만 보다가 가르쳐달라는 어른을 보자 아이들은 신이 나서 저에게 놀이를 가르쳐주며 뿌듯해하더군요.

부모가 아이와 새로운 놀이를 함께 할 때 "엄마(아빠)도 처음이라 잘 모르는데 같이 방법을 찾아보자"라며 시작하는 것도 좋습니다. 일상 속에서 부모가 잘 모르고 실수하는 순간을 많이 공유해주세요. '어른들도 완벽하지 않으며, 실수하거나 못하는 게 있다', '연습하면서 배우면 된다'는 걸 계속 알려주는 거예요.

실수와 실패를 무조건 피하라고 가르치는 것은 아이들에게 성장하지 말라고 하는 것과 같습니다. 실수와 실패는 원래 해야 하는 것이라고 알려주고 오히려 권장해보세요. 그리고 아이가 실수를 하면 "사람은 원래 실수하는 거야. 다시 하면 되니까 괜찮아"

라고 말해주세요. 실제로 제 강의를 듣고 아이의 실수에 이렇게 반응해주던 어머니가 있었습니다. 어느 날 그 어머니가 물컵을 쏟았는데 아이가 먼저 "사람은 원래 실수하는 거야. 괜찮아, 닦으면 되잖아"라고 말했다고 합니다.

또 다른 부모님은 자녀가 실패할 때마다 "실패는 성장하기 위한 비타민 같은 거야"라는 말을 해주었다고 합니다. 그랬더니 아이가 축구 시합에 지고도 "엄마, 나 그래도 잘했지? 지는 것도 좋은 거지? 경기 끝나고 먹는 물이 너무 달콤하네!"라고 웃으며 이야기했다고 합니다. 또 다른 아이는 "엄마, 오늘 받아쓰기 시험 봐. 근데 틀려도 괜찮아. 엄마가 실패는 좋은 거라고 했잖아"라고 말했답니다. 이처럼 아이들이 실패를 어떻게 보느냐는 부모와 어른들이 실패를 무엇이라고 알려주느냐에 달려 있습니다.

완벽주의자를 위한 역설적 의도 요법

보통 불안이 높은 사람들은 이런저런 안 좋은 결과가 나올까 봐 걱정이 많고, 걱정이 또 다른 걱정을 불러옵니다. 내일 중요한 발표가 있다면 긴장되고 떨립니다. 그러다 '발표를 잘 못하면 어쩌나' 걱정이 되고 걱정을 하다 보면 점점 더 심각한 상황이 상상됩니다. 결국 '내일 발표는 망할 거야'처럼 최악의 결과를 떠올리며 괴로워하죠. 이처럼 극심한 상황을 떠올리며 사서 걱정하는 사고 오류가 앞서 살펴본 '파국화'입니다. 결코 흔하지 않은 상황, 파국적인 상황이 생길 거라며 미리 걱정하는 것이지요.

이런 과도한 걱정과 불안을 떨치는 방법으로 역설적 의도 (paradoxical intention) 기법이 있습니다. 이는 빅터 프랭클 박사가 의미치료(logotherapy)를 설명하면서 소개한 내용입니다. 불안한 상황을 피하거나 없애려고 애쓰기보다 역설적으로 더 많이 경험하겠다고 생각하거나 소망하는 기법입니다. 예를 들어 사람들 앞에 서서 말하는 것이 두려운 사람이 있다고 해보죠. 그런 경우 '오늘 내가 얼마나 심하게 말을 더듬고, 얼굴이 얼마나 새빨간 홍당무가 되는지 제대로 보여주겠어!'라고 마음먹는 것입니다.

사람들 앞에 서면 땀을 비 오듯 흘리는 것 때문에 사회공포증 (social phobia)을 갖고 있던 환자가 프랭클 박사를 찾아왔다고 합니다. 사회공포증은 흔히 대인기피증이라고도 불리는데 그 주요 증상은 다른 사람들 앞에서 당황하거나 바보처럼 보일 것 같아 심한 불안을 느끼는 것입니다. 그렇다 보니 다양한 사회적 상황을 회피하고 이로 인해 전반적인 사회생활이 어렵습니다.

그 환자는 사람을 만날 때면 '땀을 많이 흘리면 어떡하지?' 같은 심한 걱정을 했고, 거기서 오는 불안 때문에 실제로 땀을 더 많이 흘리는 악순환에 빠져 있었습니다. 게다가 평소에도 그런 상황이 또 일어날까 두려운 예기불안에 시달렸습니다.

그는 프랭클 박사의 지도하에 역설적 의도 치료를 시작했습니다. 사람을 만날 때마다 '전에는 땀을 한 바가지 흘렸지만 이번에는 최소한 열 바가지는 흘려보자'라고 되뇌었습니다. 역설적이게도 두려워하는 상황을 '피하겠다'가 아니라 '더 심하게 만들겠다'고 생각하자 4년간 자신을 힘들게 했던 땀에서 마침내 해방되었다고 합니다.

우리가 불안을 느끼면 몸과 정신을 긴장시키는 교감신경이 항진됩니다. 그런데 '이번에는 실수 없이 잘해야 해'라고 긴장하고 집중하면 과잉 의도(hyper-intention) 상태가 되어 교감신경이 더 항진됩니다. 가뜩이나 긴장도가 높은데 더 올려버리면 어떻게 되겠어요? 그러니까 '많이 실수하는 것을 보여줘야지'라며 걱정하는 것에 대한 집중도를 확 떨어뜨리면 오히려 긴장을 풀고 교감신경을 진정시킬 수 있는 겁니다.

실수에 대한 두려움을 없애는 실수 연습

완벽주의자들은 실수하는 것을 잘 용납하지 못합니다. 그들은 실수나 실패를 피하기 위해 완벽한 준비를 하려고 지나친 에너지와 시간을 들이기 일쑤입니다. 이런 분들에게 들려드리고 싶은 말이 있습니다.

"당신이 비행기를 한 번도 놓치지 않는다면 당신은 공항에서 너무 긴 시간을 보내고 있는 것이다(If you never miss a plane, you're spending too much time at the airport)."

노벨 경제학상을 받은 경제학자 조지 스티글러(George Stigler) 가 한 말입니다. 제 남편이 바로 그런 사람입니다. 비행기를 놓칠까 봐 일찍 가서 국내선을 탈 때도 두세 시간씩 공항에서 대기합니다. 국제선을 탈 때는 거의 하루 종일을 공항에서 보내는 지경입니다. 반면 저는 보통 한 시간 전에 도착합니다. 그러다 보니 한두 번 비행기를 놓친 적도 있어요.

이 경제학자의 말은 절대 비행기를 놓치지 않으려고 항상 서너 시간 전에 공항에 가 있는 것보다는 백 번에 한두 번 놓치더라도 적정 시간 전에 가는 것이 더 경제적인 행동이라는 뜻을 담고 있습니다.

어쩌면 우리 인생도 그렇지 않을까요? 성공 확률이 100퍼센트 보장된 일만 하면서 사는 인생은 그리 현명한 삶이 아닐지 모릅니다. 실패를 피하는 데 지나치게 많은 시간과 에너지를 쓰게 될 테니까요. 살다 보면 실패할 수밖에 없는 경우가 있음을 받아들이고 실패하더라도 자신에게 좀 더 관대해지면 어떨까요?

아이들에게도 '실수해도 괜찮다'는 걸, '누구나 실수는 하게 마련'이라는 걸 알려주세요. 실수를 두려워하는 아이일수록 오히려 실수를 더 많이 할 수 있도록 해주는 것이 좋습니다. 많이 경험해 보면서 '실수하면 큰일 날 줄 알았는데 별거 아니네'라는 걸 배우게 됩니다. '실수해도 된다', 나아가 '실수를 자주 해봐라'라는 분위기에서 실수를 많이 해본 아이들이 오히려 더 단단한 회복탄력성을 보입니다.

플로리다의 한 사진과 교수가 학생들을 대상으로 실험을 했습니다. 두 그룹으로 나누어 과제를 주었는데 한 그룹은 최대한 완성도 높고 잘 찍은 작품을 제출하게 했고, 다른 한 그룹은 완성도와 상관없이 많이 찍어올수록 높은 점수를 준다고 했습니다. 어느 그룹에서 더 좋은 사진이 나왔을까요? 예상 외로 완성도와 상관없이 그냥 많이 찍으라고 했던 그룹에서 좋은 작품이 더 많이 나왔습니다. 더 잘하려고 하거나 완벽을 추구하기보다는 실수를 하더라도 끊임없이 연습하고 도전할 때 더 좋은 결과가 나왔던 것입니다.

여러분도 이제 완벽해야 한다는 생각은 접어두세요. 자꾸 넘어지다 보면 넘어진다고 해서 세상이 끝나는 게 아니라는 걸 깨닫게 됩니다. 또 어떻게 넘어지는 것이 잘 넘어지는 것인지도 알게 됩니다. 그런 사람은 실패해도 좌절하지 않고 용기 있게 일어나 재도전할 수 있습니다.

즐겁게 실수하기 바랍니다. 실수했을 때 '망했다'고 생각하기보다 '여기가 나의 또 다른 성장의 통로구나' 하고 생각하는 여러분이 되었으면 좋겠습니다. 그런 사람들이 분명 더 성장하고 더 멀리 가게 될 테니까요.

CORE MIND 🪷 TRAINING PRACTICE

자기 자신 또는 누군가가 실수하거나 실패했을 때, 자책하거나 비난하지 말고 수용하고 이해하는 마음을 갖도록 합니다. 실수 또는 실패를 부끄러워하거나 두려워하지 말고 성장의 기회로 삼아보세요.

1. 하려면 잘해야 한다는 생각에 아예 시작조차 못한 일이 있나요?
   하고 있는 일에 완벽을 기하다가 끝마치지 못한 경우가 있나요?
   실패가 성장의 통로라면 위의 일들에 어떻게 반응할 것 같나요?

2. 실수한 후에 자신과 긍정적인 대화를 시도해보세요.
   자책이나 자기비하 대신 이를 통해 성장할 수 있는 기회를 얻었다 여기고
   자기 자신과 대화를 나누어봅니다.

3. 실패를 하거나 실수한 후에 얻을 수 있는 교훈에 대해 적어보세요.
   이를 통해 앞으로 비슷한 상황에서 실수를 반복하지 않고 새로운 전략과
   접근 방식을 통해 더 나은 선택과 행동을 할 수 있습니다.

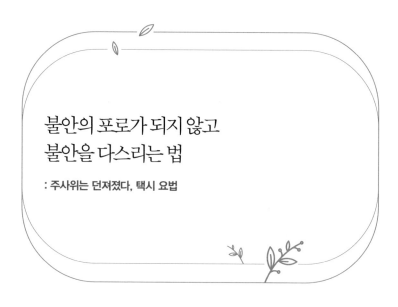

불안의 포로가 되지 않고
불안을 다스리는 법

: 주사위는 던져졌다, 택시 요법

불확실한 세상을 살면서 불안하지 않은 사람이 있을까요? 앞서 살펴보았듯이 불안은 오랜 진화 과정을 통해 스스로의 생명을 보호하기 위해 우리 유전자에 새겨진 본능입니다. 원시인들이 동굴에서 살았을 시절, 바스락거리는 소리에도 귀를 쫑긋 세우고 '늑대가 온 거 아니야?'라며 불안해하지 않았다면 쿨쿨 자다가 늑대한테 잡아먹혔을지 모르니까요.

불안을 느끼면 교감신경이 항진되면서 투쟁-도피 반응으로 몸에 일련의 변화가 일어난다고 했죠? 이때 근육은 긴장되고 호흡이 가빠지며 심박수도 빨라집니다. 그래야 위험 상황이 닥쳤을 때 빨리 대처할 수 있으니까요. 이렇게 불안은 위험에 효과적으로 대응할 수 있게 해주는 정상적이고 필요한 반응입니다.

그렇다면 불안장애란 무엇일까요? 실제로 위험이 존재하지 않거나 아주 적은데도 주어진 자극보다 더 과도하게 불안을 느끼는 것을 말합니다. 불안장애는 범불안장애, 사회불안장애, 공황장애, 특정 공포증 등 종류가 많습니다. 미국 불안우울학회(ADAA, The Anxiety and Depression Association of America)에 따르면 성인 인구의 18퍼센트 정도가 불안장애를 겪고 있다고 합니다. 한국 보건복지부에서 발표한 2021년 정신건강실태조사(18세 이상)에 의하면 불안장애 유병률이 9퍼센트 정도로 나타났습니다. 그러니 열 명에 한두 명은 겪고 있는 것이 불안장애라 할 수 있죠.

불안장애를 겪는 사람들이 느끼는 불안의 정도는 '불안해도 좀 참아'라고 할 수 있는 정도가 아니라 더 심각합니다. 심리적인 통증을 유발할 뿐 아니라 신체적인 증상까지 동반합니다. 불안장애로 고통받는 분들은 제대로 진단받고 치료를 받는 것이 좋습니다. 또 불안과 우울은 손을 잡고 같이 가는 경향이 있어서 불안장애를 오래 경험하다 보면 우울 증상이 동반될 수도 있습니다. 또 우울증 환자 중 절반 정도는 불안 증상을 호소합니다.

불안장애는 치료하면 비교적 호전이 잘 되는 질환으로, 약물치료와 상담치료를 병행하는 경우가 많습니다. 현대 의학으로 잘 치료할 수 있는데, 치료도 받지 않고 계속 힘들게 참고 산다면 좀 억울하지 않을까요? 사회생활을 하기 힘들 정도로 불안 증상을 겪고 있다면 정신과 의사나 심리상담사를 꼭 찾아가길 권합니다.

그 정도는 아니라도 불안 증상에 시달리고 있다면 스스로 불안을 낮추기 위해 사용할 수 있는 몇 가지 툴을 알려드릴게요. 치료를 받으며 함께 사용해도 됩니다.

택시 안에 있는 나를 떠올려보기

약속이 있어 급하게 나가야 하는데 갑자기 지갑이나 핸드폰이 보이지 않거나, 누군가에게 전화가 오는 경우가 있습니다. 그러느라 약속 시간에 늦어 부랴부랴 택시를 탄 기억도 있을 겁니다. 만약 그 약속이 중요한 면접이라면 진짜 피가 마르겠죠?

지금 여러분이 그런 상황에 처한 채 택시 안에 앉아 있다고 상상해보세요. 빨리 가야 하는데 신호마다 걸리고, 내가 탄 택시가 가는 차선만 유독 더 막히는 것 같습니다. '이래서 제시간에 도착할 수 있을까?' '저쪽 길로 갔으면 더 빨랐을 것 같은데, 기사 아저씨는 왜 이쪽으로 왔을까?'

이런 상황에서는 우선 불안한 생각이 먼저 떠오릅니다. '이러다 면접에 늦겠는데? 어떻게 잡은 기회인데, 나는 이제 끝났다.' 이런 생각과 함께 이제는 신체적인 증상도 나타납니다. 심장이 마구 뛰고, 가슴이 갑갑하고, 식은땀이 흐르고, 근육도 긴장 상태에 돌입합니다. 더 지속되면 배가 사르륵 아프거나 머리가 지끈지끈 아프기도 합니다.

택시를 탄 지 30분쯤 지났습니다. 그 시간 동안 얼마나 안절부

절못했겠어요? 그런데 한번 생각해보세요. 택시 안에서 불안해하며 어쩔 줄 몰라 하는 것이 택시가 빨리 가는 데 도움이 되었을까요? 이미 여러분은 택시를 탔고, 거기서 안달복달한들 도착 시간은 거의 바뀌지 않습니다. 걱정하느라 진만 빠질 뿐입니다. 게다가 긴장이나 불안이 높으면 도착해서 해야 할 면접에서도 능력을 발휘하기가 어렵습니다.

앞서 살펴본 것처럼 불안을 느껴 변연계의 편도체가 활성화되면 전전두피질의 고위 인지기능은 감소됩니다. 이렇게 되면 알던 것도 기억이 안 나고 할 수 있는 일도 제대로 해내지 못합니다. 그러니 택시 안에서는 심호흡하며 불안한 마음을 가라앉히는 것이 차라리 더 현명한 대응입니다.

저는 여러 가지 걱정 때문에 불안 증상을 호소하는 이들에게 '택시 안에 있다'고 생각하라고 이야기합니다. 이것이 바로 '택시 요법'입니다. 불안해한다고 택시가 더 빨리 가는 것도 아니고, 결과가 좋아지는 것도 아닙니다. 불안이 올라올 때는 불안한 생각을 계속하기보다 일단 내가 바꿀 수 없는 상황을 붙들고 불안해한다는 것을 알아차려야 합니다. '아, 내가 늦었다고 택시 안에서 혼자 마음 졸이고 있구나'라고 생각하는 겁니다. 이미 일어난 상황에 대한 후회와 걱정은 아무런 도움이 되지 않습니다. 먼저 자신에게 이렇게 말하고, 다음에 나오는 내용을 참조해 스스로 진정하는 방법을 훈련해보세요.

몸을 이완시키면 불안도 사라진다

불안이 몰려오면 불안한 감정과 생각이 올라올 뿐만 아니라 교감신경 항진을 통해 신체 증상도 나타난다고 했지요? 머리가 지끈지끈 아프고 뒷골이 당기기도 합니다. 근육도 마치 싸움이나 줄행랑을 준비하듯 긴장합니다. 이런 상태가 30분이 아니라 몇 시간, 며칠, 몇 달 동안 계속된다고 생각해보세요. 몸과 마음이 얼마나 지치고 피곤하겠어요. 제가 자율신경계 장애를 앓다 보니 불안감과 무관하게 교감신경 항진 증상이 산발적으로 일어나 고생을 많이 합니다. 그래서 거기서 오는 깊은 피로감과 괴로움을 아주 잘 알고 있습니다.

정신과 수련을 하면서 불안에 대해 중요한 배움을 하나 얻었습니다. '릴랙스(이완)'된 몸에는 불안한 생각이 머물 수 없다는 것입니다. 불안이 몰려오면 '내가 지금 택시 안에서 불안해하고 있구나'라고 생각한 후 심호흡을 하면서 먼저 몸을 이완시켜봅니다. 신기하게도 신체를 이완시키면 불안한 생각이나 감정을 완화시킬 수 있습니다.

우선 편안한 자세로 앉아보세요. 개인 공간이라면 누워도 됩니다. 눈을 감고 천천히 그리고 깊게 숨을 들이쉬고 내쉽니다. 그러면서 몸 위쪽부터 서서히 긴장을 풀어줍니다. 코로 들이마시고 내쉴 때 의식적으로 두피, 미간, 눈 뒤쪽 근육의 힘을 뺍니다. 턱관절도 풀어줍니다. 불안하면 무의식적으로 미간을 찌푸리고 입을 앙다물기 때문에 그 부분이 긴장되기 쉽습니다. 목 뒤, 어깨도 풀어줍니다. 단지 힘을 푸는 데 그치지 않고 손으로 주물러줘도 좋습니다. 어깨를 돌려가며 긴장된 어깨도 좀 풀어줍니다. 머리부터, 어깨, 팔, 손, 손가락, 가슴, 등, 배, 엉덩이, 허벅지, 무릎, 종아리, 발등, 발가락까지 죽 내려오면서 모두 완전히 이완해줍니다.

근육을 어떻게 이완하는지 모르겠다고 하는 분들도 있습니다. 그럴 때는 타깃 근육을 10초 정도 최대한 수축시켰다가 풀어주면 더 쉽습니다. 예를 들어 미간을 최대한 찌푸리고 10초 정도를 견디다 더 이상 힘을 주기 어려울 때쯤 이완시키는 것이죠. 또 주먹을 세게 계속 쥐었다가 힘이 떨어질 때쯤 확 힘을 빼고 이완하는 것입니다. 오래 수축되었던 근육이 피로함을 느껴 이완이 더 잘 됩니다. 이처럼 각 근육 그룹들을 순차적으로 긴장시킨 후 이완해주는 것을 점진적 근육이완(progressive muscle relaxation)이라고 부릅니다. 전신을 하는 데 보통 10분에서 15분 정도 걸립니다. 아이들도 꽤 좋아하는 이완 테크닉입니다.

이렇게 호흡과 더불어 몸을 완전히 이완시키면 생각과 마음의 불안이 조금씩 사라질 것입니다. 몸이 머리에게 '지금 불안한 상황이 아니야'라고 말해주는 것과 같습니다. 날숨에 '평온하다'라고 스스로 말해주면 더 좋습니다. 그러면 교감신경이 저하되고 부교감신경이 항진되면서 신체적으로 나타나는 여러 불안 증상들이 사르르 줄어듭니다.

택시 요법의 포인트는 불안이 올라왔을 때 걱정하고 불안해한다고 결과가 달라지거나 좋아지지 않는다는 것을 깨닫는 것입니다. 즉 내가 제어할 수 있는 상황이 아님을 인지하는 것이지요. '이미 주사위는 던져졌고, 나는 택시를 탔으며, 달리는 택시 안에서 불안해하고 있다. 이 상황에서는 내 마음을 진정시키는 것이 가장 이익이다.' 이렇게 인지하기만 해도 내 안의 불안을 줄이는 데 큰 도움이 됩니다.

그러고 난 뒤 택시 안에서 눈을 감고 심호흡과 근육 이완을 시작해보세요. 몸과 마음의 긴장과 불안이 가시는 것을 느끼게 될 거예요. 여러분은 더 이상 불안에 사로잡힌 포로가 아니라 불안을 다스릴 줄 아는 캡틴입니다. 그러니 이제 택시 운전은 기사님께 맡기고 편안하게 여행해보세요.

점진적 근육 이완
동영상 자료

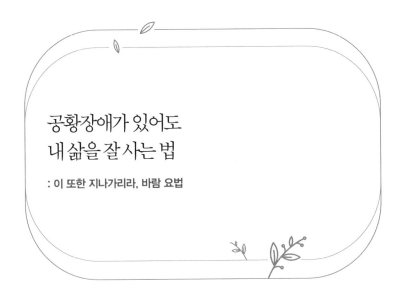

공황장애가 있어도
내 삶을 잘 사는 법

: 이 또한 지나가리라, 바람 요법

요즘 공황장애(panic disorder)를 진단받는 사람들이 많아졌다고 합니다. 연예인병이라고 불릴 만큼 이 장애를 겪고 있는 연예인들도 많은 것으로 알려져 있고요. 공황장애는 불안장애의 일종으로 공황발작(panic attack)이 자주 있고 공황발작이 언제 발생할지 모른다는 예기불안이 반복되면서 일상생활에 심한 지장을 주는 장애입니다. 미국 정신질환 진단 및 통계열람*에 의하면 공황장애의 유병률은 2~3퍼센트 정도로 알려져 있습니다.

공황발작은 면접에 늦을까 봐 불안한 경우와는 달리 예기치 않게 갑자기 일어납니다. 마치 죽음이 임박할 것 같은 극심한 불안, 공포감과 함께 흉통, 호흡 곤란, 가슴 두근거림, 두통, 현기증, 손

* The Diagnostic and Statistical Manual of Mental Disorders (DSM-5), 2013.

발 저림 등의 여러 신체 증상을 동반합니다. '발작'이라고 불릴 만큼 증상이 매우 격합니다. 불특정 다수와 함께 있는 대중교통이나 차 안, 엘리베이터 안처럼 밀폐된 공간에서 주로 발생합니다.

공황발작은 공황장애가 없는 사람도 한두 번 겪을 수 있는데, 실은 저도 비슷한 증상을 경험한 적이 있습니다. 자율신경계 장애 증상이 조금 나아졌을 때인데 이사를 해야 해서 남편과 집을 보러 갔습니다. 1년 정도 비어 있던 집이었는데, 문을 열고 들어설 때 갑자기 거미줄이 제 얼굴을 확 덮었습니다. 너무 놀라 "꺅!" 하고 소리를 질렀죠.

그런데 잠시 후 심하게 가슴이 조여오고 심장이 뛰어 서 있을 수조차 없었어요. 기진맥진한 채로 그 자리에 누워야만 했습니다. 머리로는 '에이 뭐야, 겨우 거미줄인데'라고 생각했습니다. 그런데 제 몸의 반응은 마치 폭탄이 터지고 파편이 튀는 곳에서 죽다 살아난 것 같았습니다. 제 경우는 불안 증상이라기보다 일차적인 자율신경계 이상으로 인한 것이었지만, 공황발작 증상과 아주 유사했습니다. 정말 괴로운 경험이었어요.

혹시 나도 공황장애가 아닐까

보통 공황발작을 처음 겪는 분들은 심장이 아프고 숨쉬기가 어려운 증상 때문에 죽을 것 같은 공포감이 몰려와 응급실로 가는 경우가 많습니다. 그런데 막상 검사를 해보면 별 이상이 발견되지 않습니다. 그렇게 몇 번 경험하고 나면 심장이나 폐 등의 문제가 아니라 공황장애라는 진단을 받게 됩니다.

공황발작을 몇 번 겪다 보면 증상이 또 나타날까 봐 무서워서 어디 나가거나 뭘 하기가 겁납니다. 집 밖으로 아예 나가지 못하는 사람도 있어요. 제가 치료했던 환자 중에는 몇 년이나 외출을 못 한 경우도 있었습니다.

공황발작 자체는 순간적으로 일어났다 15분에서 30분 정도 후에 사라집니다. 그런데 증상이 없을 때도 '공황발작이 또 일어나면 어떡하지?'라는 예기불안에 휩싸여 정상적인 생활이 어려울 수 있습니다. 공황발작 시 극심한 공포, 불안과 함께 나타날 수 있는 증상은 다음과 같습니다. 앞서 본 투쟁-도피 반응과 겹치는 부분이 있음을 알 수 있습니다.

1. 심장이 두근거리거나 빨라짐
2. 땀이 많이 남
3. 손발 혹은 몸이 떨림
4. 숨이 막히거나 답답한 느낌
5. 질식할 것 같은 느낌
6. 가슴 통증이나 압박감
7. 메스껍거나 속이 불편함
8. 어지럽거나 쓰러질 것 같은 느낌

9. 비현실적인 느낌 또는 이인증(자신이 낯설게 느껴지거나 자신과 분리된 느낌)

10. 미쳐버리거나 자제력을 잃어버릴 것 같은 두려움

11. 죽을 것 같은 두려움

12. 지각 이상(둔하거나 따끔거리는 느낌)

13. 몸에 열이 오르거나 오한이 남

극도의 불안감과 함께 이 중 네 가지 이상의 증상이 있다면, 공황발작을 의심하고 전문가를 찾아가 진단을 받아보는 것이 좋습니다. 공황장애도 대부분 약물치료와 상담치료를 병행해서 치료합니다. 상담치료는 주로 앞서 배운 인지행동치료를 기반으로 하는데 환자의 70~80퍼센트가 상당한 호전을 보입니다. 의사들이 쓰는 표현 중에 수영을 못 하는 사람이 물에 빠졌을 때 구명튜브를 던져주는 것이 약물치료라면 수영하는 법을 알려주는 것이 상담치료라는 말이 있습니다. 이처럼 상담치료는 불안을 낮추는 생각과 행동을 배우고 훈련해서 평생 쓸 수 있는 툴(tool)로 삼는 과정입니다.

괜찮아, 이 또한 지나갈 거야

저희 친정어머니도 공황발작을 겪으신 적이 있습니다. 어느 날 오래된 고층 아파트의 엘리베이터를 탔는데, 갑자기 덜커덕 소리

270

가 나더니 엘리베이터가 멈췄다고 합니다. 그 뒤로 가끔 엘리베이터를 타려고 하면 가슴이 답답해지고 이러다 심장마비가 오는 게 아닌가 싶을 정도로 심장이 빨리 뛰었다고 하더군요. 지하철을 탈 때도 비슷한 증상을 겪었고요. 이것은 공황장애와 함께 잘 나타나는 광장 공포증(agoraphobia) 증상입니다. 갇힌 곳이나 사람이 많아 빠져나가기 힘든 곳에서 불안이 엄습하는 것이죠.

어머니는 좀 힘들기는 해도 엘리베이터와 지하철도 타고, 일상생활도 큰 불편 없이 하시기 때문에 공황장애 진단을 받지는 않았습니다. 그런데 공황발작을 겪으면서 어머니가 깨달은 것을 저에게 알려주셨습니다.

"그때는 공황발작인지 뭔지도 몰랐어. 나도 장사를 할 때고 너희 아빠도 공장 일로 바쁠 때라 쉴 수도 없었어. '괜찮다, 괜찮다' 스스로에게 수없이 말했지. '몇 달 전에도 이랬는데 금방 괜찮아졌잖아'라면서. 그리고 참 신기한 게 이게 무슨 바람이 지나가는 것 같아. 당시에는 '이러다 죽겠다' 싶다가도 좀 있으면 증상이 쓱 가라앉아."

사실 저희 어머니는 정신과 의사인 제가 고민 상담을 할 정도로 지혜로운 분입니다. 어머니 말씀에 공황장애 치료의 중요한 요소가 들어 있습니다. 공황발작은 '바람' 같은 것입니다. 한곳에 머무는 바람은 없습니다. 바람은 모두 지나갑니다. 지금 당장 죽을 것처럼 힘들어도 결국 지나간다는 것을 알아야 합니다. 그래서 이것을 '바람 요법'이라고 부릅니다.

그리고 '예전에도 이랬지만 괜찮았다'는 것을 떠올리는 것도 중요한 부분입니다. 이런 것이 바로 인지행동치료 요법입니다. '이러다 죽겠다'는 '파국화'가 아니라 '이러다 지나간다'는 '대체 생각'을 함으로써 감정과 행동을 바꾸는 것이죠. "나를 죽이지 못하는 것은 나를 강하게 한다"는 니체의 말을 떠올려보세요. 공황발작이 일어나면 죽을 것 같지만 이것은 나를 죽이지 못합니다. 나는 이로 인해 더 강해질 겁니다.

어떤 특정 상황이나 사물이 불안 증상을 유발한다면 탈감각화(desensitization) 치료도 좋습니다. 어떤 자극에 반복해서 노출되면서 민감성이 떨어지는 것을 이용하는 방법입니다. 불안해서 비행기를 못 타는 경우라면 이완 훈련과 병행해 비행기에 조금씩 노출을 시키는 것입니다. 처음에는 비행기 사진이나 영상을 보고, 그것이 괜찮아지면 공항 근처까지 한번 가보고, 나아가 공항 안에까지 들어가 보는 식입니다. 이렇게 점점 강도를 올리며 반응을 완화하는 것입니다. 이러한 치료는 혼자 하기는 쉽지 않으니 전문가와 함께 하는 것을 권합니다.

호흡은 몸이 머리에게 보내는 진정 신호

그렇게 스스로에게 '안 죽어. 괜찮아, 바람처럼 지나갈 거야'라고 말할 때 심호흡까지 같이 해주면 훨씬 효과적입니다. 거듭 설명했듯 심호흡은 몸을 이완시키고 머리와 자율신경계에 '그렇게 긴장 안 해도 돼, 죽는 거 아니야'라고 말해주는 것이기 때문입니다. 식은땀이 나고 숨이 가빠지고 심장이 마구 뛸 때 심호흡을 하면 이러한 증상이 좀 진정됩니다. 빠른 숨은 증상을 더 악화시킬 수 있으니 천천히 숨을 쉽니다. 4-2-4 호흡을 시도해보세요.

공황발작을 겪었다면 일상생활에서 주의해야 할 것이 몇 가지 있습니다. 이는 다른 불안장애 증상이 있는 경우에도 해당됩니다. 우선 술이나 커피는 가급적 피하는 것이 좋습니다. 알코올과 카페인은 자율신경계를 자극하는 물질이기 때문입니다. 다음으로 중요한 것이 수면입니다. 물론 사람마다 차이가 있겠지만 양질의 수면 없이 정신 건강을 유지하기는 어렵습니다. 이처럼 중요한 수면에 대해서는 다음 장에서 좀 더 자세히 말씀드리겠습니다. 적당한 운동을 하는 것도 권합니다. 조금이라도 걷고 몸을 움직이면 수면에 도움이 되고 기분도 좋아지며 에너지도 올라갑니다.

공황장애는 상당히 고통스럽고 힘든 병이지만 대부분 호전될 수 있습니다. '공황장애 때문에 내 인생 망했다'라고 생각하거나 '공황발작이 또 오면 어떡하지? 무슨 수를 써서라도 막아야 해'라는 생각으로 그것에만 집착하면 오히려 불안 증상이 심해져서 더 힘들어질 수 있습니다.

공황발작과 싸우는 것은 불어오는 바람을 막으려는 것처럼 무모한 일입니다. 바람은 왔다가 간다는 것을 잊지 마세요. '괜찮아, 바람처럼 지나갈 거야'라고 스스로에게 말하면서 천천히 호흡하세요. 그러면 언제 왔었냐는 듯이 진짜 바람처럼 지나갈 겁니다.

불안장애는 비교적 흔하게 나타나는 증상이며 불안장애를 갖고도 인생을 잘 살아갈 수 있습니다. 적절한 치료를 받으면서 심호흡, 근육 이완, 그리고 택시 요법, 바람 요법, 뜨거운 감자 요법 등을 잘 활용해보세요. 간혹 증상이 더 심한 날이 있어도 괜찮아질 거라는 것을 알고 자신의 길을 찬찬히 걸어가면 됩니다. 회오리바람이 온다 해도 그 또한 지나갈 것입니다(This too shall pass). 그렇게 한 걸음 한 걸음 찬찬히 가다 보면 결국 만족스럽고 뿌듯한 여정이 될 수 있을 겁니다.

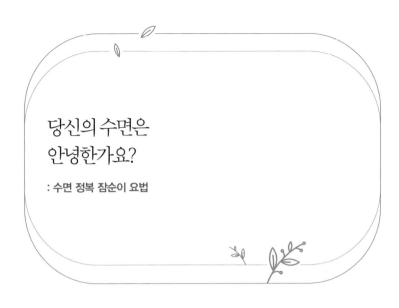

당신의 수면은 안녕한가요?

: 수면 정복 잠순이 요법

정신과 의사로서 진료를 하다 보면, 잠을 잘 이루지 못해 고생하는 사람들을 많이 만납니다. 그런데 정작 잠을 못 자는 고통을 제가 직접 겪게 된 지는 그리 오래되지 않습니다. 워낙 타고난 잠순이라 '불면의 밤'을 겪어본 적이 없었죠. 고3 때도 잠을 줄이면서까지 공부하진 않았습니다. 이렇게 잠이 많던 제가 자율신경계 장애를 앓으면서 생전 처음 불면증을 경험했습니다.

앞서 보았듯이 잠은 교감신경은 저하되고 부교감신경이 항진(휴식-소화)될 때 잘 옵니다. 그런데 제 경우는 자율신경계가 손상되면서 교감신경이 이유 없이 자주 항진되는 상태(투쟁-도피)가 되었습니다. 혈압이 자꾸 떨어지다 보니 혈압을 올리기 위해 교감신경이 항진되는 영향이 컸던 것 같습니다.

그러다 보니 병이 생긴 이후로는 투쟁-도피 반응으로 잠이 깨는 상황이 자주 생겼습니다. 아침잠이 많아 알람 없이는 8시에도 잘 일어나지 못하던 제가 새벽 4~5시면 눈이 번쩍 뜨이고 정신이 완전히 깨버리더군요. 맹수가 앞에 나타나 잠이 확 깨는 것과 같지요. 몸은 너무 피곤한데 아무리 애를 써도 잠이 오지 않는 고통스러운 시간을 영문도 모른 채 보냈습니다.

당신의 하루 수면 시간은 얼마입니까

수면 부족은 몸과 마음에 여러 문제를 일으킵니다. 정신적인 영향을 보면 우선 짜증이 쉽게 납니다. 웬만해서는 짜증을 안 내는 저도 인턴 시절에는 성격이 바뀌더군요. 잠을 제대로 자지 못한 채 서른여섯 시간씩 일하는 잠 고문이 일상이었습니다. 한 간호사가 "선생님을 처음 만났을 때는 마음씨 좋은 인턴 선생님이라고 생각했는데, 갈수록 성격이 험악해지세요"라고 하더군요. 누구든 잠을 못 자면 전체적으로 기분이 가라앉고 충동성이 높아집니다. 작은 일에도 짜증이 날 준비가 된 상태라고 볼 수 있죠.

게다가 불안이나 우울 같은 정신과적 증상이 있다면 수면의 질은 회복과 재발에도 영향을 미칩니다. 수면을 제대로 조절하지 않고 정신과 증상을 치료한다는 건 말이 안 될 정도로 수면은 무척 중요합니다. 그렇기 때문에 잠을 방해할 수 있는 스트레스를 항상 잘 관리해야 합니다. 또 커피, 차, 에너지 드링크처럼 카페인이 든 음료나 음식 섭취는 가능하면 피하는 게 좋습니다.

수면은 학습이나 문제해결 능력에 있어서도 매우 중요한 역할을 합니다. 자녀의 학습을 돕고 싶다면 잠을 충분히 자도록 해주어야 합니다. 하루 동안 수집한 여러 기억과 정보가 자는 동안 장기 기억으로 저장되기 때문이죠. 머릿속에 아무리 많은 걸 집어넣어도, 잠을 제대로 자지 못하면 '나의 지식'으로 습득되기 어렵습니다. 시험 전날 벼락치기로 밤을 새서 공부했던 것들이 시험이 끝나면 머릿속에 하나도 남지 않는 경험을 해보았을 겁니다.

수면은 우리의 신체 건강에도 중요한 역할을 합니다. 낮 동안 긴장감을 유지하던 근육과 신경계를 이완하고 호르몬 균형을 맞추며, 면역기능도 회복해 다양한 질병에서 우리 몸을 보호해줍니다. 수면이 부족하면 비만으로 이어질 수 있고 피부 노화도 촉진됩니다. '미인은 잠꾸러기'라는 말이 괜히 나온 게 아닙니다. 그뿐 아니라 잠을 잘 자는 사람의 평균 수명이 그렇지 못한 사람에 비해 5년이나 더 길다(남성의 경우)는 연구 결과도 있습니다.[*]

적정 시간의 수면을 취하는 것은 수면의 질을 측정하는 중요한 척도입니다. 미국 수면학회가 권장하는 수면 시간은 학령기 전의 아이들은 열 시간에서 열두 시간, 학령기 아이들은 열 시간, 청소년의 경우 아홉 시간 정도입니다. 어른들도 여덟 시간 정도는 자

---

[*] Li H., Qian F. (2023) Low-risk sleep patterns, mortality, and life expectancy at age 30 years: a prospective study of 172 321 US adults. *Journal of American College of Cardiology*. 2023 Mar, 81 (8_Supplement) 1675.

는 것이 좋습니다. 어르신들은 일곱 시간 정도는 주무셔야 하고요. 물론 개인차가 있지만, 이 정도가 대부분의 사람에게 필요한 수면 시간이라고 보면 됩니다.

여러분은 하루에 몇 시간이나 주무시나요? 본인의 수면 시간을 한번 점검해보기 바랍니다. 어떤 목표가 있어서 단기적으로 잠을 희생해서라도 공부나 일을 해야 하는 경우도 있겠죠. 그렇지만 반복적, 장기적으로 수면 시간을 줄이는 것은 정신과 몸의 건강을 해칩니다. 그뿐 아니라 지적 능력도 저하시킨다는 걸 잊지 마세요.

당신의 수면 위생 점수는 몇 점인가요

건강한 수면을 유지하는 데 중요한 생활습관들이 있는데, 이를 수면 위생(sleep hygiene)이라고 부릅니다. 수면의 질이 좋지 않거나 쉬이 잠들지 못하는 경우라면 다음에 제시하는 주요 수면 위생 수칙을 꼭 실천해보기 바랍니다. 수면 위생을 지키지 않으면서 잠을 잘 못 잔다고 불평하는 것은 마스크를 쓰지 않고 손도 씻지 않으면서 코로나가 무섭다고 하는 것과 같습니다. 수면 위생 수칙은 여러 가지가 있지만, 여기서는 비교적 쉽게 할 수 있는 주요 항목만 추려서 소개하고자 합니다.

취침 전과 취침 중 항목으로 나누어 살펴볼 수 있는데요, 먼저 취침 전 실천해야 할 주요 수면 위생 수칙은 다음 세 가지입니다.

1. 수면 시간은 규칙적으로

건강한 수면을 위해서는 자기 몸의 생체 시계를 일정하게 만드는 것이 중요합니다. 밤 10~11시부터 다음 날 아침 6시~7시까지 여덟 시간 동안 수면하는 것이 가장 이상적입니다. 그런데 회식도 있고 드라마도 봐야 하니 이것이 쉽지 않죠. 하지만 늦어도 자정 전에는 잠자리에 드는 것을 권합니다. 자신이 올빼미형이라 일찍 자는 것이 도저히 힘들다면, 규칙적으로 자는 루틴만이라도 꼭 지키시기 바랍니다.

2. 저녁 6시 이후에는 카페인, 알코올 섭취하지 않기

커피를 하루에 세 잔씩 마셔도 잠만 잘 잔다고 하는 사람이 있습니다. 하지만 수면의 질을 위해서는 저녁 6시 이후에는 수면을 방해하는 카페인과 알코올을 섭취하지 않는 것이 좋습니다. 저 같은 경우는 카페인에 예민한 편이라 오후 2시 이후에는 섭취하지 않습니다. 알코올이 수면을 도와준다고 생각하는 분들도 있는데, 잠이 들게 할 수는 있어도 질 좋은 수면을 유지하는 데는 오히려 방해가 됩니다.

3. 잠들기 전 스마트폰 옆에 두지 않기

제 경우 시차가 있는 미국에서 한국 일을 처리하려면 간혹 밤에도 일을 할 수밖에 없습니다. 그럼에도 가급적 잠들기 전에는 스마트폰을 옆에 두지 않으려 노력합니다. 특히 불면증으로 고생한다면 잠자리에서는 스마트폰을 보지 않는 것을 권합니다. 자러 갈 때 스마트폰을 거실이나 식탁에 두고 들어가세요. 알람 기능 때문에 그럴 수 없다면 따로 알람용 시계를 장만합니다. 스마트폰이 없어서 허전하거나 심심함을 느낄 때 읽을 수 있도록 잠자리 옆에 가벼운 내용의 책이나 잡지를 두는 것도 좋습니다.

스마트 기기와 완전히 분리되는 것이 힘들다면 전자책 리더기를 두거나 소셜 미디어, 인터넷, 메일 앱이 깔려 있지 않은 태블릿 정도를 두는 것도 한 방법입니다. 전자책이나 오디오북을 이용하거나 메모, 일기 쓰기, 명상 애플리케이션 같은 것만 태블릿에서 할 수 있게 해두는 거죠. 수면을 방해하지 않도록 블루라이트 차단 상태로 설정하는 것도 잊지 마시고요.

다음 소개하는 내용은 취침 중 실천해야 할 수면 위생입니다.

4. 빛 차단하기

좋은 수면 환경을 만드는 데 있어 매우 중요한 것이 빛을 차단하는 것입니다. 소음을 줄이는 것도 중요하지만 빛이 수면에 더 직접적인 영향을 끼칩니다. 개인차가 있겠지만 어두울수록 잠을 더 잘 잘 수 있습니다.

간혹 잠자리에서 텔레비전이나 스마트폰을 보며 '잠이 왜 이렇게 안 오지?' 하는 분도 있습니다. 스마트폰, 노트북 등 전자기기에서 나오는 블루라이트는 수면을 관장하는 멜라토닌 호르몬 분비를 방해합니다. 따라서 취침 시간 즈음에는 사용을 최소화해야 합니다. 수면 전문가들은 잠자기 한 시간 전에는 스크린 기기를 보지 말라고 권합니다.

주변의 빛을 완전히 차단하기 힘들 때는 안대를 착용하는 것도 좋은 방법입니다. 동양인들은 안구가 다소 돌출되어 있는 경우도 많아서 평면보다는 입체로 된 안대가 대체로 더 편안합니다. 안대 착용이 익숙하지 않은 분들이 많을 텐데, 생각보다 수면의 질을 높이는 데 큰 도움이 됩니다. 안대가 불편하다면 암막 커튼을 사용하는 것도 좋습니다. 저는 암막 커튼과 안대 둘 다 사용합니다.

5. 명상하기

몸뿐 아니라 정신이 잠들어야 온전하게 수면을 취할 수 있습니다. 명상은 정신을 잠잠하게 해주어 잠이 들 준비를 도와줍니다. 유튜브에 많이 올라와 있는 수면 명상을 틀어놓고 자는 것도 도움이 됩니다. 여러 명상 애플리케이션에도 선생님이 설명하는 대로 따라 하면 되는 가이디드 명상(guided meditation)이 많이 들어 있어요. 명상에는 심호흡, 근육 이완, 자기 확언, 시각화에 기반을 둔 것 등 여러 종류가 있습니다. 여러 가지를 시도해보고 자기에게 가장 잘 맞는 것을 몇 가지 골라 저장해두고 반복해서 하면 됩니다.

수면 명상
동영상 자료

자려고 누우면 오늘 내가 했던 실수나 잘못이 왜 이리 계속 떠오르는지 모릅니다. '내가 왜 그랬을까?' 또는 '왜 이렇게 일이 안 풀리는 거야' 하는 마음도 들고요. 그럴 때 너무 자신을 탓하거나 '이불킥'을 하기보다 '그래도 그 정도면 잘한 거야', '내일은 더 잘할 수 있을 거야'라고 스스로를 다독일 필요가 있습니다.

특히 '그래도 오늘 하루 잘 살았다. 이 정도면 다행이다' 같은 긍정과 감사의 마음을 품어보세요. 감사의 마음은 전전두피질과 시상하부를 활성화시켜 감정을 안정시키고 수면을 유도합니다. 잠자리에 들어서는 오늘 하루 있었던 일들 중에서 감사할 것을 찾아보는 명상을 하면 좋습니다. 혹은 감사 일기나 감사 기도로 대체해도 됩니다.

생활습관을 바꾸는 것은 쉽지 않기에 습관을 개선하는 동안 일시적으로 약물의 도움을 받을 수도 있습니다. 수면을 돕는 약물은 종류도 다양하고 부작용도 있을 수 있으니 꼭 의사와 상의 후 결정하시기 바랍니다.

잠 때문에 힘들었다면 여기에 소개한 수면 위생과 몇 가지 수칙을 잘 따라 해보세요. 여러분이 겪고 있는 불면증을 완화하고 수면의 질을 높이는 데 많은 도움이 될 거라 믿습니다. 다음으로 미루지 말고 지금 조금만 노력해서 나만의 수면 루틴을 만들어보세요. 다음 날 몸과 정신이 상쾌해지는 것을 느낄 뿐만 아니라 지금의 '수면 투자'로 미래의 건강까지 증진시킬 수 있을 거예요.

ADHD 잠재력 캐기

: 김밥 요법과 각방 요법

간혹 ADHD가 있는 제가 어떻게 환자를 진료하고 의사로 살아가는지 궁금해하는 분들이 계십니다. 우선 저는 직장에서는 일에 집중하기 위해 엄청난 에너지를 쓰며 각고의 노력을 합니다. 또 주위의 도움도 많이 받습니다. 정리정돈이 안 되고 세심하지 못해 실수가 잦고 여러 어려움이 있지만, 무엇보다 의사로서의 본업인 환자를 돌보고 치료하는 일은 온 마음을 쏟아 잘해냈지요. 그래서 상사나 동료들의 인정과 이해를 얻을 수 있었던 것 같습니다.

앞서 ADHD 성향을 가진 사람은 무엇인가에 꽂히면 초몰입하는 장점이 있다고 말했습니다. 제 환자들 중에는 치료에 잘 반응하지 않아 찾아온 중환자가 많았습니다. 그렇지만 아무리 어려운 케이스의 환자라 해도 저는 포기하지 않고 끝까지 파고드는 편입니다. 그러다 보니 이제껏 놓쳤던 부분을 찾아내 문제해결에 접근하기도 했습니다. 아마 그런 모습을 보고 동료들이 저를 좋은 의사로 인정해준 것이 아닌가 싶습니다. 그리고 아무래도 정신과 의사다 보니 스스로 행동치료를 함으로써 ADHD 증상을 보완한 부분도 적지 않습니다.

ADHD의 여러 증상이 학교나 직장생활에 어려움을 주는 것은 사실입니다. 상사와의 미팅을 잊은 탓에 "오고 있나요?"라는 문자도 자주 받아보았고, 사무실이 너무 지저분하니 정리를 좀 해달라는 요청도 받아보았습니다. 다행히 여러 가지 행동치료 요법(behavioral strategies)을 통해 제 부족한 부분을 어느 정도 보완할 수 있었습니다. 여기에 제가 도움을 많이 받은 몇 가지 요법을 소개하겠습니다.

부족한 작업기억력을 보완하는 법

ADHD 성향을 가진 사람들은 작업기억력(working memory)이 부족한 경우가 많습니다. 작업기억력이란 머릿속에 입력된 정보를 일시적으로 잡아두었다가 기억하는 능력을 말합니다. 뇌의 메모장 또는 컴퓨터의 램 메모리에 비유할 수 있습니다. 한정적인 임시 인지작업 공간인 셈이죠.

예를 들어볼까요. 집에 오는 길에 장을 보고 드라이클리닝 맡긴 세탁물을 찾아야 한다면, 운전하고 집으로 오는 동안 이것을 기억하고 있어야 합니다. 그런데 주의가 산만하면 임시 작업 공간에 '참, 오늘 아이 선생님께 전화하기로 했지? 저녁에는 뭘 먹지?'처럼 계속 다른 생각들이 들어와 복잡해집니다. 결국 정작 기억하려고 했던 드라이클리닝 맡긴 세탁물 찾기는 잊어버리지요. 이런 이유로 ADHD 증상이 있는 사람은 세부적인 것을 놓치지 않고 잘 마무리하는 것이 매우 힘듭니다.

이런 작업기억력 부족과 산만함 때문에 겪는 어려움은 체크 리스트를 만들어 이용하고 몇 겹의 알람을 설정하는 것으로 보완할 수 있습니다. 저는 요즘처럼 기술이 발달한 시대가 아니었다면 살기가 무척 힘들지 않았을까 생각합니다. 캘린더 애플리케이션, 음성인식 AI 비서 등 첨단기술의 도움을 많이 받아서 부족한 작업기억력을 보완하고 있기 때문입니다.

보통 할 일을 잊지 않기 위해 '해야 할 일 목록(to do list)'을 정리하시죠? 그런데 어떤 타임 매니지먼트 전문가들은 그보다 캘린더 애플리케이션을 이용하는 것이 더 효과적이라고 말하기도 합니다. 사실 저는 캘린더 애플리케이션 덕에 산다고 해도 과언이 아닙니다. 캘린더에 그날 끝내야 하는 일뿐만 아니라 며칠 내, 몇 주 내에 처리해야 할 일들도 같이 메모해둡니다. 그리고 알람 설정을 이중, 삼중, 사중으로 해놓습니다. 제가 그 일을 끝낼 때까지 계속해서 알람이 울리도록 말이죠. 1주일 안에 마쳐야 하는 일이라면 그 1주일 동안 캘린더 알람이 매일 뜨게 해둡니다.

음성인식 AI 비서도 집안 곳곳에 배치해두었습니다. 심지어 화장실에도 있어요. 화장실에 앉아 있다가 해야 할 일이나 아이디어가 떠오르면 음성으로 바로바로 캘린더에 기록하고 알람을 설정합니다. 볼일을 보고 물을 내리는 그 짧은 시간 동안에도 기억을 잡아두기가 어렵기 때문입니다. 실제로 잠시 후엔 저 스스로도 놀랄 정도로 아무 기억이 나지 않습니다.

음성 메모나 메일 예약 발송 서비스도 제가 자주 이용하는 도구들입니다. 얼마 전, 이번 달로 예정되어 있던 상사와의 미팅이 있었는데, 서로 일정이 맞지 않아 다음 달로 미뤄졌습니다. 이달 말쯤 다시 연락해 미팅 일정을 잡기로 했습니다. 저는 상사와의 전화 통화가 끝나자마자 바로 메일을 작성했습니다. "지난번에 미뤄진 미팅을 언제 진행하면 될까요?"라고 묻는 메일이 이달 말에 발송되도록 예약 설정을 해두었습니다. 이렇듯 여러 기술의 도움을 받는 것도 성인 ADHD 환자들에게는 큰 도움이 됩니다. 이 외에 도움이 될 만한 두 가지 행동치료 요법을 소개합니다.

ADHD 잠재력 캐기 1 : 김밥 요법

여러분 김밥 좋아하시나요? 그런데 썰지 않은 기다란 김밥을 통째로 먹으면 목도 막히고 잘 씹히지도 않습니다. 하지만 칼로 잘라서 먹으면 한입에 쏙쏙 들어가고 씹기도 수월합니다. ADHD

성향을 가진 사람들은 한 가지 일을 오랜 시간 하는 것을 매우 힘들어합니다. 생각만 해도 숨이 턱턱 막히고 까마득하게 느껴집니다. 이럴 때는 해야 할 일을 김밥 썰듯 잘라서 먹기 좋은 작은 토막으로 만들면 도움이 됩니다. 양이 많거나 긴 시간이 필요한 일들을 김밥 썰듯 적절한 분량으로 나누어서 해내는 것이 '김밥 요법'입니다.

ADHD를 가진 제가 의대 공부를 어떻게 했을까요? 한 과목에 긴 시간 집중하는 것이 어려우니 다 잘라서 공부했습니다. 사실 김밥 요법은 ADHD가 없는 사람도 활용할 수 있습니다.

자르는 방법에는 두 가지가 있습니다. 시간으로 자르거나 과업 (task)으로 자릅니다. 시험 공부 범위가 10챕터인데 양이 200페이지쯤 된다면, 먼저 그 분량을 남은 날짜로 나눕니다. 열흘 정도 시간이 있다면 대략 20페이지가 하루에 할 분량, 즉 김밥 한 개가 되겠죠. 그렇게 20페이지를 하루 분량으로 정하면 200페이지를 다 공부해야 한다고 생각할 때보다 부담이 훨씬 줄어듭니다.

하루에 소화할 분량도 삼십 분에서 한 시간 안에 할 만한 분량으로 나누고, 할 때마다 체크합니다. 어린 자녀에게 ADHD가 있는 경우라면 계획한 분량을 마쳤을 때 스티커로 보상을 해주어도 좋습니다. 그래도 계속 한 과목만 공부하면 지루하겠죠? 그러면 과목을 바꿉니다.

저의 경우 시험 공부나 논문 쓰는 것을 하루 종일 해야 한다면, 한 과목을 내리 몇 시간 지속해서 하지 않았어요. 삼십 분에서 한 시간 정도 한 과목을 공부하고 일정 시간이 지나면 다른 과목으로 바꾸었습니다. 그러면 공부의 내용이 전환되면서 좀 덜 지루해집니다. 그 사이에는 간식을 먹거나 화장실을 가거나 하면서 환기를 해주고 쉽니다. 이렇게 시간이나 과목으로 단락을 지으면 긴 시간 집중하기 어려운 ADHD 성향의 사람에게 큰 도움이 됩니다.

직업이 의사이자 교수이니 얼마나 많은 일이 기다란 김밥처럼 저에게 쏟아지겠어요. 그러면 저는 그걸 하나하나 썰어서 제가 한 번에 소화할 양을 설정합니다. 만약에 써야 할 논문이 있다면 '오늘은 서문 두 문단만 써야지, 내일까지 두 페이지 써야 해' 이런 식으로요.

시간으로 김밥을 썰 때는 시간이 얼마나 남았는지를 눈으로 쉽게 확인할 수 있도록 타이머나 모래시계를 곁에 둡니다. 요즘은 비주얼 타이머라고 해서 시각적 효과를 이용한 타이머 애플리케이션도 여러 종류 나와 있습니다. ADHD 성향이 있는 사람은 시간 개념이 부족하기에 시간을 시각적으로 확인할 수 있게 해주면 큰 도움이 됩니다.

시간으로 자르는 김밥 요법과 비슷한 것으로 포모도로 기법 (pomodoro technique)이 있습니다. 25분 일하고 5분 쉬는 것입니다. 이렇게 네 번 하고 나면 15분에서 30분 정도의 좀 더 긴 휴식을 취합니다.

ADHD 잠재력 캐기 2 : 각방 요법

ADHD 성향을 가진 분들 중에 건망증으로 괴로워하는 경우가 많습니다. 저도 얼마나 건망증이 심한지 저희 남편은 제가 하루하루 생활하는 게 기적이라고 말할 정도입니다.

건망증을 극복하기 위한 행동치료의 첫 번째는 '줄이고 비우기'입니다. 한동안 미니멀리즘이 유행이었죠. 미니멀리즘 하면 물건을 먼저 떠올리는데 실은 가진 것뿐 아니라 해야 하는 일도 줄여야 합니다. 앞서 말한 것처럼 내게 아주 의미 있고 중요한 것이 아니라면 'No'라고 말할 줄 알아야 합니다.

예전에 정리를 도와주는 〈신박한 정리〉라는 TV 프로그램이 있었습니다. 거기서 이지영 정리 전문가는 '필요'와 '욕구'로 물건들을 분류하고 지금 내게 꼭 필요한 것이 아니면 나누거나 버리라고 조언하더군요. 특히 ADHD를 갖고 있다면 이렇듯 줄이고 비우는 과정이 꼭 필요합니다. 가뜩이나 정리 능력이 부족한데 중요하지 않은 것들이 가득 차서 복잡해지면 정작 중요한 것을 찾기 힘들어집니다.

이렇고 줄이고 비운 뒤 남은 물건들에 각자의 방을 주는 것이 도움이 됩니다. 저는 이것을 '각방 요법'이라고 부릅니다. 미국에서는 흔히 "모든 것은 제 집이 있다(Everything has a home)"라고 말합니다. 시계도 집이 있고, 안경도 집이 있고, 모든 것이 'home', 즉 각자의 자리가 있다는 뜻입니다. 각방 요법은 그렇게 물건의 제자리 찾기, 즉 자기 방을 정해서 각자의 방으로 보내는 것입니다.

정리정돈을 힘들어하는 자녀에게 각방 요법을 써보도록 도와주세요. "너희도 각자 방이 있듯 얘들도 방이 있어야 해. 어디가 책가방한테 제일 좋은 방일지 정해보자" 하고 물건의 자리를 아이와 함께 정해봅니다. 물건을 놓거나 걸 장소에 훅이나 박스를 두고, 테이프 같은 것으로 집 모양을 그려줘도 좋습니다. 스티커에 '지영이 책가방', '지영이 모자' 이렇게 방 주인 이름을 써서 붙여두면 더 좋습니다. 물건마다 방을 정하고 "얘는 자기 방에 보내주자"라고 하면서 정리하는 것이 바로 각방 요법입니다.

어른들도 이 방법으로 도움을 받을 수 있습니다. 각종 열쇠, 자동차 키, 휴대전화 등 꼭 필요하고 자주 사용하는 물건들을 추린 후 방을 정하고, 그곳으로 그 물건을 계속 보내려고 노력하는 겁니다.

건망증이 심한 경우 물건을 빠짐없이 다 챙기기란 어렵습니다. 그러니 자신에게 가장 중요한 세 가지에서 다섯 가지를 골라 그것만이라도 잘 챙기도록 합니다. 아이들이라면 책가방, 신발주머니, 물병 같은 것이 될 수 있겠죠. 제 경우에는 지갑, 전화, 안경이 늘 필요한 세 가지라고 할 수 있습니다. 그래서 저는 지갑을 거는 곳, 안경을 놓는 곳, 전화를 놓아두는 곳이 정해져 있습니다. 그렇게 하면 물건을 찾는 데 훨씬 도움이 됩니다.

그렇다고 늘 그 자리에 있는 것은 아닙니다. 아직도 물건을 찾아 헤매는 데 많은 시간을 씁니다. 그렇지만 각방 요법이 없었다면 훨씬 더 심했을 겁니다. 각방 요법을 계속 쓰고 루틴을 만들다 보면 점점 물건을 찾아 헤매는 일이 줄어들 것입니다.

성인의 경우 주의력 부족 증상이 심각해 직장이나 가정생활에 큰 지장을 초래할 정도라면 전문가의 진단을 받고 약물치료와 행동치료를 병행하는 것이 좋습니다. 약물치료는 주로 주의력을 높이고 과잉행동과 충동성을 낮추는 것을 목적으로 합니다. 증상이 심하지 않다면 꾸준한 행동치료만으로도 호전되는 경우가 꽤 있습니다.

사실 저는 ADHD를 갖고도 그럭저럭 잘 살아왔는데요, 그러다 40대 중반에 처음으로 병원에 갔습니다. 싱글일 때는 실수가 있어도 혼자 처리하며 살았는데 결혼하고 나니 더 큰 문제가 되었습니다. 원래 조금 불안한 성격인 남편이 너무 힘들어하더군요. 저의 실수로 화재, 교통사고, 도난, 분실 같은 큰 사고가 날 것을 매우 걱정했습니다. 결국 정신과 의사를 만나 상담한 후에 약물치료를 받았습니다. 지금은 약물치료를 하고 있지 않지만 아이가 생긴다면 안전 문제 때문에 약물치료를 다시 받을 거라고 남편에게 다짐했습니다.

얼마 전 남편과 이야기를 나누는데 저의 실수 연발, 엉망진창인 삶에 대해 또 우려를 표하더군요. "문을 열었으면 닫아야지!"

제가 문을 닫지 않은 탓에 집을 뛰쳐나간 강아지들이 옆집에서 잡혀왔거든요. 안 그래도 죄책감이 느껴지는데, 남편에게 꾸중을 듣고 있자니 기분이 좋을 리 없었죠. 가슴이 답답해질 때쯤 남편이 이렇게 말했습니다.

"그래도 난 당신을 있는 모습 그대로 사랑해(I love you just the way you are)."

침울해하는 저를 보고 위로하고 싶었던 걸까요? 무뚝뚝한 남편이 건넨 그 한마디가 얼마나 큰 감동이었는지 모릅니다. 사람은 저마다 강점과 약점을 갖고 있습니다. ADHD 성향을 가진 사람들도 마찬가지입니다. 저의 여러 부족한 모습이 많이 걱정되기는 하지만, 그런 실수투성이 모습 그대로를 사랑한다니 그보다 더 좋은 말이 있을까 싶습니다. 그 말을 들으니 괜스레 눈물이 핑 돌더군요.

ADHD의 잠재력을 캐는 첫 번째 출발점은 있는 그대로의 나, 있는 그대로의 그 사람을 인정해주고 사랑해주는 일이 아닐까요? 사랑으로 가득 찬 마음으로 약점은 보완하고 강점은강화하면서 잠재력을 맘껏 펼칠 수 있을 테니까요. 약점이 없는 사람은 없습니다. 어떤 단점이나 취약점이 있더라도 우리는 모두 그 모습 그대로 사랑받을 만한 사람이란 걸 잊지 마세요. 그러고 나서 약점은 보완하고 강점은 더 키워가면 되니까요.

시험을 앞두고 끝마쳐야 할 공부나 마감일이 정해져 있는 프로젝트, 여러 부서에서 요청해온 업무 등 당신 앞에 방대한 일들이 놓여 있나요? 어디서부터 어떻게 시작해야 할지 난감하고, 끝까지 완수할 수 있을지 걱정이라면 김밥 요법을 한번 사용해보세요.

1. 먼저 우선순위를 정해 나열해봅니다. 방대한 일들 중에서 중요도와
   긴급성에 근거해 가장 우선 처리해야 할 일이 무엇인지 식별합니다.

   1순위 :

   2순위 :

   3순위 :

2. 작은 단위로 나누어 처리합니다. 해당 목표를 작은 단계로 나누고
   각 단계를 차례대로 해결해나갑니다.

3. 우선순위에 따라 시간 또는 과업(일의 양)을 적절히 분배합니다.
   월력이나 다이어리, 체크 리스트를 사용해도 좋습니다.

DATE

D-DAY

TASK

- [ ]
- [ ]
- [ ]
- [ ]
- [ ]
- [ ]
- [ ]
- [ ]
- [ ]
- [ ]
- [ ]
- [ ]

NOTE

스스로에게 좀 관대해도 괜찮아

: 나를 용서하는 3단계

꼭 뭘 잘하거나 성취해서가 아니라 우리는 존재만으로도 가치 있는 사람이라고 여러 번 이야기했습니다. 들을 때는 고개를 끄덕이지만, 실생활로 돌아가면 스스로를 긍정하며 살기가 생각처럼 쉽지 않습니다. 일단 우리 사회가 그리 녹록지 않습니다. 사람의 가치를 생산성, 성취, 학력, 외모, 재력 등 여러 기준으로 평가하는 사회 분위기 속에서 우리의 자존감은 자주 바닥을 칩니다. 게다가 성장 과정에서 격려나 지지보다는 꾸중과 질책을 받은 경험이 더 많습니다. "왜 이것밖에 못해?" "공부 못하면 나중에 무시당해." "그렇게 하다간 평생 뒤처지고 말 거야." 이런 말들을 귀에 못이 박히게 들으며 자랐습니다.

그래서 우리는 스스로에게 관대하지 못합니다. '남들은 미라클 모닝을 실천한다며 새벽에 일어나 책도 읽고 공부도 한다는데 나는 왜 이래?' '나는 왜 이렇게 게으르고 머리가 나쁠까?' 이렇게 자책하는 것에 익숙합니다. 대체 우리는 왜 이렇게 되었을까요?

부모의 말이 아이가 스스로 하는 말이 된다

그 이유를 캐내기 위해 삶의 시작인 출생 시점으로 돌아가 봅시다. 갓 태어난 아이는 혼자서는 아무것도 할 수 없습니다. 신체적으로도 인지적으로도 아주 미숙한 상태이기 때문에 주 양육자, 주로 부모의 돌봄을 받으며 성장합니다. 몸과 머리가 자라서 스스로 생각하고 행동하며 온전한 한 사람이 되기까지 아이의 몸을 대신해서 행동해주고 머리를 대신해서 생각해주는 것이 부모(양육자)의 역할입니다. 아이는 부모를 통해 세상을 바라보고 세상과 관계를 맺고 세상을 이해하는 법을 배웁니다. 그 과정에서 자연스럽게 부모의 생각은 아이들에게 대부분 그대로 흡수되어 전수됩니다.

"몇 번을 가르쳐줬는데 아직도 몰라?" "어제 안 놀았으면 이 정도는 했을 거 아니야!" "너는 애가 왜 이렇게 게으르니?" "다른 애들은 다 혼자서 잘한다는데, 너는 이게 왜 안돼?" 성장 과정에서 부모가 아이를 격려하며 더 잘하라고 해주었던 이런 말들이 이제는 아이가 자신에게 스스로 하는 말이 됩니다. 즉 우리가 자책하는 데 익숙한 건 그런 피드백을 받으며 성장했기 때문입니다. 스스로에게도 그렇게 피드백을 해줘야 하는 줄 아는 거죠. 그러니 부모는 자녀에게 어떤 말을 할 때, 나중에 아이가 그 말을 스스로에게 해주었으면 하는 말인지 한번 생각해보세요.

이렇게 어릴 때부터 오랫동안 뇌와 몸에 밴 습관을 어른이 되어서 변화시킬 수 있을까요? 의식적으로 노력을 기울여 자신을 대하는 태도를 바꾸면 할 수 있습니다. 기대에 못 미치거나 잘못을 하더라도 스스로에게 관대해지는 거죠. 이를 위해서 자책하고 싶을 때 자신을 용서하는 3단계 스텝을 알려드릴게요.

1단계 : '그래도 잘하고 있어'라고 말해주기

오늘부터 아침 6시에 일어나기로 다짐했는데 일어나지 못하고, 야심 차게 운동을 시작했는데 3일밖에 못 하면 정말 잘못한 걸까요? 아닙니다. 그래도 당신은 잘하고 있는 것입니다.

그래도 '잘하고 있어(You're doing good)'라고 스스로에게 말해줄 수 있는 이유는 당신이 지금 처한 환경에서 자신의 능력과 의지를 총동원해 애쓰고 있기 때문입니다. 그것만으로도 당신은 잘하고 있는 것입니다. 내게 책망하는 메시지를 많이 주신 부모를 원망하지 말아야 하는 이유도 같습니다. 우리의 부모도 자신이 처한 환경에서 최선을 다한 것일 테니까요. 그렇게 해야 자식이 잘되는 줄 알았기 때문에 한 말일 겁니다.

부정적 피드백만 해주었던 부모님을 원망하지도, 자신을 포기하지도 마세요. 이제는 내가 성인이므로 내가 나의 부모가 되어 주면 됩니다. 내가 이제 막 태어난 신생아라고 생각하고 나를 다시 육아하는 거예요. 여러분이 지금 20~40대라면, 100세 시대니만큼 앞으로 60~80년은 더 살 수 있습니다. 지금 막 태어난 신생아라 생각해도 60~80세까지 살 수 있는 셈이죠. 정말 한 인생 남은 겁니다. 게다가 말도 하고 걸을 줄도 알고 밥도 챙겨 먹을 줄 아는 신생아니 앞날이 창창한 거예요. 그러니 지금부터 나의 부모가 되어 자신에게 격려의 말을 자주 해주면 됩니다.

비록 노력한 결과가 기대에 미치지 못한다 해도 지금 바닥을 치는 상황이라 해도, 자라온 배경과 현재 처해 있는 상황, 능력과 경험을 모두 고려했을 때 당신은 최선을 다한 겁니다.

마이아 앤절로는 다음과 같은 말을 했습니다. "Do the best you can until you know better. Then when you know better, do better(더 잘 알 때까지는 할 수 있는 최선을 다해라. 그리고 더 잘 알게 되면 더 잘하면 된다)." 지금까지 제대로 하지 못한 것이 있다면 그것은 아직 잘 몰라서 그런 것입니다. 경험과 지혜를 점점 더 쌓으면서 더 잘하면 되는 거예요.

이 자리에서 내가 아는 한 나름 애쓰고 있다는 걸 다른 사람은 몰라도 나 자신은 알아주어야 합니다. 자신에게 실망하고 자신을 자책하게 될 때, 일단 '그래도 이 정도면 잘하고 있다'라고 스스로에게 말해주세요. 나를 용서하는 일은 바로 거기서 출발합니다.

2단계 : 걸림돌 찾기

다음은 왜 그 일을 해내지 못하는지 생각해보는 겁니다. 이제 껏 내가 나빠서, 못나서, 의지가 약해서 그런 것이라고 자책해왔 나요? 이제는 그것을 해내는 데 걸림돌이 된 것이 무엇인지 찾아 볼 차례입니다. 내가 앞으로 나가는 것을 막는 것이 무엇인지, 어 떻게 그 걸림돌을 없앨지 생각해봐야 합니다.

가령 운동을 시작했는데 작심 3일에 그쳤다면 단지 게을러서, 못나서가 아닐 수 있습니다. 어쩌면 의지력이 아직 잘 훈련되지 않았거나 무리한 계획을 세운 것이 문제일 수도 있어요. 그 일을 정말 해내고 싶다면 부족한 기술이든 지식이든 마음자세든 그것 을 어떻게 개선할지 생각해봐야 합니다. 예를 들면 의지력과 끈 기를 훈련하는 책을 읽거나 코칭을 받는 방법도 있습니다. 또 혼 자 하기보다 친구와 함께 하는 것이 계속할 수 있는 동기를 부여 하는 데 도움이 될 수 있습니다. 내가 '잘못한 것'이 아니라 그저 '걸림돌이 있었던 것'뿐입니다. 걸림돌은 치우거나 돌아가면 됩 니다.

부모로서 스스로 부족한 것이 많다고 느낀다면 '나는 나쁜 엄 마(아빠)야'라고 자책하지 마세요. 그 대신 '내가 아이들에 대한 이해가 부족하구나', 아니면 '내가 마음 챙김이 부족하구나'라고 생각하는 겁니다. 그러면 좋은 자녀교육 서적 및 온라인 강의를 찾아보거나, 명상을 배워 연습하면 됩니다. 이렇게 하는 것이 자 녀에게도 훨씬 좋은 영향을 줍니다. 걸림돌을 찾아 그것을 치우거나 개선하기 위해 노력하는 부모의 모습을 보면서 아이들도 자연스럽게 그런 자세를 배울 테니까요.

3단계 : 내려놓기

마지막 3단계는 내려놓기입니다. 앞서 말했듯이 우리에게는 뭔가를 놓치지 않을까 하는 두려움(FOMO)이 있습니다. '미라클 모닝'이 유행하면 나도 새벽부터 일어나 책을 읽어야 할 것 같고, 사람들이 보디 프로필을 찍으면 나도 헬스장에 등록해 몸을 만들어야 할 것 같습니다. 주변 친구들이 모두 자녀의 선행 학습을 시키는데 나만 안 시키면 뒤처질 것 같아 두렵습니다. 나를 용서하고 나에게 관대해지려면 이 두려움을 내려놓아야 합니다.

요즘 사람들에게 뭔가 놓치지 않을까 하는 두려움을 가장 많이 불러일으키는 것은 소셜 미디어입니다. 대부분의 사람이 다른 사람에게 보여주고 싶은 것, 자랑하고 싶은 것들만 그곳에 올립니다. 누구나 부족한 면과 보여주고 싶지 않은 면이 있지만 이를 올리는 일은 드물지요. 그러니 남들 것은 다 좋아 보이고, 나만 초라해 보이게 마련입니다. 또 남이 하는 좋은 것을 나도 해보고 싶은 마음이 드는 것은 너무도 당연합니다. 하지만 사람은 저마다 좋아하고 잘하는 것이 다릅니다. 남이 해서 좋아 보이는 것을 좇는다고 반드시 만족감을 느끼고 행복해지지는 않습니다.

다른 사람들이 다 하는 것을 못 한다고 해서 '나는 왜 못 하는 걸까'라고 자책하지 마세요. 그 길은 내 길이 아닐 가능성이 높으니까요. 자녀를 대할 때도 마찬가지입니다. 다른 부모는 다 해주는데 나만 못 해준다고 죄책감을 느낄 필요 없습니다. 모든 걸 다 해주어야만 좋은 부모가 되는 것은 아닙니다.

완벽하게 잘해야 한다는 생각은 정신 건강 측면에서 아무런 도움이 되지 않아요. 오히려 스트레스만 많아질 수 있습니다. '완벽해야 해' 대신 '실수하고 실패하면서 성장하는 거야'라고 생각하면 자신에게 조금은 더 관대해질 수 있습니다. 오늘이 내 인생의 마지막 날이 아닙니다. 100세 시대잖아요. 100년 동안 조금씩 성장하면 됩니다.

이렇게 나 자신을 용서할 줄 아는 사람, 자신에게 관대한 사람은 다른 사람도 용서할 줄 압니다. 자신에게 하듯 "네가 나름 열심히 한 거 알아. 그렇지만 이 부분이 아직 힘들어서 그런 것 같으니 이렇게 해보면 어떨까?"라고 말할 수 있겠죠. 여러분도 그런 너그러운 사람 곁에 있고 싶지 않나요? 스스로에게 그런 따뜻한 사람이 되어주세요. 내 친구가 실수나 실패를 했을 때 따뜻하게 말해주듯 자신에게도 관대해져보세요. 조금은 부족하고 어설픈 '나'이더라도 다른 사람과 비교하지 말고, 그저 나의 애씀을 인정하고 격려해줍시다. 그렇게 완벽하지는 않지만 나만의 길을 스스로 격려하며 찾아간다면 나도, 내 옆에 있는 사람도, 내 아이도 모두 좀 더 행복해지지 않을까요?

나에게 감사해,
당신도 고마워요

: 긍정의 힘을 기르는 감사 요법

살다 보면 좋은 일만 있을 수는 없습니다. 지금 내가 어려운 상황에 놓여 있다면 괴롭고 힘든 것이 당연합니다. 감정에는 옳고 그름이 없으므로 자신이 괴롭고 힘들다면 그 감정을 부정하거나 부인하는 것은 의미가 없습니다. 그런데 문제는 그렇게 절망하고 괴로워하고 있을수록 괴로움이 더 크게 느껴진다는 것입니다. 바로 마음의 악순환(vicious circle)입니다. 이런 악순환이 계속되면 스스로에게 나쁜 영향을 끼칩니다. 그러니 악순환의 반대인 선순환(virtuous circle)을 돌려야 합니다. 선순환은 긍정적인 마음의 순환이라 하겠습니다. 그런데 어려운 상황에서 긍정적인 마음으로 선순환을 하는 게 가능할까요?

앞서 긍정적인 마음자세는 '무조건 다 잘될 거야', '나는 할 수 있어!'라고 믿는 것과는 다른 것이라고 했습니다. 어려운 현실에 수긍하면서도 그 안에서 무언가 긍정적인 면을 찾을 수 있다고 믿는 것이 긍정적인 마음자세입니다. 그럼 이러한 긍정의 힘은 대체 어디서 나오는 것일까요? 그 답을 알려드리기 전에 한 사람을 소개해드릴게요.

긍정의 비결은 감사하는 마음자세

투리아 피트(Turia Pitt)라는 이름의 호주인 여성이 있습니다. 성공한 광산 엔지니어이고 모델이자 운동선수였던 그녀는 스물네 살이던 2011년, 100킬로미터 울트라 마라톤에 참가했다가 경기 도중 발생한 산불에 갇히고 맙니다. 고립된 지 몇 시간 만에 가까스로 구조되었지만 이미 몸의 65퍼센트가 심한 화상을 입은 상태였습니다. 그녀는 생사를 넘나드는 사투를 벌여야 했고, 그 후에도 200여 차례의 크고 작은 수술을 받아야 했습니다. 결국 손가락 일곱 개를 잃었고 얼굴을 비롯한 온몸에 화상 자국이 남았습니다.

그럼에도 투리아 피트는 누구라도 견디기 힘들었을 고통스러운 현실 앞에서 좌절하지 않았습니다. 오히려 더 강해진 모습으로 돌아옵니다. 다시는 뛸 수 없을 거라는 말을 들었던 그녀는 사고가 나고 5년 뒤인 2016년 세계에서 가장 힘들다는 아이언맨 월드 챔피언십에 참가해 철인 3종 경기를 완주합니다. 지금까지 세

권의 책을 출간했고, 세계를 다니며 역경에 처한 사람들에게 희망과 용기를 주는 강연도 하고 있습니다.

사람들이 그런 절망적인 상황에서 어떻게 다시 긍정적인 삶을 살게 되었는지 묻자 그녀는 이렇게 답했습니다. 세상만사를 해결해주는 검증된 약, 유일한 특효약이 있다면 그것은 '감사(gratitude)'라고요. 그리고 감사할 줄 아는 사람은 인생에서 쉽게 절망하지 않는다고요.

저는 원래 30여 개 나라를 여행하고 고도 5,300미터 에베레스트 베이스캠프까지 등반할 정도로 에너지가 넘치는 사람이었습니다. 그런데 2017년 자율신경계 장애와 만성피로증후군이라는 난치성 질환을 앓은 후부터는 에너지가 바닥 상태에 있을 때가 많습니다. 조금만 움직여도 병적인 피로감이 생기는 거예요. 그럴 때는 그냥 누워서 쉬는 수밖에 없습니다.

어떤 날은 아침에 눈을 뜨자마자 피곤이 몰려오면서 머리가 아프고 몸이 괴로울 때가 있습니다. '아침부터 왜 이러는 거야?'라며 원망하게 되고 '오늘도 다 망쳤잖아' 하는 부정적인 생각이 저절로 차오릅니다. 그럴 때면 저는 의식적으로 그런 생각을 털어내고 감사한 것들을 떠올립니다. 그리고 애를 써서 조금 억지로라도 감사를 읊습니다.

'이만큼이라도 나은 게 어디야. 일을 할 수 있는 게 어디야. 착한 남편이 곁에 있어서 정말 감사해.'

그러면 마음이 서서히 감사로 물들기 시작합니다.

투리아 피트도 매일 아침마다 자신의 회복, 곁에서 사랑하고 지지해주는 가족, 건강 등을 마음에 새기며 감사하는 마음을 갖는다고 합니다.

아무리 눈 씻고 찾아봐도 감사할 거리가 하나도 없는데 어떻게 감사하느냐는 분들도 있습니다. 아주 사소한 것이라도 좋으니 감사할 거리를 찾아보세요. '오늘 해지는 풍경이 너무 아름다웠는데 그걸 볼 수 있어서 감사하다', '오늘 아침 맛있는 커피를 마실 수 있어 감사하다', '두 다리로 이렇게 걸을 수 있어서 감사하다', '가족이 있어서 감사하다', '건강한 것이 감사하다', '오늘 하루가 주어져서 감사하다'라고요. 이렇게 하루에 서너 가지만이라도 감사할 거리를 찾아 그것에 감사하는 연습을 해보기 바랍니다.

과학적으로 입증된 감사의 힘

그냥 있어도 괴롭고 힘든데 작은 것이라도 찾아서 감사하는 훈련을 하라고 말씀드리는 이유가 있습니다. 감사가 정신 건강에 주는 좋은 영향이 엄청나기 때문입니다. 감사의 효과는 많은 심리학 임상 연구에서도 입증된 바 있습니다.

우선 감사하는 마음을 가지면 뇌의 전전두엽 일부와 시상하부 등이 활성화됩니다. 반면에 부정적인 감정을 관장하는 편도체의 활성은 줄어듭니다. 앞서 보았듯 전전두엽이 활성화되면 인지,

학습 능력이 향상되고, 감정 조절 능력과 사회성이 강화됩니다. 편도체가 안정되면 시상하부가 활성화되고 스트레스 반응이 감소됩니다. 시상하부는 신경계와 내분비계를 연결하고 대사 과정과 자율신경계 활동을 관장하는 중요한 부위입니다. 여기서 각종 호르몬 분비를 조율하고 체온, 배고픔, 갈증, 피로, 수면, 일주기 생체 리듬 등 신체의 중요한 기능을 조절하는 거지요. 그러니 감사하는 마음을 가지면 몸의 대사가 원활해지고 수면의 질도 좋아지며 몸과 마음이 전체적으로 안정되고 평온해집니다.

그뿐 아니라 감사를 하면 도파민과 세로토닌이라는 신경전달물질이 증가합니다. 뇌세포들끼리 정보를 주고받을 때 그걸 전달하는 물질이 바로 신경전달물질입니다. 도파민은 보상회로의 주 신경전달물질로, 우리가 목표를 이루거나 보상을 받으면 증가해 강한 쾌감을 줍니다.

세로토닌은 흔히 행복 호르몬이라고 불리는데요, 그만큼 좋은 기분을 유지하도록 해주고 마음이 편안해지도록 안정감을 줍니다. 의사들이 처방하는 항우울제는 대부분 세로토닌을 증가시키는 약물입니다. 그래서 감사하는 마음을 가지면 우울했던 마음이 좀 더 밝아지고 기분이 좋아지는 거죠.

감사의 힘을 보여주는 실험을 하나 소개할게요. 만성질환을 앓고 있는 사람을 세 그룹으로 나누어 실험을 진행했습니다. 첫번째 그룹은 감사 일기를 쓰게 했고, 두번째 그룹은 화나고 짜증 난

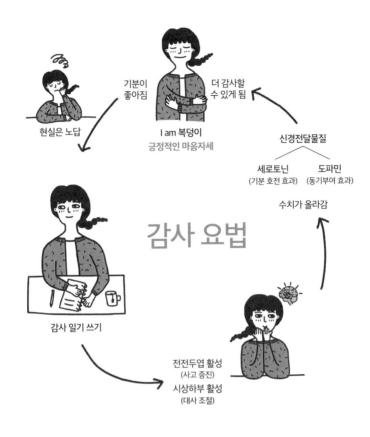

기분이
좋아짐

현실은 노답

더 감사할
수 있게 됨

I am 복덩이
긍정적인 마음자세

신경전달물질

세로토닌
(기분 호전 효과)

도파민
(동기부여 효과)

수치가 올라감

감사 요법

감사 일기 쓰기

전전두엽 활성
(사고 증진)
시상하부 활성
(대사 조절)

일을 쓰게 했으며, 세번째 그룹은 일반적인 일기를 쓰게 했습니다. 만성질환으로 고생하고 있는 경우 감사할 거리를 찾기가 쉽지 않은데 아주 작은 일이라도 생각해서 쓰도록 했습니다. 10주 후 전체적인 증상과 기분 상태를 검사했는데, 감사 일기를 쓴 첫번째 그룹이 다른 그룹에 비해 더 희망적이었으며, 삶의 만족감이 증가했습니다. 또 신체질환으로 병원을 찾는 횟수도 줄어든

것으로 나타났습니다.[*]

감사 훈련이 뇌를 바꾼다

다른 실험에서는 감사 일기 쓰기를 통해 3개월간 감사 연습을 한 사람들의 뇌 영상을 관찰했습니다. 감사 연습을 한 경우 그렇지 않은 경우보다 일상생활에 더 많이 감사할 뿐만 아니라, 감사 관련 뇌 부분의 활성도 역시 더 강하고 더 오래가는 것으로 나타났습니다. 감사 연습을 통해 뇌를 지속적으로 자극해준 사람들의 경우 감사 회로가 더 쉽게 활성화되었던 것입니다.[**] 마치 뇌도 근육처럼 운동하고 쓰면 쓸수록 그 부분이 더 발달하는 거죠.

감사 훈련은 스스로 뇌를 훈련시키는 일입니다. 꾸준히 감사 훈련을 하면 긍정의 뇌 회로가 고속도로처럼 뚫립니다. 언제 어디서나 올라탈 수 있는 긍정의 선순환 도로가 생기는 겁니다. 힘든 일이 있을 때 부정적인 생각과 감정이 먼저 올라오는 것은 자동적인 현상입니다. 그렇지만 감사 연습을 꾸준히 하면 이런 자동적 부정 사고에서 좀 더 쉽게 벗어날 수 있습니다.

앞서 소개했던 투리아 피트의 경우 자신이 참가했던 마라톤 대

---

[*] Emmons, R. A., & McCullough, M. E. (2003). Counting blessings versus burdens: An experimental investigation of gratitude and subjective well-being in daily life. *Journal of Personality and Social Psychology*, 84(2), 377~389.

[**] Kini, P., Wong, J., McInnis, S., Gabana, N., & Brown, J. W. (2016). The effects of gratitude expression on neural activity. NeuroImage, 128, 1~10.

회의 주최자를 상대로 소송을 진행했습니다. 주최 측에서 산불 발생 사실을 알고서도 대회 코스까지는 영향이 없을 거라며 마라톤 대회를 강행했기 때문입니다. 이 사실을 알았을 때 그녀는 얼마나 억울하고 분했을까요? 하지만 그녀는 분노와 원망의 불길에 사로잡혀 사는 대신 감사하는 길을 선택했습니다. 감사 회로가 돌아가면 원망의 회로가 동시에 돌아가기 어렵다는 것을 알았기 때문입니다. 반대로 불평불만이 일상화된 사람들의 경우 감사하는 마음을 갖기가 매우 어렵습니다.

그녀는 감사함으로 고통 속에서도 긍정적인 태도를 유지할 수 있었습니다. 사고를 당한 뒤에 그녀의 남자친구가 곁을 지켜주었고, 두 사람은 이제 두 아이의 부모가 되었습니다. 그녀는 날마다 가족들이 함께 있음에 깊이 감사하면서 살고 있습니다.

여러분도 이렇게 해보세요. 어떤 어려움 속에 있더라도 감사할 거리를 찾아보는 겁니다. 감사 연습을 해본 적이 없는 사람의 경우 시작이 어려울 수 있습니다. 그럴 때는 감사할 대상을 네 가지 영역으로 나눠서 감사할 거리를 찾아보는 것도 좋습니다. 나, 다른 사람, 물질, 경험, 이 네 가지를 챙기며 감사하면 조금 더 수월하게 감사 훈련을 할 수 있습니다.

특히 자신에 대한 감사를 빼놓기 쉬운데 반드시 챙기도록 하세요. '오늘 힘들었는데도 직장 잘 다녀와줘서 고마워'라고 스스로에게 감사하는 겁니다. 처음에는 쉽지 않아도 자꾸 시도해보면

나에게	다른 사람에게
물질에 대해	경험에 대해

기분이 전환되는 걸 느낄 수 있을 거예요.

아이들의 경우 색종이를 네 등분해서 적어보는 것도 좋습니다. 처음에는 서너 개 찾는 것도 어려워하던 아이가 몇 주 지나서 감사한 일을 20개씩 찾게 되었다는 부모님도 있었습니다. 아이가 수십 개의 감사를 하나하나 적어가면서 얼굴 표정이 점점 밝아지는 것을 직접 확인할 수 있었다고 합니다.

이렇게 매일 하루에 서너 가지 정도를 찾아 감사하는 연습을 몇 주만 해도 전체적인 감정과 몸 상태가 좋아지고, 3개월 정도 계속하면 뇌가 달라집니다. '지금 상황이 이 지경인데 누구한테 뭘 감사해'라는 분도 계실 거라고 생각합니다. 감사 훈련은 그 누구도 아닌 나를 위한 것입니다. 비용이 드는 것도 아니고 시간이 많이 걸리는 일도 아니니 꼭 한번 해보시기 바랍니다.

더 흥미로운 것은 다른 사람에게 감사하는 마음을 표현하면 감사를 받는 상대의 뇌에서도 감사 회로가 활성화된다는 것입니다. 감사를 하는 사람과 받는 사람에게서 같은 효과가 나타나는 것이죠. 그러니 나 자신을 위한 감사 연습도 열심히 하고, 주위 사람들에게도 감사의 표현을 자주 하면서 살도록 해요. 그야말로 서로 원원하며 다 함께 행복한 사회가 될 것입니다.

그래도 감사해, 극적인 감사

힘들어하는 이들에게 조심스럽지만 감사를 하라고 권하는 이유는 감사에 강력한 자기 치유의 효과가 있기 때문입니다. 그래서 저는 이를 가리켜 '감사 요법'이라고 부릅니다.

얼마 전에 제가 좋아하는 《에센셜리즘》과 《최소 노력의 법칙(Effortless)》을 쓴 베스트셀러 작가 그렉 맥커운을 인터뷰할 기회가 있었습니다. 한 시간 넘는 인터뷰를 마치면서 한국 독자들에게 해줄 말이 있느냐고 물었더니 예상치 못한 답이 돌아왔습니다. 한국 사람들은 능력이 있고 이룬 것도 많은데, 감사하는 문화만 조금 더 있다면 훨씬 좋을 것 같다는 내용이었습니다. 바꿔 말하면, 우리 문화에 감사가 부족하다는 뼈 때리는 조언이었지요. 그러면서 책에도 나와 있는 자신의 딸 이야기를 해주었습니다.

몇 년 전 맥커운의 열네 살짜리 딸이 갑자기 원인 모를 신경질환을 앓기 시작했습니다. 그러다 얼마 후 경련을 일으키며 한쪽 몸에 마비가 왔습니다. 온갖 명의를 다 찾아다녔지만 진단도 나오지 않았고 뾰족한 치료법도 찾지 못했습니다. 저도 그랬던 것처럼 맥커운 가족은 아이의 병을 치료하기 위해 온 마음을 모아 애썼다고 합니다. 그러나 호전되기는커녕 아이는 점점 말하기, 쓰기 등 여러 가지 능력을 잃어갔습니다. 아이가 이렇게 아픈데 해줄 것이 없는 부모의 마음이 얼마나 까맣게 타들어갔을까요?

절망으로 주저앉고 싶었던 바로 그때 맥커운 가족은 지금 주어진 것에 감사하는 데 집중하기로 마음을 바꾸었습니다. 그런 절망적이고 비극적인 상황에 감사할 것이 있었을까요? 오히려 신이 원망스럽지 않았을까요? 그러나 딸과 밥을 같이 먹을 수 있음에, 가족이 다 함께 모여 앉아 피아노 치고 노래 부를 수 있음에, 눈 맞추고 사랑을 나눌 수 있음에 감사했답니다.

그러면서 점차 맥커운 가족은 기쁨을 되찾았고 더 행복해졌습니다. 그리고 마치 기적처럼, 치료에 온 힘을 다 할 때보다 현재 상황에 감사할 때 오히려 아이가 조금씩 호전되었다고 합니다. 2년 정도의 시간이 흘러 다행히 아이는 거의 회복되었다고 하더군요. 맥커운은 이렇게 어려운 상황에서도 감사하는 것을 'radical gratitude(극적인 감사)'라고 했습니다.

자신이 힘든 상황에 있고, 감사할 게 도무지 없는 것 같은 때일수록 극적인 감사를 해보면 어떨까요? 만약 육아 때문에 힘든 엄마라면 '우리 아기가 건강해서 감사해', '그래도 내가 아기랑 같이 있을 수 있는 시간이 많아서 참 좋아'라며 감사할 것을 찾아보는 거죠. 제가 많이 아파서 직장조차 다니기 힘들었을 때도 이만큼 나아서, 직장이 있어서, 남편이 곁에 있어서 감사했던 것처럼요.

얼마 전 저의 감사 요법 강의를 듣고 직접 실천한 어떤 분이 '기적' 같은 변화가 있었다고 알려왔습니다. 공부와 학교를 거의 포기하고 가출까지 했던, 반항아 같은 십대 자녀 때문에 속이 타들어가던 어머니였습니다.

아이 때문에 매우 불안했음에도 어머니가 먼저 자기 주문처럼 감사를 하기 시작했다더군요. 그러고는 아이에게 함께 감사 요법을 하자고 권했다고 합니다. 아이는 "아무것도 감사할 게 없는데 왜 감사해야 하는데?"라며 저항했습니다. 간신히 설득해서 "아침에 먹은 도넛이 맛있어서 감사해"처럼 아주 작은 것부터 시작했다고 합니다. 그런데 이렇게 감사를 계속하다 보니 날이 갈수록 감사할 것이 더 쉽게, 더 많이 눈에 띄었다는 거예요. 마치 '숨은 그림 찾기'처럼 말이죠. 아무것도 아닌 것 같던 일이 다르게 느껴지고, 감사하게 보였다고 합니다.

그러다 몇 달 후 아이가 다리를 다치는 사고를 당해 응급실에 가서 깁스를 하고 밤을 지새우는 일이 있었습니다. 지쳐 돌아오는 길에 아이가 차에서 이렇게 말했다고 합니다. "다리만 부러진 게 어디야? 이렇게 살아 있음에 감사해!" 어른도 하기 어려운 생각을 아이가 한 것입니다. 그야말로 극적인 감사였으며 기적 같은 변화였습니다.

저는 이처럼 감사 요법으로 놀라운 변화를 경험한 가족을 수없이 만났습니다. 이렇게 기적을 일으키는 감사 요법에 여러분들도 꼭 동참하시길 바랍니다(〈본질육아 캡틴스〉 네이버 카페에 많은 분이 함께 참여하고 있는 감사 요법 게시판이 있습니다). 그래서 어려움이 닥칠 수밖에 없는 우리의 인생길에서 모두 숨은 그림 찾기, 아니 '숨은 감사 찾기'의 달인이 되기를 바랍니다.

이렇게 각자의 삶에서 감사함을 잘 찾을 수 있다면, 마음고생의 악순환에서 긍정의 선순환으로 전환할 수 있습니다. 그러면 우리의 내면도 그만큼 건강하고 단단해질 거라 믿습니다. 맥커운이 말했듯 가진 것이 많고 능력 있는 우리 사회가 감사로 넘친다면, 우리가 그토록 그리던 행복한 사회, 살기 좋은 사회가 될 수 있다고 저는 믿습니다.

CORE MIND ✿ TRAINING PRACTICE

일상에서 아주 사소하고 세세한 것이라도 감사할 거리를 찾아보세요. 감사 연습을 하다 보면 긍정적인 마음과 평안함을 얻게 되고 당신을 둘러싼 모든 것들이 조금씩 변화할 것입니다.

나에게	다른 사람에게
물질에 대해	경험에 대해

1. 매일 하루 동안 경험한, 감사할 일들을 나열해보세요.
   작은 것부터 큰 것까지, 감사할 만한 일, 사람, 경험 등을 모두
   포함시켜보세요. 잠들기 전이나 일어났을 때 감사 일기를 써도 좋습니다.
   특별히 감사할 일이 생각나지 않는다면 일상적으로
   너무 당연하게 여겼던 것들에 감사하는 연습을 해봅니다.

2. 가족을 비롯해 주변 사람들에게 감사의 말과 표현을 해봅니다.
   처음에는 어색할 수 있지만 자주 하다 보면 서로에게
   긍정적인 영향을 줄 수 있습니다.

3. 어려운 시기나 상황이라 해도 감사할 일을 찾아보고 긍정적인 측면을
   발견해보세요. 자신의 강점과 용기를 발견하고, 어려움을 극복하는 데
   필요한 자신의 노력에 대해 감사하는 마음가짐을 가져봅니다.

건강하고 행복한 사회를 만드는
변화의 물결, 라이즈 투게더

저는 외국인들이 한국을 잘 모르던 시절, 미국에 왔습니다. 그때와 달리 K문화 열풍 등으로 이제는 한국을 모르는 사람이 없을 정도로 한국의 인지도는 많이 높아졌습니다. 특히 한국의 엔터테인먼트, 의학, 과학기술은 세계 최고 수준입니다. 교육 수준과 생활 수준도 세계 최상급인 그야말로 타국의 부러움을 사는 나라가 되었습니다. 바로 이런 나라가 살기 좋은 나라, 누구나 살고 싶은 나라가 아닐까요?

그런데 올 초 발표된 갤럽 인터내셔널 조사에서 대졸 이상 답변자의 40퍼센트 이상이 여건이 된다면 한국이 아닌 다른 나라에서 살고 싶다고 답했습니다. 그만큼 우리 사회의 미래를 바라보는 눈이 희망적이지 않다는 뜻이기도 하겠죠. 또한 한국의 정신 건강 지표는 앞서 말한 화려한 성과들과는 달리 수치스러운 수준입니다. 매해 OECD 회원국 중 자살률 1위를 기록하고 있으며, 바닥 수준의 행복도를 보이고 있습니다. 2021년 자살 사망자 수는 13,352명으로(보건복지부, 한국생명존중희망재단) 하루 평균 36.5명, 즉 40분에 한 명씩 자살로 생명을 잃고 있습니다. 최근 미국 독립기념일 연휴 기간 각지에서 발생한 총기 난사 사건으로 최소 11명이 사망했다는 기사가 보도되었습니다. 그런데 우리 나라에서는 매일 36명 이상이 자살하고 있습니다. 미국의 총기 사고 문제를 과소 평가하는 것이 아니라 우리 나라 자살률의 심각성을 말씀드리는 것입니다.

불안과 우울, 불행과 절망이 화두가 된 우리 사회의 정신 건강 상태를 이대로 둘 수는 없습니다. 지금 개선하지 않으면 이곳에서의 희망은 사라집니다. 이러다간 더 많은 이들이 다른 나라로 떠나고 싶어질 겁니다. 그러면 내 아이를 낳고 싶지 않은 나라가 될 수밖에 없습니다. 지금이라도 심각성을 제대로 인지하고 직면한 문제를 함께 풀어낼 수 있다면, 삶을 포기하려는 이들에게 희망의 불씨를 되살려줄 수 있습니다. 나아가 세계를 이끄는 나라, 모두가 와서 살고 싶어 하는 말 그대로 살기 좋은 나라가 될 거라 믿습니다.

예전과 달리 이제는 각자가 서로의 다양성을 존중하면서, 남 눈치 보지 않고 나답게 개인의 행복을 추구하는 삶을 살고 싶다고 말하는 이들이 많아졌습니다. 이 책에서도 강조했듯이 우리는 존재만으로도 가치 있는 사람입니다. 많은 분들이 이 책을 통해 이 소중한 메시지를 진실로 체감했기를 바랍니다. 또한 내 마음이 흐르는 대로 내 삶을 살아갈 용기를 얻길 바랍니다.

그런데 이런 마음의 변화와 동기를 얻은 사람들이 다른 사람들 때문에 배운 대로 실천하기가 힘들다고 호소합니다. 사회적 기대나 동료들 때문에 할 수 없이 남과 비교하며 경쟁적으로 살 수밖에 없다고 합니다.

자신은 바꾸고 싶지만 다른 사람들 때문에 못 바꾸겠다는, 이 돌고 도는 문제를 어떻게 해결해야 할까요? 여러 궁리를 한 끝에 간단한 방법을 찾았습니다. 바로 나 혼자만 바꾸는 것이 아니라 다 함께 바꾸는 것입니다. 물론 간단하다(simple)는 것이지 쉽다(easy)는 말은 아닙니다. 이런 뜻에서 저는 많은 분들과 함께 내면이 건강한 사회가 되기까지 다 함께 일어나 행동하자는 '라이즈 투게더(Rise together)' 운동을 시작했습니다.

우리의 현실이 녹록하지 않다며 암울한 예견을 하는 분들도 많습니다. 그렇지만 지금의 현실이 어떻든 우리 다음 세대에게 어떤 사회를 물려줄 것인지는 우리의 선택입니다. 현실을 탓하며 안주하기보다는 다 함께 총력을 기울여 마음 건강에 우선순위를 두는 새문화의 물결을 일으켜야 합니다.

한 분이라도 더 동참하여 용기를 내서 그동안 웅크리고 있던 내 안의 잠재력을 깨워 펼쳐내야 합니다. 이 책을 읽은 독자분들도 라이즈투게더 물결에 함께 참여하시기를 소망합니다. 〈본질 육아 캡틴스〉 네이버 카페, 〈코어 마인드〉 커뮤니티 오픈 채팅방, 〈닥터지하고〉 유튜브 채널 등에 이미 30만 명 정도의 분들이 함께하고 있습니다. 저는 이분들을 캡틴스라 부릅니다. 내 삶의 항해를 남들에 의해 관행대로 혹은 수동적으로 따라가는 것이 아니라 내가 가고자 하는 곳을 정해 주도적으로 살아가는 선장, 캡틴이라는 뜻입니다.

캡틴스 여러분, 할 수 있습니다. 모두가 함께 더 행복하게 살 수 있는 나라, 누구나 살고 싶은 나라, 자녀를 낳아 기르고 싶은 나라를 지금부터 만들어 물려주면 됩니다. 우리 다 함께 새로운 문화의 물결을 일으켜 5~10년쯤 후에는 내면도 건강한 사회에서 살게 되기를 바랍니다. 그리고 지금을 회상하며 그때 라이즈 투게더 운동에 적극 참여했던 것을 스스로 뿌듯하게 느끼게 되기를 바랍니다.

내면도 건강한 사회가 되기까지!
라이즈 투게더